바울처럼 설교하라

제임스 W. 톰슨 지음
이 우 제 옮김

크리스챤출판사

Preaching Like PAUL

Homiletical Wisdom for Today

By
James W. Thompson

Translated by
Woo-je Lee

Copyright © 2001 by James W. Thompson
Originally published in English under the title
   Preaching like PAUL
   by Westminster John Knox Press
   Louisville, Kentucky 40202-1396
All rights reserved.

Korean Edition
Copyright © 2008 by Christian Publishing House
Seoul, Korea

차 례

서 문 · 4

서 론 후기독교 문화 안에서 바울의 복음 · 5

제1장 설교의 모델로서 바울 · 23

제2장 바울의 복음전도 설교와 목회 설교 · 39

제3장 바울 설교의 형성 · 65

제4장 목회적 설교란 무엇인가? · 89

제5장 우리 자신을 설명하기: 설교와 신학 · 111

제6장 기억케 하는 사역으로의 설교 · 131

결 론 바울과 설교 사역에 대한 성찰들 · 147

부 록 · 153

참고문헌 · 175

역자의 후기 · 200

서 문

설교학에 대한 최근의 저작들은 설교자들로 하여금 기독교적인 의식을 형성하는 설교의 역할에 대한 새로운 비전을 갖도록 도전하고 있다. 이 책에서 나는 전체 설교사역을 위한 쟁점에 대하여 성찰해 보고자 한다. 이를 위해서 나의 전공 분야인 신약에 대한 연구와 설교와 신학에 대한 저작들 사이의 대화를 시작하고자 한다. 이 책이 완성되기까지 나는 많은 사람들에게 빚을 지게 되었는데 그들은 도움이 될 만한 연구서적을 통해 통찰력을 제시해주었다.

나는 격려와 도움이 될 만한 제안을 허락해 준 아비레네 기독교대학교(Abilene Christian University)의 신학대학원에 있는 동료들에게 감사를 전하고 싶다. 디모티 쎈싱(Timothy Sensing)은 이 책의 초안을 읽어 주었고, 설교학 분야에 활용할 수 있는 참고문헌들을 제시해 주었다. 프레드릭 아퀴노(Frederick Aquino)는 설교와 조직신학 사이의 관계와 관련이 있는 이슈들을 종종 명쾌하게 만들어준 가치 있는 대화의 파트너였다. 나는 또한 찰스 씨버트(Charles Sibut)와 잭 리세(Jack Reese)로부터 받은 격려에 감사한다.

또한 웨스트민스터 존낙스 출판사(Westminster John Knox Press)의 케리 뉴만(Carey C. Newman) 박사는 인내를 가지고 이 책의 초기 교안을 읽어주고 가치 있는 비평과 가이드라인을 제시하여 나로 하여금 여러 핵심적인 논점들을 강력하게 논증할 수 있도록 도전해 주었다. 나는 그의 뛰어난 제안들에 빚지고 있다. 이 책의 어떤 약점이 있다면 그것은 전적으로 내 자신의 것이다.

아비레네 기독교대학의 신학대학원 조교들은 이 학술 연구와 교정을 위해 도움을 주었다. 나는 이 책이 나오기까지 자료수집과 교정에 힘써준 할 룬켈(Hal Runkel), 토드 포스터(Todd Foster), 그리고 엘리 퍼킨스(Eli Perkins)에게 감사의 마음을 전하고 싶다.

마지막으로 나는 이 책을 나의 아내, 카롤린(Carolyn)에게 바치고 싶다. 그녀는 다함없는 격려의 근원으로, 대화의 파트너이자, 많은 것을 요구하는 편집인으로 역할을 감당해 주었다.

서 론
후기독교 문화 안에 바울의 복음

"신설교학"(new homiletic)은 이제 오래된 과거 세대에 속하는 이론이 되고 있다. 거의 한 30년 전에 우리는 설교를 새롭게 접근해야 할 필요성에 직면하게 되었고, 논증적인 설교(argumentative preaching)의 "낡은 포도주 부대"를 내러티브라는 "새로운 부대"로 바꾸어 놓았다. 설교학권 내에 한 혁명이 발생한 것이었고, 거의 어떠한 저항도 없이 받아들여지게 되었다. 모든 지역에 있는 회중들을 향한 신설교학의 영향력이 분명해지게 되면서, 설교에 대한 전통적인 관점에 도전하는 많은 책들과 논문들이 북미 전 지역에서 설교학 교과서로 채택 되었다

설교는 2천년 이상 동안 유대교와 기독교 예배에서 변함없는 특징으로 자리 잡고 있다. 그러나 설교역사를 연구한 학자들의 진술에 따르면, 전략적인 국면(strategic moments)으로서 설교는 변화된 문화적인 상황에 반응해 오고 있다. 그리고 새로운 설교 전략은 설교사역에 활력을 불어넣으며 이전의 형식을 대체해 왔다. 신설교학을 지지하는 사람들은 전통적인 설교로는 진부한 설교형식의 예측 가능성과 성경본문 이야기의 익숙함으로 인해 쉽게 지루함을 느끼는 기독교 문화 가운데 있는 청중을 향한 효과적인 의사소통이 이뤄질 수 없다는 점을 지적하면서, 이에 대한 나름대로의 해결책을 제시하였다.

오늘날 우리는 한 세대 전에 활력을 상실한 설교를 다시 생명력 있게 만들기 위해 새롭게 말씀을 선포하려고 시도했던 이들의 자녀들에게 설교한다. 그러나 이 자녀들은 성경과 친밀하지 않은 후기독교 문화 속에서 자라났다. 기독교적 신앙에 대해 갖게 되는 친숙함으로 인해 지루함이 야기케 되고, 이 한계를 극복하기 위해서 새로운 설교학을 주창했던 그들의 부모 세대와는 달리, 오늘날의 많은 기독교인들은 기독교적 메시지의 기초를 알지 못하고 있다. 문화적 상황 가운데 있는 이러한 변화는 아주 중요하게 고려해야 할 부분으로서 새 천년 벽두에 서있는 설교자들에게 특별한 도전을 던지고 있다. 기독교 문화가 활

성화 되었던 마지막 시기에(역자주-새천년의 이전의 시기) 설교의 문제점들에 대하여 해답을 제시해 주었던 설교학이 후기독교 문화에서의 설교의 문제점들에 대해 동일한 해결책을 제시 해 줄 수는 없다.

시간이 지나면 일시적인 유행으로 지나가 버리는 이론이 설교학적 사상에 있어서 지속적인 기여도를 가지고 있는지를 분별할 수 있게 만들어 줄 것이다. 그러므로 새로운 시대를 살아가고 있는 우리들은 이제 우리가 행하는 바를 알고 있다는 확신과 함께 담대히 복음을 선포해야만 한다.

1. 설교를 위한 새 포도주와 옛 가죽 부대

일반적으로 동의하는 것처럼, 설교학의 "옛 가죽 부대"는 지난 두 세기 동안 설교를 지배했던 "개념적인 방법"(conceptual method)에 기초하여 세워진 설교들이다. "옛 가죽 부대"의 관점에 따르면, 설교는 기본적인 아이디어를 지지하는 논증의 전개를 필요로 한다.[1] 설교자가 주제에 대해 연구하거나 성경의 구절로부터 설교에 기초를 이루게 되는 기본적인 아이디어(basic idea)나 명제(proposition)를 추출해내게 된다.[2] 게다가 그 중심 아이디어는 추가적인 적절한 예화, 서론, 그리고 결론에 의해 지지되는 "대지들"(points)로 구성되어지는 개요의 기초가 된다.[3] 이러한 설교는 이성적인 전달과정으로서, 설교자는 해석, 예화, 그리고 적용의 과정을 통하여 아이디어를 청중들에게 이해시키고자 시도하게 된다. 그러나, 최근 설교학자들은 이러한 이성적인 설득에 대한 강조는 우리가 물려받은 유산과는 아주 다르게 보이고, 다르게 들리는 설교학의 전통으로 자리 잡게 된 이질적인 주장이라고 생각하고 있다.

이성적인 설득의 방식이 전통으로 자리 잡게 된 것은 여러 요인들에 기인한 결과일 수 있다. 몇몇 사람들은 그 이유를(라디오·TV에 비하여) 출판·신문계의 문화와 수반하여 생겨지는 선적인 사고방식(linear mind-set)의 결과라고 주장 한다. 이성적인 설득은 청각적인 것보다는 시각적인 것을 따르는 방식이다.[4] 데이빗 버트릭(David Buttrick)은 그것이 근대를 특징짓는 것으로서 고정된 사실을 설교하는 것에 대한 강조가 계몽주의 운동의 정신과 잘 맞아 떨어진다고 주장하고 있다.[5] 또한 설교학 저술들은 아리스토텔레스 수사학(Aristotelian rhetoric)을 이성적 설득으로의 나아가는 이러한 변화의 주요한 근원이라고 보고 있다.[6] 실로, 현대 설교자들은 일반적으로 전통적인 설교방법의 한계를 아리스토텔레스 수사학 탓으로 돌린다. 이러한 관점에 따르면, 1세기 기독교 신앙의 황금시기에는, 내러티브가 설교의 주된 방법이었다. 그러나 2세기에 교회가 헬레니즘적인 토양으로 이동하는 과정에서, 내러티브적 방식은 아리스토텔레스 수사학에 의해 붕괴되었다.[7] 아우구스티누스의 시대로부터, 설교자들은 설교의 내용을 위해서 성경을, 설교의 형식과 방법을 위해서 아리스토텔레스에 관심을 기울이면서, 양자의 결합을 꾀했으나 결국 실패하게 되었다.[8]

아리스토텔레스 전통 안에 있는 설교의 "낡은 가죽부대"에서의 설교자의 임무가 이성적 설득을 통해서 중심 아이디어를 이해시키는 것에 반해서, 신설교학의 "새 가죽부대"에서의 설교자의 임무는 청중들로 하여금 미학적인 면과 감정적인 면을 포함하는 본문의 역동성을 경험하게 만드는 것으로 여겨지게 되었다.[9] 본문에 대한 청중의 경험에 대한 이러한 초점은 설교자가 의사전달의 과정에 있어서 두 가지 관점들에서 특별히 주의를 기울어야 될 것을 알려주고 있다.

첫째로, 만약 청중들로 하여금 본문을 경험케 하기를 원한다면, 설교자는 반드시 본문이 그들의 회중들에 의해서 경험되어지는 방식으로 그 설교의 실질적인 현상(actual phenomenon)에 주의를 기울여야 한다.[10] 설교자들은 회중들을 설교의 수동적인 수용자(passive recipients)로가 아니라 설교자의 여정에 참여하여 그들 자신의 결론을 이끌어낼 수 있도록 초대해야 한다. 설교는 청중의 삶 가운데 있는 구체적인 실체들(concrete realities)을 동일시하는 방식으로 진행되어야 할 것이다. 설교자들은 또한 권위적인 의견에 저항하도록 교육받은 청중에게 알맞게 메시지의 형식을 조절해야 한다. 결과적으로, 권위적이기보다는 "민주적인" 설교가 "미국식 생활 방식에 적합하다고" 말할 수 있다.[11]

둘째로, 설교자들은 성경적 장르의 중요성을 인식하여, 그 장르가 단지 성경 저자들이 설교 본문이 되도록 아이디어를 쏟아 내는 빈 그릇이 아니라는 점을 인정해야 한다. 신 설교학의 옹호자들은 성경 본문에서 '무엇'(what)과 '어떻게'(how)가 구분되지 않는다고 주장한다. 폴 리쾨르(Paul Ricoeur)는 문학적인 장르는 단지 그 안에 숨어있는 생각을 드러내기 위해 허물어뜨릴 수 있는 "수사학적 외관"(rhetorical facade)이 아니라고 강력하게 주장 한다. 실제로 문학적 장르들은 계시의 방식들(modes of revelation)로서 신학적으로 중요하다.[12] 결과적으로 청중들이 본문을 경험할 수 있도록 이끌어주어야 하는 설교자들은 시, 우화, 이야기를 기본적인 개념들로 단순화시키지 말고, 본문이 행하고자 하는 것을 그대로 행하려고 시도해야만 할 것이다.[13]

뒷받침해줄 요점들을 가지고 정당한 논점을 논증하는 오래된 설교적 전통 안에서는 "본문이 행하고자하는 것을 행할 수" 없기 때문에, 신설교학은 청중에 민감하고 성경적 장르에 일치하는 대안적 설교 형태에 특별히 주의를 기울이고 있다. 유진 로우리(Eugene Lowry)는 설교 형태에 있어서 발생한 이 "혁명"이 프래드 크래독(Fred Craddock)의 "권위 없는 자처럼"(*As One without Authority*)의 출판(1971년)과 함께 시작되었고, 최근의 설교학적 저술들에서 계속 논의되고 있다고 주장하고 있다.[14] 이러한 "혁명"은 내러티브 본문들을 설교하는 것에 특별히 관심을 기울이면서 설교에 있어서의 귀납적 논리와 내러티브 특성에 초점을 맞추고 있다. 크래독이 전통적인 설교 방식에 도전하는 첫 번째 사람은 아니었지만,[15] 그의 제안은 로우리의 지적대로 "혁명적"이었다고 할 수 있을 것이다.

크래독은 아리스토텔레스 논리체제와 권위적인 어조가 담긴 낡은 설교학은 현대 청중의 마음을 사로잡는데 실패하게 되었다고 주장하였다. 그는 낡은 설교학은 기독교가 흥왕하던 시기 안에서만 맹위를 떨쳤을 뿐이지, 그 문화가 내리막길을 걸을 때는 살아남지 못했다는 점을 지적하고 있다.[16] 그는 덜 권위주의적일 뿐더러 동시대의 청중과의 의사전달에 있어서 더 자연스러운 형식을 반영해야 한다는 이유로 귀납법을 추천했다. 크래독에 따르면, 귀납법은 청중들이 그 설교로부터 그들 자신의 결론을 도출하도록 유도하면서, 설교자들이 그들이 이미 설교 준비 때에 도달하게 된 단계들로 그들의 청중들과 함께 되돌아가게 만든다는 차원에서 설교에 있어서 내러티브적 특성에 관심을 기울이고 있다. 설교는 권고적이기 보다는 묘사적이다. 크래독에 따르면, 이러한 설교 형식은 설교에 통일성을 제공하고, 흥미를 유지시키고, 공통의 추구점 안에서 설교자가 청중들을 동일시되게 한다.[17]

유진 로우리는 크래독의 주장을 더 발전시켜서, 본문의 형식을 존중하는 설교를 위해서 플롯으로서 설교해야 할 필요성을 지적하고 있다.[18] 그러므로 설교의 형태는 극적인 프레젠테이션과의 유사점을 가진 모습으로 전개되어질 수 있다. 로우리에 따르면, 설교는 "아직 해결되지 않은 어떤 것"을 설교적 곤경으로 제시하는 것에서부터 어떤 형태의 해결을 향하여 나아가는 일종의 플롯이다. 시작 부분에서의 설교적 곤경과 결말 부분에서의 해결 사이에서 설교는 발전적인 진행 과정들을 따르게 된다. 그러므로 스토리텔링은 전통적인 논설적인 설교(discursive sermon)에 대안이 될 수 있다.[19]

데이빗 버트릭(David Buttrick)의 설교학(Homiletic)은 설교학적 이론의 여러 측면을 다룬 방대한 교과서이다. 그의 관심은 설교적 형태에 제한되지 않고 광범위한 설교적 논쟁점들을 다루는데 있다. 그러나 그도 역시 설교의 형태에 대한 토론에 주된 공헌자이고, 크래독과 로우리에 의해 제기된 낡은 설교학에 대한 비판에 대하여 공감대를 형성하고 있다. 또한 그는 자신의 설교학적 이론을 청중과 그 성경 본문의 장르에 대한 관계를 통해 발전시키고 있다.

"현상학적"(phenomenological)이라고 정의되고 있는 설교 방법에서, 그는 어떻게 언어가 의식을 형성하는지를 설명하려고 시도하였다.[20] 버트릭은 설교학 분야의 새로운 세대를 특징짓고 있는 설교적 움직임에 대한 관심을 공유하고 있다. 낡은 설교학이 "대지"(points)를 강조하는 반면에, 버트릭은 설교를 청중의 의식 내에서 어떻게 의미를 형성할 수 있는지를 설교자가 인식하는 가운데 논리적으로 연결되고 형성된 일련의 움직임(a series of movement)으로 설명하고 있다.

장르와 내러티브 움직임에 대한 최근의 강조는 현대의 신학적, 문화적 분위기 가운데 두 가지 발전의 결과이다. **첫째로** 사람들이 청중에 대하여 새롭게 관심을 기울이게 된 점이다. 이로 인해 그 초점이 의사소통해야 할 아이디어로부터 청중의 경험으로 옮겨지게 된다. 내러티브는 특히 문자 이후의 사회 속에서 말씀을 경청하는 청중들에게 어필 된다.[21] 우리는 예언서, 계시록,[22] 서신서 보다 내러티브 본문이 설교하기에 용의 하다고 느낀다. 왜냐하면 우리는 내러티브 본문들이 직접적이고 권위적인 의사소통의 수단보다 청중의 관심을 유지시키기가 용이하다고 생각하기 때문이다.

둘째로, 내러티브 설교의 유행은 또한 계시의 내러티브적 차원에 대한 우리들의 재발견 가운데 있는 신학적인 발전을 반영하는 것이다.[23] 이러한 견해에 따라면 우리는 칼 바르트(Karl Barth)[24]에 의해 설명된 "성경 안에 있는 낯선 새로운 세상"(strange new world within the Bible)을 인정하게 되고, 우리의 세계를 성경의 이야기에 맞추게 된다. 역사적 본문들로부터 추출된 "진리들"과 "교훈들"을 단지 프레젠테이션 하기 위해 구성된 이성적인 설교학(rational homiletic)은 현재 급부상하고 있는 새로운 형태의 성서 비평에 전혀 적합하지 않다.[25]

한스 프라이(Hans Frei)에 따르면, 여러 세기에 걸친 신학적 반추를 통하여 볼 때, "해석은 다른 세계(역자주-여기서 다른 세계란 성경의 가치관과는 전혀 다른 의미로서의 우리가 살고 있는 세속적 가치관이 지배하는 이 세상을 의미한다)를 성경 이야기 속에 통합시키는 것이라기보다는 다른 이야기를 가지고 있는 다른 세계 속에 성경 이야기를 적합하게 만드는 문제가 되어버렸다."[26] 프라이가 "거대한 반전"(great reverse)이라고 칭하는 것에서 자극 받은 신학자들과 설교자들은 그것의 지시적 특성(referential dimensions)이 담지하고 있는 의미를 확실히 밝히기 위해서 내러티브 문헌을 연구하기 시작했다. 주로 과거에 내러티브의 의미는 우리에게 지나간 사건에 대해 알려주거나 명제적인 진리를 가능케 하는 내러티브가 가지고 있는 유용성 가운데서 발견되어졌다. 최근에 들어서 내러티브를 연구하는 신학자들은 새로운 초점을 성경적 계시의 주요한 방식으로서의 내러티브에 관한 재발견에 두어야 한다고 주장한다. 내러티브에서 명제적인 진리들이나 역사의 실물 교재를 찾기보다, 신학자들은 계시가 내러티브 그 자체 내에서 나온다는 점을 인정하고 있다. 우리는 존재(existence)의 내러티브적 특성을 인정하고 우리의 존재에 관한 진리들을 이야기라는 매체를 통해 발견하게 된다.[27]

만약 전통적인 설교학이 모던 시대에 적합한 것이라고 하면, 신 설교학은 포스트모던 시대에 충분히 적합한 것이다.[28] 비록 크래독이 그 자신의 작품을 포스트 모던적이라고 설명한 적은 없지만,[29] 귀납적인 설교에 대한 그의 제안은 텍스트 뒤(behind)를 조사하여 거기로부터 한 메시지를 추출하는 설교 방식에 대한 타당성에 대하여 의문을 제시하면서, 성경 해석에 있어서 변화된 분위기를 반영하는 자연적인 결과이다.[30] 간접이고 "권위적이지 않은" 설교는 포스트 모던 정신(ethos)의 특징인 권위의 상실을 스스로 인정하고 있다. 추출된 진리보다 청중의 반응에 초점을 맞추는 것 역시 이 시대에 적합한 방법이다. 위에서 제안한 것처럼, 내러티브에 대한 초점은 텍스트를 읽는데 있어서 후 비평주의적 접근(postcritical approach)의 부산물이다. 전통적인 설교학은 해석자들이 성경으로부터 하나의 의미를 발견할 수 있다는 자신감을 가졌던 모던시기에 유효했던 반면에, 포스트 모던적 해석학은 텍스트로부터 발생되는 경험에 초점을 맞추고 있다.

설교학의 "새 가죽부대"는 포스트 모던시대의 문화적 상황에서 의사소통하려는 설교자들에게 방향성을 제공해 준다는 차원에서 의심할 여지없이 설교학 전통 가운데 지속적인 영향력을 던져 준 것이 사실이다. 청중의 재발견, 성경적 장르에서의 계시적 특성에 대한 인식, 그리고 내러티브 움직임에 대한 강조를 통하여 새로운 설교학은 이전의 세대에게 효과적으로 전달되었던 설교 전통에 대한 적절한 대안을 제공하고 있다. 예측 가능한 설교 방법에 따른 회중들의 지루함을 줄이려고 노력하는 설교자들이 텍스트로부터 아이디어를 추출하는 대신에 성경이 행하고자 하는 바를 행하고자 시도하게 되면서, 설교에 있어서 새로운 생존 가능성을 발견하게 되었다. 그러므로 크래독, 로우리, 버트릭, 그리고 신설교학의 다른 지지자들의 책을 읽은 우리들 가운데 어떤 사람도 지난 두 세기 동안의 설교학의 "낡은 가죽부대" 가운데 편안하게 안주하려고 하지는 않게 될 것이다. 우리들 대다수는 논증 되어야 하는 명제나 우리가 전달하기를 원하는 요점 목록들-적어도 한 규칙적인 기초(regular basis)-로 구성된 설교 방법으로 되돌아가기를 원하지 않을 것이고, 기독교적 선언을 논증으로 혼동하지도 않을 것이다.

첫째로, 새로운 설교자들은 우리에게 계시의 방식으로서의 내러티브의 주요한 위치를 상기시켜준다. 아베릴 카메론(Averil Cameron)이 관찰한 대로, "기독교는 이야기를 가지고 있는 종교"이다. 그리고 성경의 이야기들은 그 이야기들에 의해 식별되어지는 담화(dis- course)로 움직이게 된다.[31] **둘째로,** 그들은 우리에게 우리의 의사소통의 매개체로서의 움직임과 기대의 가치에 대해 가르쳐 주었다. **셋째로**, 그들은 형식이 실제적으로 청중의 믿음을 구체화시킨다는 것과 성경은 우리가 무엇을 설교해야 하는지 뿐 아니라 어떻게 설교해야 하는지도 알려주는 근원이라는 것을 우리에게 확신시켜 주었다. 성서의 장르에 대한 민감도는 성경 말씀을 성경적으로(biblically) 전달하기 위해 필요하다.[32] 마지막으로, 본문을 경험해야 할 것을 주장하는 신설교학은 설교는 성경에 근거를 두어야 한다는 점을 확신시키고 있다.

2. 한 세대 이후의 성찰

신설교학은 설교를 학문적 강의로 바꾸고 예배 의식을 토론의 장으로 바꾸었던 전통적인 설교에 대한 필요한 개선책이었다. 처음에 프래드 크래독의 "복음 엿듣기"(*Overhearing the Gospel*)와 "권위 없는 자처럼"(*As One without Authority*)이라는 책의 출판 이후에 시작된 신 설교학자들의 여러 저술들을 읽었을 때, 나는 내러티브가 설교에 새로운 활력을 불어넣을 수 있으리라 인식하면서 열광적으로 그들의 제안을 환영하였다. 그러나 시간이 흘러감에 따라, 나는 설교를 위기에서 구하기 위해서는 내러티브 형식을 재발견하는 것, 그 이상의 무언가가 필요하다고 확신하게 되었다. 내가 설교학의 "새 가죽부대"로부터 매우 많은 것을 배우게 되었음에도 불구하고, 이전 세대를 향한 공헌에 대해 내가 보낸 때 이른 열광은 이제 이 접근 방법에 대한 풀리지 않은 의문과 취약점들로 인해 수그러들게 되었다. 내가 보기에는, 이전 세대의 좋은 점을 도입하고 새로운 접근 방법의 약점을 인식하여 미래의 교회를 지탱해 갈 수 있는 설교학을 발전시킬 때가 왔다고 생각한다. 이제 신설교학의 단점을 몇 가지로 설명해 보기로 하자.

첫째, 귀납법식 설교는 청중이 기독교적 전통에 대해 잘 알고 있는 기독교 문화에서 이상적인 역할을 감당하게 된다.

간접적 방식에 대한 우리가 갖게 되는 주요한 열정은 우리들이 이미 기독교적 전통 내에 몰두해 있다는 점과 기독교적 선포에 생명을 불어넣기 위해 새로운 것이 필요하다는 확신으로부터 생겨지게 되었다. 크래독은 "복음 엿듣기" (*Overhearing the Gospel*)에서 귀납법은 사람들에게 이미 알려진 메시지를 적절하게 만드는데 도움을 준다고 주장했다.[33] 귀납적인 설교학을 향한 움직임은 설교자들이 기독교 신앙에 잘 교훈 받았던 회중들을 직면하게 되었던 1950년대의 세계에 대한 1960년대의 반응이었다. 1950년대의 문제에 대하여 주어진 해답은 새천년의 교회가 직면한 문제에 대해서는 적합하지 않다. 우리시대 현대인들은 성경의 내용에 대해 거의 알지 못한다. 현재의 문화는 급속도로 탈 기독교화 되어가고 있고, 기독교적 선포에 대해 익숙하지 않다. 우리는 대개 새로운 이교도 문화의 가치관에 의해 형성된 회중들에게 설교한다.[34] 그들은 성경의 이야기보다는 그들 자신의 정체성 확립에 더 많은 영향을 주는 다양한 이야기들을 귀담아 듣는다. 오랫동안 모음집의 형태로 생명력을 지속하게 될, Seinfeld(싸인펠드는 1989년부터 1998년까지 미국 NBC 방송국에서 절찬리에 반영되었던 시트롬-역자주)의 거대담론은 자아를 만족시키는데 전적으로 몰입하고 있는 우리 세대와의 의사소통을 계속하게 될 것이다.[35]

"포로 됨"의 성경적 이미지는 소비자 중심 자본주의, 도덕적 상대주의, 자기중심주의로 특징지어지는 문화 가운데 있는 교회의 위치를 정확하게 묘사하고 있다.[36] 기독교 사회의 퇴락은 설교자에게 특별한 문제를 제기한다. 설교자는 현재의 세대가 기독교 윤리(체계)의 공동적인 이해를 기반으로 하는 기독교 정신에 따라 결정되어지는 세계에서 자라나지 않았다는 것을 인식해야만 한다. 현재의 문화에서, 설교자는 다양한 길을 제시하는 경쟁하는 윤리적 비전들을 들으며 자라온 세대에게 분명한 하나의 윤리적 비전을 부양해야 하는 상황에 직면해 있다. 우리 시대가 제시하는 윤리적 비전들에 따르면, 오직 개인적인 취향이 어떠한 도덕적 판단을 결정하는 기준이 된다.[37] 내러티브 설교 그 자체로는 우리 시대가 흘러가고 있는 이러한 분위기에서 공동체적인 윤리적 비전을 형성해야하는 짐을 떠맡을 수 없다. 우리는 기독교적 믿음에 대하여 듣지 못한 사람들에게 어떻게 복음을 설교하고, 어떻게 그들에게 기독교 신앙을 전수할 것인지를 한 번 더 생각해보아야 한다. 결과적으로 설교는 복음적이고 목회적인 면을 모두 가지고 있어야 할 것이다. 설교는 복음의 기쁜 소식을 알려주고 공동의 기억을 형성시켜 주고, 더 나아가 공동체로 하여금 비기독교인 문화 안에서 어떻게 충실하게 살아야 하는지를 가르쳐주어야 할 것이다. 나는 후기독교 문화에서의 설교는 전 기독교 문화(pre-Christian culture)의 설교로부터 많은 것을 배워야 할 것을 제안하고 싶다.

둘째, 신설교학을 지지하는 설교자들은 설교의 목적에 대한 분명한 이해를 무시하는 테크닉에 초점을 맞추고 있다. 설교 형식에 대한 토론이 신설교학을 지배하고 있다. 전체적으로 설교학의 전통에서 볼 때, 신설교학이 상실케 된 것은 설교의 더 큰 신학적 의제에 대한 관심이다.

설교가 마치 설교 사역을 전체적으로 조합하는 일련의 설교로부터 분리된 채 행해지는 개별적인 실재(discrete entity)로 다루어지고 있다. 각각의 설교가 곤경에서 해결로 가는 플롯으로 다루어지는 곳에서, 전체 설교 사역은 텔레비전 시리즈의 특성을 갖게 된다. 텔레비전 드라마가 매주 "무언가 미해결된 것"에서 시작하여, 해답을 향해 나아가는 것처럼, 각 설교도 일련의 플롯들 속에 있는 하나의 플롯이 된다. 그것은 미니 시리즈라기보다는 에피소드적 시리즈(episodic series)이다. 설교가 이러한 관점으로 전개되어질 경우, 설교자가 각 부분을 다룰 때 더 큰 플롯을 마음속에 염두해 두고 있는지에 대한 의문을 품게 된다. 텔레비전 시리즈를 규칙적으로 시청하는 사람들에게 각 에피소드는 개별적인 실재(independent entity)이다. 그 안에서 동일한 플롯이 매주 펼쳐지게 되는 것이기 때문에 참으로 어떤 것을 놓치지 않고 연속된 프로그램을 시청하는 일에 실패할 수 있다. 제작자는 그 드라마가 시청자의 관심을 끌지 못할 때까지, 일정한 공식(formula)안에 머물러 있기 때문에, 시청자들이 잘 고안된 텔레비전 시리즈에서는 어떠한 연속적인 진행의 느낌(sense of progre- ssion)을 인식하지 못하게 되고 만다. 이러한 연속적인 진행의 부족은 텔레비전 시리즈에서는 매우 효과적일 수 있을 것이다. 그러나 이것은 무한한 미래를 향해 뻗어나가야 하고, 매주 관객을 즐겁게 하는 것 이상의 어떤 것을 목표로 하는 설교자에게는 심각한 문제를 야기 시키는 것이다.[38]

에드몬드 스테이믈(Edmund Steimle)은 일전에 설교 사역에 대한 도움이 될 만한 유비(analogy)를 가지고 설명하면서 설교를 모자이크 형태(mosaic pattern)의 한 조각이라고 말한 적이 있다. 만약 설교가 모자이크 형태를 형성하게 된다면, 우리가 궁극적으로 형성하고 있는 모자이크는 어떤 것인지를 반드시 물어보아야 한다. 우리는 설교의 "경험"적인 영역을 넘어서 전체적인 설교 사역의 목표와 전략을 물어보아야 한다. 비록 최근의 저술이 새로운 경험을 창출해야 하는 설교의 목표에 대하여 말해주고 있지만, 그것이 우리에게 설교가 지향해야 하는 더 커다란 의제를 성취할 수 있는 방향성을 제시하지는 못하고 있다.

셋째, 신설교학에 대한 대부분의 책이 유일한 방식으로는 아니지만, 설교를 위한 주된 담화의 방식으로 내러티브를 다루고 있다. 이로 인해 상대적으로 다른 성경 장르의 계시적 중요성은 무시 되고 있다.

혹자는 내러티브가 내러티브에 논평을 제공하는 다른 성경 장르들을 이해하기 위한 컨텍스트 역할을 하는 장르라고 정당하게 주장할 수도 있다.[39] 그러나 "본문의 형식으로 설교하기"를 향한 움직임이 사실상 "내러티브를 설교하는 것"이 되고 있다. 그리고 이 때 이러한 설교는 비유스타일이 되고 만다.[40] 비유가 귀납법의 모델이기 때문에 설교자들이 비유를 설교의 한 모델로 제시할 수 있다. 이러한 내러티브와 비유의 동일시는 유진 로우리의 "설교자여 준비된 스토리텔러가 되라"(*How to Preach a Parable*)에서 가장 뚜렷하게 나타나는데, 이 책에 있는 설교들 가운데 오직 한 편만이 실제로 비유 본문에 기초하고 있다.[41]

내러티브 본문을 강조하는 것에서 더 나아가, 설교자들은 또한 다른 장르들을 내러티브 설교의 형태로 만드는 방법을 찾고 있다. 그러므로 비록 혹자가 설교학 저술들 가운데서 모든 성경 장르들에 대한 존중과 텍스트의 형식으로 설교하기에 대한 강조점이 발견하게 된다고 할지라도, 이 새로운 "거대한 반전"으로 인하여 모든 텍스트들이 설교를 위해 내러티브로 재형성되어지고 만다. 갈라디아서 1:11-24에 기초한 프래드 크래독(Fred Craddock)의 "이를 악물고 몸부림치며 기도할 때"("Praying through Clenched Teeth")가 서신서 본문을 설교하기 위해서 내러티브적인 형식을 사용한 한 실례이다. 이러한 "한 가지로 모든 것을 적합하게 하는" 방식으로 다양한 장르들로부터 설교를 구성하는 것은 전통적인 설교에서 일방적인 형식을 따라 한 가지 종류로 설교하는 것에서부터 또 다른 일방적인 설교로 대체하는 꼴이 되고 말았다. 그러므로 이야기에 대한 배타적인 의존은 인간의 삶과 신적 계시의 표현을 축소하거나 왜곡시키는 결과를 초래케 하였다.[42]

넷째, 오직 내러티브 설교에 의해 형성된 청중은 믿음이 가지고 있는 성찰적인 측면들을 붙잡을 수 없게 될 것이다.

믿음은 이해를 추구하기 때문에, 설교는 항상 믿음 안에서 더 깊은 가르침을 위한 기회가 되어왔다. 이야기, 상징, 그리고 메타포는 환기시키는 역할을 하지만, 궁극적으로 그것들은 성찰을 필요로 한다. 이야기가 공동체의 정체성을 형성시켜주지만, 궁극적으로 공동체의 응집력은 공동체 이야기에 대한 해석을 필요로 한다.[43] 리차드 해이(Richard Hays)는 갈라디아서에 대한 그의 저술에서 이야기와 이야기의 비내러티브적 설명(nonnarrative explication)사이의 연속성을 논증하기 위해 문학 비평을 옹호하는 노트롭 프라이(Northrop Fry)의 수많은 저술들을 통해 호소했다. 해이는 예수 그리스도의 이야기는 내러티브이거나 신화(mythos)인데, 이것을 바울은 갈라디아서 안에서 어필하고 있다고 주장하였다. 그런데 실제로는 갈라디아서는 예수 그리스도의 이야기에 대한 성찰이다.[44] 빌립보서는 분명히 바울이 2:6-11에서 말하는 이야기에 대한 성찰이다.[45] 나는 바울의 서신들이 그리스도 사건을 통하여 그의 백성들을 향한 하나님의 변호에 기초하는 이야기(the foundational story)임을 알게 하는 일정한 암시들을 내포하고 있다는 점을 지적하고자 한다.[46] 폴 리쾨르(Paul Ricoeur)가 "*The Symbolism of Evil*"에서 주장한 대로 "상징은 생각을 불러일으킨다."[47] 정경(canon)의 형성에 있어서 내러티브는 성경적 믿음의 중심부에 서 있지만, 그것은 다른 문학적 장르에서 개념화(conceptualization)되어야 할 필요가 있다.[48] 이야기는 청중의 참여를 이끌어낼 수 있지만, 결국에는 해석과 논평이 필요하다.

다섯째, 내러티브 설교는 권위를 가지고 말하거나 청중의 삶의 변화를 위한 구체적인 요구를 불러일으키는 것을 꺼린다.

복음은 우리의 삶에 요구를 하기 때문에 그것은 권위 없이는 설교가 될 수 없다. 이야기조차도 청중의 삶에 대한 요구와 뒤섞여져 있다. 성경 가운데 있는 내러티브 전통은 순종과 함께 그 이야기에 응답하라는 부르심에 대한 기초가 된다. 출애굽기에서의 하나님의 강력한 행위에 대한 내러티브는 십계명(decalogue)을 위한 기초를 이루고 있다. 하나님 나라에 대한 예수의 선포는 회개하라는 부르심을 위한 기초가 된다(막 1:15). 바울 서신에서, 복음의 이야기는 그 공동체적인 삶에 대한 요구를 함축하고 있다.

여섯째, 귀납적 설교에 대한 배타적인 의존으로는 믿음의 공동체를 세우거나 지탱시킬 수 없다.

크래독은 귀납적 설교는 독자에게 그들 자신의 결론을 도출하도록 유도한다고 말했다.[49] 비록 어느 학자는 이야기가 공동체적인 정체성을 형성한다고 주장할지도 모르지만, 귀납법식 설교의 초점은 개인의 경험에 맞추어지고 있다.[50] 그러한 설교는 청중을 같은 사건에 참여한 개인들의 집합(a collection of individuals)으로 다룬다.[51] 신설교학을 옹호하는 사람들은 어떻게 이러한 종류의 설교가 그 자체의 윤리적 규범과 사명을 가지고 공동체적인 정체성을 창조할 수 있는지에 대해서는 거의 언급하지 않고 있다.

일곱째, 이성적 설득으로서의 설교는 사실상 원래는 내러티브였던 의사소통의 방법 안에 들어온 이질적인 개입(an alien intrusion)이 아니다.

이성적 설득의 방식은 오직 계몽주의 문화 안에서만 역할을 감당하는 것도 아니고, 인쇄된 지면(the printed page)의 문화에서만 역할을 감당한 것도 아니다. 신약성서는 내러티브와 이성적 설득이라는 양자 모두가 실재라는 것을 증명하고 있다. 신약성서의 내러티브 부분조차도 논증적인 담화들의 하위 장르들(subgenres)을 가지고 있다. 바울의 거부(고전 2:1-5)에도 불구하고, 내가 다음 장(章)에서 주장하게 될 것처럼 그의 청중들은 바울의 설교에 들어있는 아리스토텔레스 수사학의 요소에 주목했을 것이다. 만약 아리스토텔레스 수사학이 신약성서만큼이나 오래되었다면 그것은 거의 기독교적 의사소통 방식에서 사소한 영역으로 취급될 수는 없을 것이다.

3. 잃어버린 측면: 바울과 그의 서신

1세기의 이교도적인 상황에서의 바울의 설교 방식을 21세기 설교를 위한 모델로 제안하는 것은 대다수의 동시대의 설교자로부터 회의와 저항을 불러일으키게 된다. 로버트 제위트(Robert Jewett)는 그의 최근 안식년동안 바울에 대한 만연되어 있는 기피현상을 발견하게 되었음을 말한다. 그가 많은 교회를 방문해서 어떤 신학적이고 성경적인 자료들이 가장 유용한지 관찰할 수 있는 기회를 가지게 되었을 때, 사도 바울의 본문들로부터는 거의 설교가 선포되지 않는다는 것에 놀라게 되었다.[52] 일종의 "역(逆)말시온주의"(Marcionism-in- reverse)[53] 현상 안에서, 바울은 종교 개혁 주일, 결혼(고전 13장)과 장례식(고전 15장)의 경우에만 제한적으로 사용되어질 뿐, 정경을 설교하는 데 있어서 주변부로 밀려 나게 되었다.

의심할 여지없이, 신설교학 전통의 설교자들은 한 가지 이유 때문에 바울을 회피한다. 바울서신의 본문들은 이야기와 함께하는 포스트모던적인 매력(postmodern fascination)과는 확실히 적합하지 않다. 바울은 설교자와 청중 양쪽 모두를 불편하게 만드는 권위를 가지고 있는 한 사람(as one with authority)으로 선포한다. 그는 때때로 밀도 있는 신학적 논증을 통해 메시지를 전달한다. 갈라디아와 고린도의 회중들이 직면한 이슈들은 현재의 회중들과는 너무 동떨어져 있어서 우리시대의 청중들은 그들 자신의 상황 속에서 생겨진 서신들에서 현재를 위한 연관성을 인식하기가 힘이 든다. 우리시대의 회중들은 이스라엘의 운명에 대한 바울의 논증(롬 9-11)보다는 소경 바디메오(blind Bartimaeus)의 치유기사를 더 쉽게 접근하게 된다. 바울은 그의 청중들을 향한 구체적인 교훈들을 제시하는데 있어서 직접적으로 이야기 한다. 그 교훈들 가운데 상당 부분이 현대의 청중들을 동요케 만든다. 왜냐하면 그것들이 우리 자신의 문화의 전제들에 대하여 도전하고 있기 때문이다. 결과적으로, 신약성서에서 기독교적 의사소통을 제시하는 새로운 장르의 창시자로서의 바울이 차지하는 압도적인 존재감에도 불구하고, 많은 이들은 기독교 문화 이전의 시기의 바울의 설교를 후기독교 문화에 적합하지 않은 모델로 간주하고 있다.[54]

바울에 대한 보편적인 저항의 태도에도 불구하고 나는 여기서 그의 서신은 내러티브 설교에서 부족한 측면을 공급해 준다고 주장하고 싶다. 신약성서 27권 중 21권이 내러티브 형식이 아니고 이교도 문화 내의 기독교 공동체에게 전달된 서신이다. 바울의 서신이 기독교적 의사소통에 주된 역할을 했기 때문에, 데이비드 바레트(David Barlett)는 "내러티브 설교에 대해 진정한 열광 가운데서 우리는 때때로 바울을 과소평가한다. 어떠한 면에서는 그의 편지는 심지어 가장 생동감 넘치는 성경 내러티브보다노 직섭석(immediate)이다" 라고 정확히 주장했다.[55] 더욱이, 만약 설교의 형식이 신앙에 영향을 미친다면, 바울의 설교는 기독교인의 의식을 형성하는 데 있어서 직접적인 연설과 논증적인 담화의 중요성을 다시 일깨워준다. 리쾨르가 강력하게 주장한 것처럼, 만약 다양한 성경 장르들이 계시적이라면, 설교를 위한 모델로서의 바울 서신의 중요성을 고려하는데 있어서 결코 실패할 수 없을 것이다. 바울을 우리 자신의 설교 사역을 위한 적합한 모델로 인식할 때가 온 것이다.

나는 바울이 설교 사역의 유일한 모델이라고 주장하고 싶지는 않다. 우리는 설교를 위해 내러티브 본문, 율법서, 선지서, 계시록, 시편의 중요성을 제시하는 사람들로부터 많은 것을 배워야 한다. 그러나 지중해 유역에 영구적인 공동체를 건설한 사람으로서, 바울은 현재 교회를 위한 중요한 교사로 남아 있다. 우리가 그의 설교사역을 다양한 상황에서 접할 수 있기 때문에, 우리는 바울의 설교사역을 중요한 모델로 관찰할 수 있다. 그가 이교도 문화에서 그의 설교의 명확성과 파워를 통해 기독교 공동체를 형성시켰기 때문에, 그는 새로운 이교주의(the new paganism)의 정황 가운데 있는 기독교 회중들을 형성해야 하는 새로운 사명에 직면해 있는 설교자들에게 필요한 모델을 제시하고 있다.

비록 내가 개인적으로 텍스트의 형식을 따라 설교하는 것이 중요하다고 확신하지만, 금번 저술에서는 설교를 구성하는 서신의 장르와 그 하부 장르를 어떻게 사용할 것인가를 설명하는 기교를 넘어서 전체 설교사역을 총괄하는 신학적인 의제를 어떻게 제시할 것인가를 질문할 것을 제안하고자 한다. 무엇이 이러한 후기독교적 분위기에서 설교를 위한 의제가 될 것인가? 기독교적 이야기나 복음의 요구에 대해 거의 알지 못하는 회중들에게 어떻게 말씀을 전파할 것인가? 개인적인 필요를 충족시키는 소비자들로서 교회에 나오고 있는 청중들을 어떻게 진실한 신앙 공동체로 형성할 것인가? 이러한 문제들은 매우 복잡해서 설교적 기술이나 형식을 토론하는 것으로는 해결할 수 없다. 결론적으로, 나는 우리의 주일 설교의 영향력뿐만 아니라, 선포 사역을 지배하는 모든 우리의 설교와 신학적 의제들의 누가적(累加的)인 영향력에 대하여도 묻기를 원한다.

1장에서는, 나는 바울서신들을 조사하여 설교를 위한 모델을 제공하는 범위를 결정하게 될 것이다. 바울은 그가 말하는 방식처럼 기록하였는가? 성경을 조용히 개인적으로 읽는데 익숙해진 현대 독자들은 그들의 옛 신앙의 선배들이 이 편지를 개인적인 정황 가운데서 거의 읽지 않았다는 것을 쉽게 망각한다. 바울이 그 편지를 구술한 순간부터 그것들이 교회에서 읽혀지는 순간까지, 그 서신서들은 구두 담화의 직접성(the immediacy of oral discourse)을 갖게 되었다. 쓰여진 작품들이 결코 구술된 말씀의 정확한 표현이 될 수 없지만, 바울의 편지는 그의 실제적인 설교에 대한 강한 반향을 제시하고 있다. 게다가, 우리가 다양한 서신서들을 가지고 있다는 사실은 우리로 하여금 그의 설교 사역의 목적에 대한 보다 더 큰 그림을 그려볼 수 있게 해 준다. 단순하게 표현된 데살로니가 전서에서부터 복잡한 로마서에 이르기까지 그 편지의 범위는 우리에게 바울의 설교가 갖는 보다 커다란 의제를 발견할 수 있게 해 준다. 우리는 그의 가장 이른 편지에서 그의 목적이 교회의 지속적인 존속의 밑바탕을 이루게 될 교리 문답식 정보를 제공하는 것이라는 점을 알게 될 것이고, 그의 이후의 서신들 가운데서는 그가 교회 생활에 대한 이슈들에 응답하고 있다는 것을 알 수 있을 것이다. 구두 의사소통으로서의 서신들에 대한 관찰은 설교의 더 큰 의제를 볼 수 있는 통찰력을 제공해 준다.

2장에서는, 나는 서신들이 설교 사역을 설명하고 있다는 것을 증명하기 위해서 바울의 설교 사역을 살펴볼 것이다. 그의 설교 사역은 복음의 전파 뿐 아니라 파라클레시스(paraklesis, 권면)를 통한 공동체를 형성하는 것으로 구성되어져 있다. 그러므로 바울의 모델은 케리그마(kerygma, 그리스도의 구속사역을 근간으로 하는 복음 선포)와 디다케(didache, 교훈적 가르침)를 모두 다 포함하고 있다. 바울의 서신이나 사도행전에는 이 두 가지 의사전달의 형식 사이의 구별이 나타나 있지 않다. 여기에서 바울의 설교의 더 큰 의제를 관찰하게 된다. 그것은 내러티브와 권면 양자 모두를 통해 공동체를 형성하는 것이다.

3장에서는, 나는 일반적으로 논증적인 담화와 특별히 아리스토텔레스 수사학의 관계를 설명하기 위해 바울의 설교의 형식에 대해 토의할 것이다. 그 질문은 초기 기독교 전통에서 논증적인 담화에 대한 반감이 어느 정도까지 뿌리 깊은지에 대한 문제를 결정하는데 있어서 아주 중요하다. 현대 설교학의 초점이 설교의 형식에 맞추어져 있기 때문에, 바울의 설교 형식을 분석하는 것은 설교의 스타일(style)과 배열(arrangement)에 대한 초기 기독교인의 견해에 대해서 많은 것을 알려줄 것이다. 또한 바울의 설교의 형식에 대한 분석은 어느 특정한 문화 가운데 있는 기독교 설교와 수사학 사이의 관계에 대해 우리 자신들이 던지는 질문을 위한 통찰력을 제공해 줄 것이다. 앞에서 이야기한대로, 신설교학의 약점은 공동의 정체성을 향하여 나아가는 공동체를 세우는데 있어서의 그 이론자체가 가지고 있는 무능력과 강단에서의 목회적 돌봄을 제공하는데 있어서의 그것이 가지고 있는 한계에 있다고 할 수 있을 것이다.

4장에서는, 바울이 공동체를 형성하고 세우는 목회적 설교를 위한 유용한 모델을 제공하고 있음을 보여줄 것이다. 나는 어떤 특별한 위기에 직면하지 않았던 교회에 대한 편지로 알려진 데살로니가전서에서 목회적 설교에 대한 그의 초기의 노력을 조사할 것이다. 그리고 나는 설교자의 목회적 임무에 대한 현대적 이해와 바울의 목회 설교에 대한 이해를 비교할 것이다. 내러티브 설교가 개인에게 간접적인 표현방식으로 말하는 반면에, 바울의 설교는 공동체 의식을 형성케 한다. 바울은 상처 난 사람들을 향한 용납을 제공하는 것만이 아니라, 전체 공동체의 윤리적 삶을 위한 교훈들을 제공하기 위해 메시지를 전달하고 있다.

5장에서는, 신학적 성찰이 바울의 설교에 담당하고 있는 역할을 조사할 것이다. 데살로니가전서가 교리문답식(catechesis)으로 전달하는 목회 설교의 예를 보여주는 반면에, 고린도전후서는 뜻밖의 상황들에 대처하는 바울의 반응을 보여준다. 바울의 오리지널 설교에는 명료한 해설이 요구되었다. 의심할 여지없이, 수많은 반대의견과 오해는 계속적인 대화를 요구하게 만들었다. 바울에 의한 심도 있는 논증은 기독교 이야기가 갈등을 야기시키는 상이한 이해들로 인해 논쟁의 원인이 되는 상황에서 성찰하는 형태의 설교에 대한 모델이 된다. 바울에게 신학적 설교는 목회적 설교의 자연스러운 발전이다. 목회적 설교가 교리문답, 공동체의 정체성, 그리고 표현 어휘(vocabulary)의 확립에 목적을 두는 반면에, 신학적 설교에서 바울은 교회를 그 이야기에 대한 성찰의 과정으로 이끌면서 예기치 않은 상황에 대응한다. 그러므로 바울의 설교는 교회적인 삶의 정황들이 성찰을 필요로 하고 있음을 알게 하는 유용한 증거가 된다.

바울서신들은 그의 설교가 그들이 이미 알고 있거나 알고 있어야 하는 것을 공동체에게 상기시키는 메시지로 구성되어 있다는 것을 보여준다. 6장에서는, 바울의 설교에서 반복의 역할을 설명할 것이다. 바울이 사용하고 있는 반복은 비기독교적 사회에 살고 있던 첫 세대 공동체가 반드시 알아야 하는 그들의 이야기와 공동체적인 삶의 기대가 무엇인지를 확신시키는 데 있어서 필수적이다. 내러티브 설교는 "기독교 영역에서 지식의 부족은 더 이상 없다"는 주장을 받아들이기 때문에 간접적으로 말하는 것을 전제하지만, 기독교 이야기에 대한 계속적인 상기를 가능케 하는 설교는 후기독교 사회에 적합하다. 바울은 변화하는 상황 가운데에 있는 공동체의 기억에 대한 설교자의 어필을 위한 모델이 된다.

나는 포스트모더니즘의 분위기에서 설교의 도전이 대안적 설교(alternative preaching)방식 혹은 구상을 발견하게 해줄 것이라고 주장하고 싶지 않다. 그렇다고 해서 나는 우리가 설교의 "새 가죽부대"에서 배운 것에서부터 이전 세대의 설교로 후퇴하는 것을 원하지도 않는다. 이 책에서 나는 우리의 설교에 대한 이해에 있어서 바울은 잊혀진 멘토라고 주장하게 될 것이다. 전(前) 기독교 시대에서 그의 설교는 후기독교 시대를 살고 있는 설교자들에게 많은 것을 말해 주어야 한다. 바울에게서 우리는 설교의 최종적인 유효성은 복음의 파워, 하나님의 말씀에로의 사로잡힘, 그리고 설교사역의 더 큰 의제에 대한 설교자의 지식(preacher's knowledge)에 달려 있다는 것을 배울 수 있을 것이다.

설교의 모델로서 바울

구전 커뮤니케이션의 역사를 기록하려고 시도하는 사람이라면 누구라도 한 가지 문제에 부딪히게 마련이다. 녹음기와 비디오가 발명되기 전, 오늘날 우리가 알고 있는 화자(話者)들은 모두 글로 쓰여진 텍스트를 통해서만 알 수 있는 사람들이다. 따라서, 우리는 마음대로 선포된 말씀이 담고 있는 역동적인 힘을 재구성하는데 있어서 특별한 문제점에 직면하게 된다. 글로 쓰인 기록들은 제 삼자에 의해서 간략히 요약되고 걸러지기도 했다. 그리고 그것들은 화자들 그들 자신들의 사본들(manuscripts)로부터 추론되기도 했다. 심지어 우리가 가지고 있는 연설 사본들-예를 들면 링컨의 게티스버그 연설문(Lincoln's Gettysburg Address)의 경우에서처럼-이 있는 곳에서 조차도, 지면위에 있는 단어들은 전체 이야기를 말하고 있지 않고 있다.

1. 살아있는 목소리와 글로 쓰인 낱말: 우리들의 지식의 한계점들

글로 쓰인 증언들의 한계는 바울이 이 시대를 위한 설교사역의 모델이 될 수 있다는 이 책의 중심 주제를 진술하는데 특별한 문제를 제기한다. 나는 우선 우리가 바울의 생생하게 살아있는 목소리로부터 적지 않게 떨어져있다는 사실을 인정하지 않을 수 없다. 지금 우리는 바울이 했던 설교 사본이나 비디오테이프 같은 것들을 가지고 있지 않다. 우리가 가지고 있는 것은 바울이 그의 회중들에게 썼던 편지의 일부-전부 다가 아니라-일 뿐이다. 그 편지들이 바울의 설교의 실제 필사본이라 할지라도(그것들이 전문 설교문 이라고 할 수 없다), 그것으로부터 바울의 살아있는 생생한 목소리를 듣는데 있어서 무엇인가 부족한 부분을 가지게 된다. 그러므로 우리들이 가지고 있는 지식의 한계는 우리로 하여금 바울의 설교사역을 완전히 이해하는 데 있어서 어려움이 있다는 것을 인정하면서, 주의를 기울여야 할 것을 요청하고 있다. 그 어려움들은 다음과 같이 요약될 수 있다.

첫째로, 우리는 의외로 초기 기독교 예배와 설교에 대하여 많은 것을 알고 있지 못하다는 점이다.

우리가 재구성한 초기 기독교 설교의 많은 부분들은 고대교회 그 자체에 대한 실제적인 모습이라기보다는 우리 자신의 교회적인 관습(ecclesiastical practice)을 반영하고 있다는 것이다. 비록 성경이 설교사역에 관한 풍부한 예들을 제공하고 있지만 이 책에서 내가 탐구하려는 차원에 대한 어떤 설교도 결코 제공해 주지 못하고 있다.

지금부터 한 세기 전 양식비평가들(form critics)은 예수의 말씀과 행위에 관한 기억을 보존하는데 있어서 초기 기독교회 안에서의 설교의 역할에 상당한 지식을 드러내 보여주었다. 마틴 디벨리우스(Martin Dibelius)는 그의 저서 *From Tradition to Gospel*의 첫 장을 이러한 이야기들을 상기시키기 위한 수단으로서 설교의 위치에 할애하였다. 그러한 주장은 이야기들 배후에서 사람들이 초기 기독교 공동체의 설교에 대한 흔적을 찾을 수 있다는 디벨리우스의 가정에 근거를 둔 것이다.

더욱 최근에 내러티브 설교의 주장자들은 설교가 아리스토텔레스 수사학에 의해 "타락하기" 이전에 어떤 형태를 취하게 되었는지를 그들이 알고 있다고 생각한다. 그러나 만약 우리가 설교를 당시의 예배의식의 정황 가운데서 행해진 연설이라는 측면에서 정의한다면, 우리는 신약성경 전체에서 단 한편의 설교도 가지고 있지 않은 셈이 된다. 다드(C. H. Dodd)가 지적하는 것처럼, 사도행전의 설교들은 이미 신앙생활을 하는 공동체에게 행해진 규칙적인 설교가 아니라 선교적 설교들(missionary sermons)이다.[1] 더구나 비록 우리가 히브리서와 다른 작은 단위들을 "교훈적 설교"(homily, 최초의 설교에 대한 용어로서 흔히 성경 본문을 순서대로 주석하는 주석 설교를 지칭한다_역자주)라고 인정한다고 해도 우리는 초기 기독교회나 처음 두 세기의 유대주의에 있어서의 설교형태에 관해서는 여전히 불분명한 상태로 남아있게 된다.[2] 신약성경은 초기 교회의 공예배의 구조에 관하여 거의 언급하고 있지 않다. 더욱이 말씀 사역에 관한 언급은 그보다도 훨씬 더 적게 나타나고 있다. 우리는 2세기에 순교자 저스틴(Justin)이 자세히 기록한 것 이외에는 예배의식에 있어서의 빼놓을 수 없는 부분으로서 설교에 관해 알고 있는 것이 없다.[3] 정확히 설교(sermon)라는 용어는 신약의 것과 동등한 것이라고 할 수 없을 것이다.[4] 우리는 오리겐 이전까지 속기로 기록되어진 설교에 대한 어떠한 기록도 가지고 있지 않다.[5] 근본적으로 구전 문화는 초기 기독교 설교의 모델에 대한 우리의 지식에 커다란 갭을 남겨놓게 만들었다.

둘째로, 기록된 말씀은 결코 선포된 말씀과 같을 수가 없다는 것이다.

설교자들은 그들이 원고로 말할 것인지 아니면 즉흥적으로(ex-temporaneously) 전할 것인지를 결정 할 때 이 차이를 잘 인식하게 된다. 어떤 설교자들은 선포된 말씀이 기록된 말씀 안에서 놓치고 있는 직접성을 가지고 있다는 것을 인정하면서 원고를 가지고 전하지 않기를 선택한다. 다른 설교자들은 원고로부터 말씀을 전하기는 하나, 구술의 효과를 유지하려고 노력하면서 눈을 위해서라기 보다는 귀를 위해 적고 있다. 설교자와 회중은 아마도 기록된 설교를 보존하게 될 것이다. 그러나 인쇄된 설교들은 원래의 설교와 같은 효과를 산출하게 되지는 못할 것이다.

고대 저술가들은 기록된 말씀과 선포된 말씀 사이의 차이에 대한 특별한 인식을 가지고 있었다. 플라톤(Platon)은 구술(口述)의 월등한 가치를 주장하면서 기술(記述)을 철저히 비판하였다. *Phaedrus*[6](276a)에서 소크라테스(Socrates)는 쓰기(writing)를 "어느 사람이 알고 있는 것"에 대하여 구술된 말을 대치하는 형편없는 대용물이라고 주장했다. 플라톤은 기록된 글의 외적인 추상 개념에서가 아니라 개인의 정신 가운데서 지식을 탐구하였다.[7] 이러한 이유 때문에 그는 시인들의 작품을 비평하였다. 시인들은 다른 사람들이 그들의 말들을 인용할 때, 그들의 사상을 설명하기 위해 "그들의 영혼의 조종사"와 함께 그 자리에 현존할 수 없거나 그렇지 않으면, 그들이 설명하는 것에 대한 어떤 지식을 가지지 못했거나 둘 중의 하나이다.[8] 중요한 요점은 만드는 사람의 창조적인 지혜가 현존해 있지 않았고, 논쟁 중에 있는 특정한 의미가 질문들을 하는 것으로 분명해 질 수 없다는 것이다. *Republic*에서 플라톤은, 시인들을 모방하는 것은 "진리로부터 제 삼자의 위치에 있게 되는 것"이라고 기록했다(602b-c).[9] 플라톤은 말하는 사람과 듣는 사람의 의견이 진정으로 교류될 수 있게 하는 대화를 좋아하였다. 그렇지만, 기록된 문서들에 대한 이러한 비평에도 불구하고, 플라톤은 많은 저술을 남겼다. 우리는 그가 오로지 기록된 텍스트들을 통하여 저술하는 것에 대한 비평과는 맞지 않는 모순적인 상황에 직면케 되는 것이다.

쓰기에 대한 기본적인 비평 중의 하나는 기록된 낱말은 질문들에 대해서 반응할 수 없으므로, 의도된 대로 그 단어들의 의미를 설명할 수 없다는 것이었다. 간략히 말하자면, 파피루스(Papyrus)는 살아있는 정신, 또는 조종사를 갖지 못했다. 소크라테스는 디오니시우스(Dionysius)에게 아래의 내용을 담고 있는 글을 썼다: "만일 그가 더 젊었다면, 편지를 쓰는 대신 직접 몸소 가서 그와 말을 했을 것이다. 왜냐하면 편지로 쓰는 것보다 대화를 하는 것이 사람의 생각을 나타내는 데 훨씬 더 쉽기 때문이다."(Ep. 1,1-2).

요한의 글을 보자. "내가 너희에게 쓸 것이 많으나 종이와 먹으로 쓰기를 원치 아니하고 오히려 너희에게 가서 면대하여 말하려 하니 이는 너희 기쁨을 충만케 하려 함이라"(요이 1:2). 말하는 것이 쓰는 것보다 훨씬 상위에 있다고 할 수 있는데 왜냐하면 말하는 것은 "살아있기" 때문이다. 기술(記述)은 구술과 버금가는 것이고, 구술의 보고(寶庫)로서 여겨진다. 그러나 구술보다 부족한 어떤 것이다.[10]

우리가 성경을 대할 때 동일한 역설적 상황에 직면하게 된다. 바울은 말하는 것과 쓰는 것 사이를 날카롭게 구분하는 전통의 계승자이다. 말하는 것을 더 선호하는 것은 모든 곳에서 명백했다. 아모스 와일더(Amos Wilder)에 의하면 성경적인 믿음은 보는 것이라기보다는 듣는 것의 문제이다.[11] 시내산에서의 이스라엘의 경험은 청각적(auditory)이다. 하나님의 공동체는 하나님의 음성을 듣는다. 이스라엘의 위대한 지도자들-모세, 여호수아 그리고 선지자들-은 선포된 말씀의 직접성 안에서 하나님을 위하여 선포하는 메신저들이다. 그리고 그들은 말씀을 듣게 하기 위해서 이스라엘을 소환하고 있다. 구약에서 하나님의 말씀은 쓰여진 텍스트로서 축소되어져서는 안된다.[12] 이와 유사하게 예수님은 말씀을 설교하시기 위해 오셨다(막 1:14). 명백히 선포된 말씀을 구술된 본문보다 선호하고 있다.

편지라는 매체를 통하여 바울이 새로운 문학적 장르를 기독교 담화 가운데 소개하고 있음에도 불구하고, 그는 또한 선포된 말씀의 직접성을 더 선호하고 있다. 바울은 하나님께서 그 자신을 저술하도록 하기 위해서라기보다는 설교하라고 부르셨다는 것을 알고 있다. 그는 자신의 사명이 설교하는 데 있다는 것을 기회가 있을 때마다 여러 차례 언급하였다. 그는 "그리스도께서 나를 보내심은 세례를 주려 하심이 아니요 오직 복음을 전케 하려 하심이니 말의 지혜로 하지 아니함은 그리스도의 십자가가 헛되지 않게 하려 함이라"라고 고린도 교인들에게 말하고 있다(고전 1:17). 구원의 능력이 바울이 설교하는 복음이다(롬 1:16).

다른 고대의 저술가들-그리고 오늘날 많은 설교자들-과 마찬가지로 바울도 역시 선포된 말씀을 선호했고, 기록된 말씀을 구전 형태의 의사소통의 대용물 정도에 불과한 것으로 생각했다. 참으로 그는 자신의 설교를 "경청해야 할 말씀"으로 설명하면서 설교의 청각적인 측면에 대해 많은 강조점을 두고 있다. 여기서 그는 자신의 설교가 하나님 자신의 말씀이라고 진술하고 있다(살전 2:13). 그는 "믿음은 들음에서" 난다고 하였고(롬 10:17), 듣는 것이 곧 믿음이라고 설교하기도 하였다(갈 3:2). 갈라디아서에서의 맹렬한 논쟁 가운데서 그는 글로 기록된 말씀은 오직 그가 직접 대면하는 것을 대치하기 위한 것임을 인정하고 있다. "내가 이제라도 너희와 함께 있어 내 음성을 변하려 함은 너희를 대하여 의심이 있음이라"(갈 4:20).[13] 따라서 갈라디아서는 단지 바울의 연설을 위한 대치물이 아니다. 기록된 의사전달로서 갈라디아서는 사도의 실제 음성과는 다른 것이다.[14] 비록 바울이 몸소 갈라디아인들을 확신시켜 주고 싶었지만 그의 편지가 그의 설교를 위한 대치물이 된 것이다.

바울의 고린도인들과의 논쟁의 중심에 자리하고 있는 이슈들은 또한 그와 그의 공동체 모두가 기록된 말씀과 선포된 말씀 사이의 차이점을 인식할 것을 제안하고 있다. 드아네 리츠핀(Duane Litfin)은 바울의 고린도인과의 커뮤니케이션은 그와 그의 대적자들 모두가 기록된 편지를 바울의 실제 목소리와 똑같이 취급하지 않았음을 암시케 한다고 설득력 있게 논증했다.[15] "오직 너희가 읽고 아는 것 외에 우리가 다른 것을 쓰지 아니하노니 너희가 끝까지 알기를 내가 바라는 것은"이라는 고린도후서 1:13의 바울의 진술은 아마도 편지를 쓰는 것과 그의 설교 사이의 이러한 차이를 반영하는 것이라고 볼 수 있다.[16] 더욱이 "그 편지들은 중하고 힘이 있으나 그 몸으로 대할 때는 약하고 말이 시원치 않다"(고후 10:10-11)고 했던 그의 대적자들의 비난은 여론을 통해 바울의 글과 그의 말 사이의 명백한 차이점을 지적하고 있는 것이다.

셋째로, 바울의 서신들은 교회들에 대한 그의 의사소통 방식에 있어서 극히 일부분만을 제공하고 있다는 점이다.

우리는 바울이 교회들에게 서신으로 왕래했던 모든 편지들을 다 가지고 있지 않다(고전 5:9; 고후 2:1-4). 더구나, 앞으로 제2장에서 언급하겠지만, 그의 복음전도 설교는 광범위한 목회사역에 따른 것이었다. 그가 편지들을 보내기에 앞서 말씀을 가르치는 시간들이 미리 존재하였다. 예를 들어, 데살로니가에서, 그는 집중적인 티칭 프로그램에 몰두할 수 있을 정도로 충분히 오래 동안 그들과 함께 있었다. 그가 제시하고 있는 수없이 많은 언급들이 그가 행한 앞선 교훈에 대하여 설명해 주고 있다(살전 3:4; 4:1-2, 6, 9; 5:2). 그는 또한 이 가르침의 프로그램을 계속하기 위하여 디모데를 보냈다. 그는 18개월 동안 고린도에 머물렀으며, 에베소에는 조금 더 오랫동안 머물러 있었다.[17] 우리가 가지고 있는 것은 오직 바울이 그의 교회들과 나눈 커뮤니케이션의 기록으로의 편지들이기 때문에, 우리는 일터에서의 대화와 교훈(살전 2:9를 보라), 개인의 가정에서의 만남, 그리고 가정교회들에서의 설교를 포함하는 바울이 교회들과 나눈 전체 커뮤니케이션 안에 있는 그 편지들의 중요성을 지나치게 과대평가 할 수 있다. 심지어 몇 주 동안의 짧은 방문도 강한 인상을 주는 편지와는 비교할 수 없는 커다란 무게를 지닌다.

그러므로 바울의 편지들은 연설(speech)의 부수적인 형태들인 것이며, 결코 사도의 생생한 목소리와 동일한 가치를 가질 수는 없는 것이다. 그것들은 바울이 그의 교회들에 함께 나눈 의사소통의 한 부분을 구성할 뿐이다. 데이비드 바틀렛(David Bartlet)이 정확히 말한 것처럼, "바울은 그의 설교를 자랑스럽게 여겼던 설교자이다. 그러나 정경(canon)안에서 우리가 가지고 있는 것은 그의 설교가 아니다.... 우리가 정경 안에서 가지고 있는 것은 그의 편지들이다."[18]

2. 구두로 전달된 말씀에서 기록된 말씀으로: 바울 설교의 창문으로서의 서신들

구두로 전해지는 커뮤니케이션과 글로 쓰여진 커뮤니케이션 사이의 이러한 차이들은 설교의 모델로서 바울에 대한 우리들의 프레젠테이션을 제시하는데 있어서 만만치 않은 장애가 되고 있다. 그러나 선포된 말씀과 기록된 커뮤니케이션 사이의 이러한 차이점에도 불구하고, 우리는 시종일관 그 두 가지 양식 사이의 연속성(continuity)을 인식하게 된다. 나는 개인적으로 알고 있는 사람들의 책이나 논문을 읽거나 또는 내가 정규적으로 듣고 있는 어느 사람의 설교를 접하게 될 때 빈번히 이 연속성을 발견하게 된다. 글을 읽을 때, 나는 그들의 구두 발표 안에서 듣게 되는 독특한 스피치 패턴들을 인식하게 된다. 때때로 내가 읽는 것은, 곧 내가 처음 구두 발표에서 들었던 어구들의 반복이 되기도 한다. 많은 경우에, 글을 읽을 때 그것은 마치 저자의 생생한 목소리를 듣는 것처럼 느껴진다. 인쇄된 지면이 화자의 실제적으로 살아 있는 음성을 제공해 주지 못할지도 모르지만, 그것은 그들의 목소리에 대한 강한 반향을 제공해 준다.

우리들이 오디오 녹음기술 이전에 살았던 위대한 웅변가의 연설을 연구하려고 할 때마다 이러한 연속성을 인정해야만 한다. 비록 우리가 기록된 말과 선포된 말의 효력 사이의 차이점을 알고 있지만, 우리는 또한 데모스테네스(Demosthenes), 소크라테스(Isocrates), 그리고 키케로(Cicero)의 기록된 연설들이 우리에게 웅변가들로서의 그들 작품의 뚜렷한 특징에 관하여 많은 것을 말해 주고 있다는 것을 믿게 하는 두 양식의 커뮤니케이션 사이의 충분한 연속성을 인정하게 된다.

퀸틸리안(Quintilian)은 "웅변의 뿌리와 기초가 되는 것이 글로 쓰여진 것 가운데 있고, 풍부한 웅변술이 저장되어지는 가장 신성한 장소를 제공하는 것도 글이다. 글로 쓰여진 문서는 불시에 발생하는 위급사태에 대한 요구를 대처할 수 있게 만들어 준다"고 선언하였다.[19] 내가 제안하는 바는 이것이다. 바울의 서신은 그의 살아 있는 생생한 목소리와 뒤따라오는 그의 편지 사이에 존재하는 중요한 관계 때문에, 그의 실제적인 설교 사역에 대한 아주 강력한 반향을 불러일으키고 있다.[20]

바울서신에서 바울이 그의 공동체에 편지를 보낼 때, 우리는 그의 실제 음성을 접하게 된다. 그러므로 비록 그의 설교 본문이 보존되어 있지 않지만 그의 편지는 그 설교에 대한 간접적인 증언이라고 할 수 있다.

몇 가지 요인들이 바울의 편지에는 그의 실제 설교가 반영되었음을 드러내고 있다.

첫째로, 고대의 다른 작가들처럼 대필자(aman-uensis)에게 편지를 받아쓰게 했다는 사실로 보아 바울의 구두 연설과 편지간의 근접한 관계를 인식할 수 있다.[21] 그러므로 편지는 구두 사건(oral event)의 결과였고, 바울의 커뮤니케이션은 눈을 위해서가 아니라 귀를 위해서 의도된 것이었다.[22] 바울이 그의 편지를 받아 적게 했을 때, 그는 틀림없이 자기 앞에 있는 회중의 공동체를 마음속에 상상하고 있었을 것이다. 구체적인 상황이나 사람들을 마음에 그리면서 설교를 준비하는 설교자들처럼, 바울은 마음속에 구체적인 청중과 그 상황들을 염두에 두면서 편지를 준비했다. 받아쓰게 하는 구술의 과정에서 바울은 먼 거리에서 모여 있는 사람들에게 말로 전하게 된 것이었다. 어떤 이는 그가 생각을 정리할 수 있었기에 정상적인 형태의 프레젠테이션에 근접할 수 있게 만들었다고 생각할 수 있다. 그의 압도적인 스타일, 열정, 복잡한 문장은 기록된 말보다는 오히려 선포된 말의 특징을 지니고 있다.[23] 샌더스(E. P. Sanders)는 글 쓰는 과정을 마치 맹렬한 논쟁의 한 부분으로 설명하면서, 이 논쟁에서 괴로움을 당하고, 마음이 산란했던 사도는 "받아쓰면서 때로는 변론하면서, 때때로 불평하기도 하고, 어느 때는 자주 소리를 질러대기도 하면서" 마루를 왔다 갔다 했다고 주장한다.[24]

둘째로, 서신들은 바울의 현존을 위한 최상의 대용물이었고, 바울의 사도적 자기이해(apostolic self-understanding)를 전달하는 수단이었다. 참으로 로버트 펑크(Robert Funk)가 평한 것처럼 서신들은 바울의 현존을 교회에 드러내는 수단이었다.[25] 서신은 우정을 넓히고, 저자의 현존을 확인시켜주는 수단으로서 널리 인정되었다. "몸으로는 떠나 있으나" "영으로는 함께 있어서"의 고린도전서 5:3은 서신이 그를 드러내는 현존의 수단이고 사도적 권위(apostolic authority)의 매체임을 보여주고 있다.[26] 그의 "편지들은 중하고 힘이 있으나"(고후 10:10)라는 고린도인의 비판은, 바울의 서신을 읽음으로 전달된 권위를 반영하고 있다. 바울은 분명히 서신을 통하여 그의 능력을 전달했고, 서신은 그의 개인적 현존을 위한 대리자로서의 역할을 다했다. 그러므로 서신에서 그의 사도적 권위를 엿볼 수 있다. 비록 그가 그들과 떨어져 있지만, 서신은 그가 그 교회에 선포하고 있는 독특한 말씀이다.[27] 이러한 사실은 바울의 개인적 현존과 서신을 통한 그의 현존 사이에 별 차이가 없다는 것을 말해 주고 있는 것이다.

셋째로, 바울이 그의 편지를 공개적으로 읽게 했다는 사실은 교회와 의사소통하는 구두적 특성(Oral nature)을 반영하고 있는 것이다. 피에터 보아(Pieter Botha)는 대부분 바울의 청중은 아마도 결코 본문을 본적이 없었을 것이라고 정확하게 지적하고 있다.[28] 바울은 데살로니가에서 집회 가운데 그의 서신을 읽을 것을 당부하고 있다. "내가 주를 힘입어 너희를 명하노니 모든 형제에게 이 편지를 읽어 들리라"(살전 5:27). 비록 이 요구가 데살로니가 전서에서만 나타났을지라도, 우리는 바울의 모든 글이 소리로 전달되도록 의도되었기 때문에, 예배를 위해 모인 공동체의 유익을 위해[29] 모든 그의 서신이 구두로[30] 읽혀지기를 기대했다고 추정할 수 있다. 서신 전달자나 공적 낭독자는 사도 바울서신들을 의사소통을 하는데 있어서 결정적으로 중요한 역할을 하게 된다. 특히 그 때가 텍스트의 구두 연출(oral performance)에 중점을 두었던 문화였을 감안해 본다면 그 중요성을 다시금 인식할 수 있다.[31] 사람들이 기록된 본문보다 살아 있는 생생한 음성을 더 좋아했던 문화에서는 구두 연출은 글로 된 텍스트를 살아있는 목소리가 되게 하는 수단을 제공해 준다.

퀸틸리안의 *Institutio oratoria*는 적절한 구두 해석과 관련된 주의사항을 설명해 주고 있다.[32] 음성과 억양, 그리고 낭송자의 자세에 대한 그의 광범위한 논평은 낭독(recitation)에 부여된 높은 기대를 나타내 주고 있다.[33] 게다가 편지를 받아 적게 할 때, 편지 저술가들은 종종 특사(an emissary)에게 편지내용의 적요(摘要)를 기록하게 하고, 특사에게 보충적인 정보를 제공해 주었다.[34] 그래서 그 특사는 청중에게 부가적인 정보를 전할 수 있었다.

리챠드 워드(Richard Ward)에 따르면, 기독교 예배에서 낭송되거나 구두로 구성된(기록된 복음서나 편지 같은)본문은 구두 담화의 직접성을 생각케한다. 편지를 읽기 위해서 특사를 보내는 것은 저자의 현존을 확인시키는 효과적인 방법이 되었다. 편지는 구두성에 도움을 주었고, 이런 식으로 공적 독자(public reader)를 경유하여 구두 공간(oral space)으로 다시 돌아오게 되었다.[35] 독자는 편지의 감정적인 가치를 구체적으로 인식하였고, 이 가치로 인하여 발표(presentation)가 구체화 되게 했다.[36] 워드는 바울이 회중들이 구두 전달을 통해 그의 사도적 현존을 확인케 될 것을 기대하면서, 그의 특사들을 신중하게 선택했다고 주장하고 있다.[37] 실제로 구두 전달은 서신 안에 있는 바울을 창조하는 두 번째 막(the second act)이 되었다. 보아(Botha)는 바울이 실질적인 사건을 기대하면서 독자를 지도했다고 주장하고 있다.[38] 바울은 그의 독자로 하여금 편지 내용을 낭송하는 것뿐만 아니라 해석도 하기를 기대했다.[39] "디모데가 너희로 하여금 나의 길을 생각나게 하리라"(고전 4:17)라고 한 바울의 진술에서, 바울은 편지 해석자로서의 특사의 중요성을 언급한다. 어느 사람은 에베소서의 결론 부분에 나오는 견해를 비교하기도 한다(6:21). "나의 사정 곧 내가 무엇을 하는지 너희에게도 알게 하기 위해서 두기고(Tychicus)가 모든 일을 너희에게 알게 할 것이다." 그러므로 우리는 직접 손으로 쓴, 그리고 여행으로 닳은 필사본을 특사가 바울 자신의 의도와 상징들을 다른 사람들에게 구두로 그리고 신체적으로 전하도록 하기 위해서 그가 신임하는 사람에게 보냈다고 추정할 수도 있을 것이다. "기록된 말들은 크게 입으로 외쳐져야했고, 그들의 전 존재 안에서 회복되어져, 입술 가운데 살아 있게 만들었다. 거기서 그들은 진정한 존재가 되었다."[40]

넷째로, 우리는 서신들이 실제로 바울이 이미 공동체에게 말한 것을 반복하고 있다는 점에 주목해야 한다. 바울은 여러 서신들에서 그의 개인적인 언급을 통해 독자들에게 이미 말했던 것을 다시 한 번 더 반복하고 있음을 지적하고 있다. 갈라디아서의 첫 장에서 바울은, "우리가 전에 말하였거니와 내가 지금 다시 말하노니 만일 누구든지 너희의 받은 것 외에 다른 복음을 전하면 저주를 받을지어다"(갈 1:9)라고 하였다. 이 진술은 분명히 바울이 이전에 갈라디아 교인들에게 했던 설교가 있었음을 암시하고 있는 것이다.

결론 부분에서도 바울은 악에 대해서 이렇게 언급하고 있다. "투기와 술 취함과 방탕함과 또 그와 같은 것들이라 전에 너희에게 경계한 것 같이 경계하노니 이런 일을 하는 자들은 하나님의 나라를 유업으로 받지 못할 것이요."(갈 5:21). 여기서 바울은 새로운 개종자들에 대한 그의 세례 이전의 교훈이거나 세례 이후의 교훈을 언급하고 있다.[41]

바울은 메신저가 회중에게 편지를 읽을 때, 청각적 사건(aural event)을 기대하면서 편지를 썼다. 갈라디아서는 대적자들과 맞서는 반대 상황 속에서 바울이 다시 복음을 "설교할" 수 있는 기회였다.[42] 데살로니가전서 3:4에서 바울은 고통에 대한 공동체의 경험을 말하고 있다. "우리는 여러분에게 그러한 것을 참으라고 계속해서[43] 말했습니다"(저자의 번역). 혹자는 고린도후서 7:3을 비교하기도 한다. 거기서 바울은 "이전에 말하였거니와 너희로 우리 마음에 있어 함께 죽고 함께 살게 하고자 함이라"라고 말한다. 고린도후서 13:2에서 그는 분명히 "내가 이미 말하였거니와 지금 떠나 있으나 두 번째 대면하였을 때와 같이 전에 죄 지은 자들과 그 남은 모든 사람에게 미리 말하노니 내가 다시 가면 용서하지 아니하리라"고 하면서 사전 방문에 대하여 언급하고 있다.

구제 기금의 모금에 대한 실질적인 계획을 소개하면서, 바울은 고린도 사람들에게 편지를 썼다. "내가 갈라디아 교회들에게 명한 것 같이 너희도 그렇게 하라"(고전 16:1). 교리 주제에 대하여는 "형제들아 내가 너희에게 전한 복음을 너희로 알게 하노니"(고전 15:1)라고 기록하였다. 마찬가지로 재림에 대한 그의 진술에서 "내가 너희와 함께 있을 때에 이 일을 너희에게 말한 것을 기억하지 못하느냐"(살후 2:5)라고 데살로니가 교인들에게 썼다.[44]

우리는 이러한 진술로부터 바울의 설교 활동과 편지 사이에 연속성이 있음을 알 수 있다. 그의 교회를 향한 바울의 구두 전달은 신자의 생활을 위한 교리문답식 교훈과 그의 오리지널 설교의 반복, 그리고 기독교인들의 삶과 믿음 안에 있는 그의 이전의 교훈에 대한 함축적 의미의 가르침을 포함하고 있다. 비록 편지들이 정확히 바울의 구두 설교와 완전히 같은 것은 아닐지라도, 초기의 대화를 되찾게 해주고 이전의 바울의 말을 반복하고 있다.[45] 그러므로 서신은 그의 설교 임무에 대한 주요한 통찰력을 제공해 주고 있다.

다섯째로, 모든 글로 쓰여진 의사전달 가운데 편지가 구두 전달에 가장 가까운 것이므로, 바울의 설교가 갖는 구두적/청각적 영역은 분명히 편지를 작성하는데 있어서 문체(style)와 배합(arrangement)[46] 모두를 결정할 수 있게 하였다. 루돌프 불트만(Rudolf Bultmann)은 서신들은 바울이 어떻게 편지로든지, 구술로든지 그 자신을 항상 표현했는지를 기록하고 있다고 주장했다.[47] 편지 쓰기를 통해 바울은 말씀을 받는 자들과 구두로 하는 것에 근접한 의사소통을 하게 되었다.[48] 월터 옹(Walter Ong)은 서간문의 부분들에서조차도 이런 구두적 특성이 압도적이라고 썼다.[49] "형제", "내가 말하노라", "여러분이 알고 있는바"와 같은 구절들은 사도 바울의 편지에 많이 나온다. 사실 사도 바울은 글을 쓸 때 "쓰다"라는 동사보다는 "말하다"는 동사를 더 좋아했다. 이러한 차원에서 그는 "쓰다"(γράψειν)를 20번 이상 쓰고 있는 반면에, 적어도 "말하다"는 40번 사용 하고 있다.[50]

존 하비(John D. Harvey)는 좀처럼 논의되지 않았던 바울의 서신에서의 구두 스피치의 패턴을 조사하였다. 이 연구에 따르면 바울이 구두 커뮤니케이션의 독특한 특징을 지속적으로 사용하고 있음을 확인할 수 있다. 바울이 교차 대구법, 반복, 후렴, 소리를 맞추는 배열, 그리고 삽입을 빈번히 사용하는 것은 구두문화(oral culture)의 일반적인 연설 형태를 반영하고 있는 것이다.[51] 게다가, 청중과 맺고 있는 바울의 관계에 대해 인식을 반영하는 그의 대화체적 스타일은 구두로 하는 연설의 특성을 보여준다. 호격에 대한 그의 사용, 수사학적 질문, 진솔한 감정 표현("나는 여러분이 알기를 원하노라")은 그의 담화(discourse)의 대화적 특징을 설명해 준다.[52] 서신서의 문체적인 특성은 바울 자신이 개인 독자에게 글을 쓰지 않고 집합적 청중에게 말하고 있다는 것을 염두에 두고 있었음을 알게 한다.[53]

월터 옹은 성경의 "구두성"(orality)을 올바로 파악하지 못하는 것이 거대한 구두적 토대(oral underpinnings) 위에 건설된 성경의 본질에 대한 우리의 이해를 방해하는 결과를 초래케 했다고 주장한다.[54] 예를 들면, 바울서신을 연구하는 성경학자들은 성경 저자의 조직적인 배열을 드러내는 신호들에 주목한다. 서양 문화에서 자연스럽게 훈련받은 저술가들은, 저자의 조직적인 원칙들에 대한 시각적 신호들(visual signals)을 찾는다. 시각적 신호들이 존재하지 않거나 또는 혼란스럽게 나타나게 되면, 학자들은 일반적으로 그것을 작품의 복합적인 성격(composite nature)에 대한 표시이거나 저자가 사용하는 자료의 출처에 대한 표시 중에 하나로 해석한다. 폴 악트마이어(Paul Achtemeier)에 따르면, 그와 같은 읽기는 대단히 시대착오적이다. 왜냐하면 그것이 인쇄 문화를 구성하는 원칙을 가정하고, 구두 문화를 구성하는 원칙을 무시했기 때문이다.[55] 구두 문화에서는 화자(speaker)가 논의를 계속해 가면서 청중을 돕는 것, 그리고 주제(topic) 변화를 표시하는 다양한 수단들을 사용하게 되었다.[56]

편지는 구두 커뮤니케이션을 위한 수단을 제공해 주었다. 왜냐하면, 바울보다 앞서서 편지는 오랜 동안 구두 담화의 대체물로 역할을 다해 왔기 때문이다. 편지쓰기는 1세기에 매우 잘 자리 잡혀 있었고, 종종 "절반의 대화"로 정의 되었다.[57] 한 사람의 현존을 드러내는 대용물로서, 편지는 만약 사람이 그 자리에 참석했다면 말했을 내용을 담아내고, 그것을 경우에 합당한 스타일로 말하는 것이 무엇인지를 기대할 수 있게 만들었다.[58] 고대 세계에서 기록된 문자들과 구두 담화(대화, 강연)사이에는 밀접한 관련이 있었다. 이그나티우스(Ignatius)는 그의 편지중의 하나를 대화(conversation)로(Eph. 9:2), 다른 하나는 연설(speech) (Mag. 1:1)로 설명하였다.[59]

여섯째로, 편지 쓰기와 웅변사이의 밀접한 관계는 또한 바울의 편지들이 선포된 말씀임을 반영해 준다. 조지 케네디(George Kennedy)에 따르면, 연설(oration)과 서신사이에는 밀접한 형식적인 관계가 항상 있어왔다.[60] 비록 고대의 이론가들이 일반 편지와 서신(epistle)사이를 분명히 구분 지었지만[61] 실질적으로는 의사를 전달하는 이 두 양식에는 많은 공통점이 존재하고 있다. 스탠리 스토어(Stanley Stowers)는 많은 편지 유형들이 세 가지 타입의 수사학(법정에서 상대를 고발하거나 자신을 변호하는 목적을 위한 법정적(재판적)인 수사학, 정치적 집회에 모인 사람들에게 충고를 주는 데 목적이 있는 정치적 수사학, 대중 앞에서 찬사를 하는데 목적이 있는 과시적 수사학)가운데 하나에 꼭 들어맞는다고 주장하였다.[62] 편지와 연설 사이에 친밀한 관계는 고대의 몇몇 편지들이 본래 서간 구조(epistolary frame)로 된 수사적인 글이었다는 사실에서 볼 수 있다.[63] 예를 들면, 유배지에서 쓰여진 데모스데네스(Demosthenes)의 첫 번째 4장의 편지는 아테네(Athens)의 회중에게 보내졌다. 데모스데네스는 만일 그가 그 회중의 모임 가운데 참석했다면, 친히 자신에 대한 정당한 주장을 했을 것이지만, 그가 처한 상황으로 인해, 그는 편지로 그의 생각을 나타내어야만 했다.[64] 비록 수사학적 규칙들과 법칙들이 구전 담화를 위해 발전되어졌지만, 수사학적 원칙들은 편지의 구성 안에서 직접적이거나 혹은 간접적으로 사용 되어질 가능성이 있다.[65] 그리스의 "연설가" 소크라테스는 공중 앞에서 연설하기에는 너무도 신경질적이어서 그는 어떤 것을 발표하기 위해서 그리고 회중들에게 공개적인 편지를 보내기 위해서 연설을 기록하였다.[66]

3. 결론

바울과 고대의 다른 사람들이 기록된 말씀과 선포된 말씀을 구분하였고, 그 가운데서 후자를 더 좋아 했을지라도, 그럼에도 불구하고 우리는 바울의 서신들이 청취를 위한 기회를 제공해 주었다고 결론 내릴 수 있다. 실질적인 현존의 대체물로 쓰여져, 집회에서 구두로 읽혀진 서신들은 그의 설교 사역의 범위에 대한 통찰력을 제공해 준다. 만약 서신이 그가 참석했더라면 바울이 직접 전했을 내용을 담고 있다면, 그것은 사도 바울의 설교의 배열 원리와 변론 형식과 문체의 특징을 알 수 있게 하는 통찰력을 제공해 주고 있다고 할 수 있다. 서신이 아주 다른 정황 속에 있는 많은 다른 공동체에 전달되기 때문에, 그것은 다양한 환경들 가운데 있는 바울의 설교에 대한 통찰력을 제공해준다.

서신들은 모든 바울 설교의 공통적인 주제와 새로운 환경에 순응하는 그의 능력 모두를 알게 해준다. 바울이 썼던 여러 종류의 서신들 가운데 있는 다양성과 함께, 우리는 크리스티안 벡커(Christian Baker)가 바울의 사상 가운데 있는 "일관성"(coherence)과 "우발성"(contingency)이라고 부르는 것을 살펴볼 수 있다.[67] 예를 들어 데살로니가전서에서 우리는 꽤 잘 행하고 있는 공동체에 보낸 바울의 모범적인 교리문답식 설교(catechetical sermon)를 발견하게 된다. 4장에서 제시하겠지만, 데살로니가는 우리가 바울의 목회적 설교의 의제를 이해하는데 유용한 지침을 제공해 준다. 그런가하면 다른 편지들에서 예기치 못한 우발적인 상황에 대한 바울의 반응을 관찰할 수 있다.

이처럼 여러 가지 다양한 상황에서의 바울의 반응을 보면서 우리는 우리 시대에 계속되고 있는 말씀 사역과 관련하여 적합한 모델을 발견하게 된다. 바울은 복음 선포적이며 목회적인 설교를 전달하는 설교자이다. 바울은 설교의 두 형식 사이의 관계에 대한 통찰력을 제시해 준다. 바울은 그들을 향한 자신의 기대에 부응하며 살아가고 있는 공동체에 설교했다. 그리고 그는 위기의 순간에 설교했다. 또한 그는 오랜 시간동안 그와 삶을 공유하던 공동체에게 설교하였고, 그와 친하지 않은 공동체에게도 설교했다. 10년 이상 동안 지속되었던 이 설교 사역 안에서, 바울은 현대의 설교자들에게 온전한 설교사역을 위한 모델이 되고 있다.

비록 바울의 서신이 그의 설교 사본도 아니고 그의 교회와의 의사전달의 제일 좋은 양식도 아니지만, 그 서신들은 그의 설교사역에 대한 우리가 가지고 있는 유일한 기록을 제공해 주고 있다. 만일 우리가 이 작은 창문을 통하여 바울의 사역을 살펴보게 된다면, 우리는 그를 통해서 그의 교회들 가운데 행한 복음 선포적이고 목회적인 사역에 대하여 매우 많은 것을 배울 수 있다. 2장에서 논증하겠지만, 우리는 바울이 청중들과 최초로 만날 때로부터 시작하여 지속적으로 서신을 매개로하여 대화에 이르기까지의 진전된 논의를 관찰할 수 있을 것이다. 그의 설교는 공동체를 형성시켰고, 그리고 나서 처음에는 말로 전달하는 교훈으로, 그리고 그 다음에는 그의 서신을 통하여 양육해 나갔다. 그러므로 그의 서신들은 설교와 매우 밀접한 관계를 가지고 있다. 고대의 모든 연설자의 경우에서처럼, 우리는 오직 기록된 말씀을 통해서만 바울을 알 수 있다.

바울의 복음전도 설교와 목회 설교

한세기 이상 동안 성경학자들은 신약에 나타난 바울을 두 가지로 묘사해 왔다. 한편으로 우리는 사도행전에 나타난 대중의 인기를 얻고 있는 바울의 모습을 알고 있다. 그는 유대교 회당 지도자들과 아테네 철학자들 앞에서 그들과 필적할 정도로 복음전도 설교를 행한 여행가이며 선교사이다. 연설가로서의 바울의 역할은 아주 주목할 만한 것이어서 루스드라 사람들은 그를 신들의 메신저인 헤르메스(Hermes)라고 불렀다(행 14:12). 다소와 예루살렘에서 교육을 받은 바울에게 그리스지역이든 아람어권내의 지역이든 사람들이 구름처럼 몰려들었다. 그는 예루살렘의 산헤드린 앞에서도 그리고 로마의 집정관들 앞에서도 동등하게 유능한 연설가이다.

또 다른 한편으로 우리는 서신들에 나타난 바울의 모습을 알고 있다. 비록 사도행전에서는 바울은 연설가로 소개하고 있고, 결코 서신을 쓴 사람으로 언급되지는 않는다. 반면에 서신서들에서 바울과 바울의 적대자들은 모두 바울이 말에는 능하지 못한 사람이라는 것에 동의한다(고후 11:6). 바울은 "그의 편지들은 설득력있고 강하지만 그의 신체적인 풍채는 약하고 연설은 하찮다"(고후 10:10)는 적대자들의 비난을 부인하지 않고 있다.

비록 사도행전과 서신들이 "그리스도의 이름을 부르지 않는 지역에서 복음을 선포하고자 하는"(롬 15:20)야망을 가진 바울을 설교자로 나타내고 있지만, 그것들은 바울의 설교 사역의 본질에 대한 서로 다른 두 가지의 묘사를 제공하고 있다. 사도행전에서 바울은 우선 순회전도 설교자이다. 그는 비기독교인 청취자들에게 너무 효과적으로 말씀을 선포하기에 그가 어디를 여행하든지간에 개종하는 일이 생기게 된다. 서신들에서 바울은 복음전도 설교의 결과로 형성된 회중들에게 말하면서 교회들을 양육한다.

바울의 설교 사역에 대한 이 양자택일의 묘사들은 현시대에 있어서 복음전도 설교와 목회 설교 사이의 근본적인 구별을 위한 토대를 제공해 준다. 다드(C. H. Dodd)의 영향력 있는 책 *The Apostolic Preaching and Its Developmentsm*는 또한 바울이 사도행전에서 비 그리스도인들에게 설교한 것과 서신들에서 믿는 자들에게 목회적 교훈을 한 것을 뚜렷이 구별하여 기술하고 있다.[1] 케리그마와 디다케라는 용어를 설명하면서 다드는 설교를 "비기독교 세계에 대한 기독교의 공적 선포"로 정의하고 있다.[2] 그는 덧붙여서 말하고 있다:

> 초기 기독교교인들에게 오늘날 교회에서 행해지는 많은 설교는 케리그마로 인정될 수 없다. 그것은 단지 가르침이거나 위로이다. 또는 초기 기독교인들이 호밀리아(homilia)라고 불렀던 것, 다시 말해서 이미 믿음으로 세워진 공동체에게 전하는 기독교인들의 삶과 생각에 대해 다양한 국면의 거의 덜 비공식적 토론(informal discussion)이다.[3]

다드(Dodd)의 케리그마와 디다케에 대한 구별은 우리의 설교의 사역을 이해하는데 있어서 상당히 중요한 영향력을 끼친 것이 사실이다. 그러나 그가 이러한 구분의 모델로서 사도 바울을 염두에 두어 있는 것이라면, 현대적인 적용을 위한 중요한 질문이 제기될 수 있다. 복음전도 설교가 비그리스도인들에게 제한된다는 다드의 주장은 특별히 우리 시대에 사려 깊게 생각해 볼 필요가 있다. 초기 기독교인과 후기 기독교 사이에 과도기에 있는 문화 가운데서, 우리는 이 날카로운 구별을 만들어야 될 것 같지는 않다. 우리가 현재 만나게 되는 청중들은 기독교 유산에 의해 믿음이 굳게 형성된 사람에서부터 기독교 신앙에 대한 그들의 관계가 기껏해야 최저선(marginal)에 있는 사람들에게 이르기까지 폭넓게 분포되어 있다. 우리는 청중들이 이러한 연속적으로 연결되어 있는 다양한 국면들 가운데 존재한다는 점을 염두에 두어야 한다. 결과적으로, 나는 고대의 증거와 현대의 정황이라는 양자 모두의 빛 안에서 우리들이 복음전도 설교와 목회 설교 사이의 다드가 제안하고 있는 날카로운 구분을 신중하게 재고해 보아야 한다고 생각한다.

우리가 "신앙 안에서 이미 굳건해진 회중"에게 선포한다는 다드의 견해는 2000년에서 보다는 1936년에 더 그럴싸했을 것이다. 그의 논증은 그 시대에 영국의 기독교 문화 내에 있는 그가 직면한 상황을 반영하고 있다. 다드와는 달리, 우리는 내가 서론에서 논했던 것처럼 주로 후 그리스도인의 문화에서 살아가고 있다. 변화된 시대적인 상황에도 불구하고, 복음전도 설교에 대한 대중적인 이해는 주로 다드의 이해에 머물러 있다고 할 수 있다. 복음전도는 텔레비전 복음 전도자(televangelist)나 선교사의 사역으로서, 기존 회중에게 설교를 하는 설교자가 담당해야 할 몫이 아니라고 여긴다. 우리는 우리 시대의 교회들이 오래전에 복음화 되었다고 가정한다. 결과적으로, 우리는 우리 자신의 설교를 거의 배타적으로 케리그마라고 보기 보다는 디다케로 생각한다. 그리고 우리는 이미 복음을 들은바 있는 사람들에게 "그리스도인의 영역"에서 설교한다고 가정한다.[4] 이 가정은 설교학 저술들 가운데서 그대로 드러나고 있다. 현대 설교학 저술들에서 우리는 이미 개종된 사람들의 필요들을 채워주는 설교를 안내해 주는 풍부한 제목들을 발견하게 된다.[5]

전(前)장에서, 나는 바울의 서신들이 구체적인 설교뿐만 아니라 전체 설교 사역을 위해서도 모델을 제공한다고 주장했다. 그러나 일반적으로 널리 받아들여지고 있는 견해가 정확하다면-만약 서신들이 밀도 있는 신학적 논증과 함께 그의 교회들에게 말하는 목회적 설교자(pastoral preacher)로서의 바울에 대한 오로지 한 가지 차원만을 묘사한다면-나는 내 논증을 세워가기에 어려움을 갖게 될 것이라는 점을 인정해야만 한다.

표면적으로, 서신들은 바울의 복음전도 설교에 대하여 우리에게 언급하고 있지 않다. 또한 서신들을 쓰기 전에 그의 모든 설교활동들을 기술하는 것도 아니다. 서신들은 바울과의 관계 안에서 한 때 공동체가 들었던 것에 대해 기록하고 있는 것이지, 편지에 선행하고 있는 이야기나 지속적인 대화를 기록하고 있지는 않다. 예를 들면, 우리는 로마서 9-11장에 있는 복잡한 논증을 듣게 된다. 그러나 우리는 여기서 다루는 사건에 대한 전체적인 기조(基調)를 놓치게 된다. 우리는 할례에 관한 주제에 대해 바울과 갈라디아 사람들이 대화하는 중간에 와 있다. 그러나 우리는 이전의 토론을 듣지 않았기 때문에 몇 가지의 논증을 놓치고 만다. 이러한 복잡한 논증들이 설교를 위한 모델들이 되기는 어렵다. 내가 서론에서 기록한 것같이, 이러한 일반적으로 널리 받아들여지고 있는 견해의 결과로, 바울을 설교를 위한 모델로 제시하기는 그리 쉽지 않다. 우리는 이러한 심도 있는 신학적 논쟁에 대하여 우리 회중들이 어떻게 반응을 보일지를 짐작하는데 어려움을 갖게 된다. 우리는 우리 자신의 삶에 대한 내러티브(narrative)를 말하는 이야기(story)를 더 좋아한다.

이 장에서, 나는 그의 목회적이고 논증적인(discursive) 설교가 실제로 더 큰 내러티브에 관계 맺고 있다는 사실을 증명하기 위하여 바울의 설교를 보다 더 넓은 컨텍스트 가운데 놓기를 원한다. 사실 서신들은 연속적인 하나의 대화이다. 이 거대한 이야기는 바울 자신의 이야기, 그의 청중들의 이야기, 그리고 바울이 그의 회중에서 의사를 전달했던 이야기를 포함하고 있다.[6] 바울의 논증적인 설교는 그의 커뮤니케이션에서 유일한 특성이 아니라 그의 초기 복음전도 설교의 필수적인 귀결(sequel)이다. 만약 우리들이 서간문들의 표면 아래를 깊숙이 조사해본다면, 우리는 거기서 복음 전도적이고 내러티브적인 설교에서부터 논증적인 추론으로 필연적으로 발전해 갈 수 있는 설교 사역을 발견하게 된다. 정물 사진처럼, 각 서신들은 시간 내에 얼어붙은 하나의 순간을 묘사한다, 그리고 훈련된 관찰자를 위해 서신들은 이야기를 함축적으로 내포하고 있다. 우리가 우리의 가족 앨범에서 사진들을 보고 사진들의 뒤에 있는 이야기를 회상하는 것처럼, 바울의 편지들을 보고 이야기들의 교차점(intersection)을 포함한 보다 더 커다란 이야기들을 숙고하기 시작한다. 바울의 편지들 뒤에는 그의 복음전도 설교의 이야기, 그의 청중들의 메시지에 대한 처음 반응, 그리고 그의 교회들과 바울의 커뮤니케이션에서 최고점에 달하는 지속적인 이야기가 놓여 있다.

서신들이 담고 있는 내러티브는 과거 사건들에 제한되지 않는다; 그것은 미래로 이동하는 이야기를 계획하고 있다. 바울은 그의 회중들의 이야기와 함께 그의 이야기가 교차점이 계속되기를 기대한다. 그의 편지들은 특사들의 방문(롬 16:1-2; 고전 16:8-10; 빌 2:19-30) 또는 그의 회중과의 그 자신의 재회(몬 22)를 위한 길을 준비한다. 때때로, 그는 오해를 극복하고, 교회와의 지속적인 관계를 위한 길을 준비하기 위해서 서신을 쓰고 있다. 그러한 과정 속에서, 그의 회중들은 그리스도 안에 있는 그들의 새로운 존재와 궁극적 운명 사이에서-"그리스도의 부활과 재림사이에서"-살아가게 된다.[7] 이야기가 아직 완결되지 않았기 때문에, 바울은 그의 청중들이 그들의 최종적인 목적지에 이르도록 돕기 위하여 서신을 쓰고 있다.

만일 우리가 바울의 서신들을 신중하게 읽는다면, 우리는 이야기들의 이러한 교차에 대하여 아주 많이 배울 수 있을 것이고, 복음 전도적 증언으로부터 목회적 돌봄으로 진전해 가는 설교 사역을 위한 바울의 모델을 발견할 수 있을 것이다. 나는 우리가 설교를 위한 근거로서 바울을 기피하는 것은 그의 서신들 뒤에 있는 내러티브를 보는 것을 실패한 결과라고 확신한다. 이 장에서의 내 작업은 스냅 사진들에 선행하는 이야기를 관찰하는 것이다. 나의 초점은 그의 저술 활동(literary activity)에 선행하는 바울의 실제적인 설교에 관한 것이다. 나는 후 기독교 시대에 사는 그리스도인이 전(前) 그리스도인 시대에서 설교했던 한 사람에게서 설교에 관하여 많이 배울 수 있다고 제안하고 싶다.

1. 복음전도 설교: 바울과 그의 개종자들의 이야기

서신들 가운데 묘사되는 바울의 목회 사역은 종종 그 자신의 이야기를 해야 할 필요가 있다. 왜냐하면 오직 자신의 이야기를 말함으로써, 그가 목회 사역(고전 9:1-23; 갈 1:10-2:21; 빌 3:2-16을 보라)을 통해 궁극적으로 그의 교회들을 이끌어가고 있는 정황들을 설명할 수 있기 때문이다. 바울의 개인적인 이야기의 중심에는 예배를 위해 그를 부르고 사명을 위임해 주신 부활한 주님과의 만남이 있다. 이 사건은 예언자적 소명과 다름없는 것이었다. 바울은 구약성경의 예언자들의 소명(갈 1:15; 렘 1:5을 보라. 그리고 사 49:1, 6을 비교하라)과 자신의 소명과를 비교하는 것을 주저하지 않는다. 예언자들이 오로지 하나님을 위하여 선포하도록 부르심을 받고 보내심을 받았던 것처럼 그리스도는 그를 "이방인들 가운데 [그리스도를]선포"하게 하기 위해서 부르셨다 (갈 1:16). 예레미야가 소명에 압도되고, 하나님의 말씀을 전하는 사역에 강권함을 받은 것처럼, 바울은 "내가 복음을 선포하지 않으면 내게 화로다"(고전 9:16)라고 말하고 있다. 그 결과, 그는 그가 설교해야 하는 신적인 필요성(ἀνάγκη, 고전 9:16)아래 있음을 인식하고 있다.[8]

바울은 자신이 자신의 삶의 주인이 아니라, 승리의 행렬(고후 2:14)로 이끌려지고 있는 포로라고 주장하고 있다.[9] 그의 설교는 하나님께서 "빛이 어두움에 비추라", 그리고 "예수 그리스도의 얼굴에 있는 하나님의 영광을 아는 빛을 우리 마음에 비추셨느니라"(고후 4:6)고 말씀하셨을 때 일어난 사건의 결과이다. 그의 동료들에 의해서 거절의 결과를 가져왔던 선교를 설명하는 상황에서 바울은 이사야 28:16의 말씀을 상기하고 있다. 이에 따라서 "누구든지 주의 이름을 부르는 자는 구원을 얻으리라"(롬 10:13, RSV)고 선포한다. 그 다음에 그는 "그런즉 저희가 믿지 아니하는 이를 어찌 부르리요 듣지도 못한 이를 어찌 믿으리요."(롬 10:14-15)라고 덧붙인다. 바울은 "믿음은 들음에서 나며, 들음은 그리스도의 말씀으로 말미암았느니라."(롬 10:17)는 주장으로 대답한다. 그는 사람들이 설교를 통해서만 구원에 이르고, 설교자들은 하나님에 의해서 보내심을 받아야 한다(롬 10:15)는 것을 알고 있다. 바울은 하나님이 특별한 목적을 위하여 보내신 설교자이다. 로마서 후반부에 지적한 것처럼, 그의 임무는 민족들을 위하여 하나님의 "제사장적인 직무를 맡은 종"(priestly servant, λειτουργός)이 되는 것이며, 그리스도의 이름이 아직 불리지 않는 곳에 "복음을 선포"하는 것이다(롬 15:20). 그가 이미 지중해 세계의 동쪽 절반에서 설교를 했다고 덧붙이는 시점에서, 바울은 그의 이야기를 언급한다. 자신의 계획을 설명하는 때에(롬 15:25-29), 바울은 그의 이야기를 미래에 투영시키고 있다. 그의 삶이 변화되는 사건 없이, 바울의 이야기는 그의 교회들의 이야기와 만날 수 없다.

우리는 그가 자신의 소명의 결과로 기인한 계속적인 활동을 설명하게 되는 이러한 상황들로부터 바울의 이야기를 더 알게 된다. 고린도후서에서, 바울은 그의 설교와 그리스도의 종들이라고 자처하는 사람들의 설교를 비교하면서 그의 설교 사역을 공격하는 것에 대하여 대응하고 있다. 소피스트들(sophists)처럼, 그들의 메시지를 "팔고 다니는"(peddle) 사람들(cf. 고후 2:17)과는 대조적으로, 바울은 "하나님의 말씀을 혼잡케" 하는 것을 거절(고후 4:2, RSV)하면서, 무엇인가를 선포해야만 하는 한 사람의 목회자로서 그의 지속적인 활동을 생생하게 기술하고 있다.[10]

설교자로서의 그의 무효성에 대한 공격에 대응하여 바울은 그의 메시지의 내용을 재차 단언하고 있다. "우리가 우리를 전파하는 것이 아니라, 오직 그리스도 예수의 주되신 것을 선포한다"(고후 4:5). 만일 사람들이 그의 복음을 거절한다면, 그 실패는 설교자가 전한 복음에 문제가 있는 것이 아니다. 오히려, 그것은 "이 세상 신이 믿지 아니하는 자들의 마음을 혼미케 하여 그리스도의 영광의 복음의 광채가 비치지 못하게 함이니 그리스도는 하나님의 형상이니라"(고후 4:4)는 바울의 설명처럼 다른 이유 때문이다. "우리가 선포한 것과는 반대되는 복음" 외에 추호의 가감도 있어서는 안 된다(갈 1:8; cf. "다른 복음", 고후 11:4). "복음의 진리"는 어떤 희생을 치루더라도 보존되어야만 한다(갈 2:5, 14). 그리고 복음에 대한 어떤 방해도 심판받게 될 것이다. 그러므로 그의 설교는 시장의 수요들(market demands)에 의해 영향을 받지 않을 것이다. 그는 외견상으로 드러나는 실패에 의해 저지되지 않을 것이며, 또한 그의 설교가 그것이 가지고 있는 잠재적인 결과에 의해 결정되지도 않을 것이다. 설교 사역 가운데서 그가 "하나님께서 그리스도 안에 계시사 세상을 자기와 화목하게 하시고"(고후 5:19)라고 공포할 때, 바울은 그리스도의 편에서 말하는 하나님의 대사(ambassador)로서 행동하고 있다. 그러므로 바울의 지속적인 활동은 그의 삶을 변화시켰던 예언자적 소명의 결과이다.

바울은 일반적으로 자신이 말씀을 선포하는 것을 복음(εὐαγγέλιον)이라는 용어와 복음을 설교하다(εὐαγγελίζομαι) 그리고 선포하다(κηρύσσω)라는 동사와 함께 언급하고 있다.[11] 많은 실례들 가운데서, 바울은 어느 쪽이든 동사의 목적어(고전 15:1; 고후 11:7; 갈 1:11; 2:2; 골 1:23; 살전 2:9)로서 나타날 수도 있는 복음(εὐαγγέλιον)으로 그의 설교의 내용을 언급한다. 다른 예로, 복음을 설교하다(εὐαγγελίζομαι)라는 동사는 목적어 없이 설 수 있다. 왜냐하면 목적어가 동사 안에 함축되어져 있기 때문이다(고전 1:17; 9:16, 18; 고후 10:16; 갈 1:8-9; 4:13). 그 언어는 이사야 40-55장에 대한 초기 기독교인들의 묵상을 반향하고 있다. 특별히 이사야 52:7절에서 선지자는 "좋은 소식을 가져오며 평화를 공포하며 복된 좋은 소식을 가져오며 구원을 공포하며 시온을 향하여 이르기를 네 하나님이 통치하신다 하는 자의 산을 넘는 발이 어찌 그리아름다운가"라고 선포하고 있다. 그러므로 바울의 복음은 선지자에 의해 공표된 하나님의 구원 사건에 대한 선언이다.

설교에 관해 바울이 빈번하게 언급하는 것은 그의 목회사역에서 복음 전도 설교가 차지하는 중심적 위치를 암시하고 있는 것이다. 그러나 복음 전도 설교에 대한 그의 수없이 많은 언급은 처음에는 독자로 하여금 그의 복음 선포의 분명한 내용이 무엇인지를 단언할 수 없게 만든다.[12] 표현의 다양성들은 복음이 단 하나의 고정된 방식(sin- gular fixed formula)으로 축소될 수 없다는 것을 나타내는 것이다. 그럼에도 불구하고 공유적 성격의 내러티브를 찾아 볼 수 있는데 이에 따르면, 이사야 52장에서 기다렸던 기쁜 소식(혹은 복음)이 예수의 이야기와 동일시 될 수 있다. 바울이 그의 설교의 주제로서 예수 그리스도를 언급하든지 아니면 복음을 언급하든지간에, 그가 실제로는 더 큰 유대 내러티브 세계의 한 부분인 예수 그리스도 안에 있는 하나님의 활동에 대한 내러티브를 언급하고 있는 것이다.[13] 예수에 대한 그의 언급은 서신들 안에서 기초적인 성경적 이야기에 대한 그의 변형을 반영하는 작은 이야기들로서의 역할을 담당하고 있다.[14]

바울의 복음(εὐαγγέλιον)에 대한 빈번한 요약은 그의 복음이 가지고 있는 내러티브적 특성을 나타내고 있다. 로마서의 서문(1:3-4, RSV)에서, 바울은 그의 메시지를 "이 아들로 말하면 육신으로는 다윗의 혈통에서 나셨고 성결의 영으로는 죽은 가운데서 부활하여 능력으로 하나님의 아들로 인정되셨으니 곧 우리 주 옛 그리스도시니라"로 집약적으로 자세히 설명하고 있다. 서신들 전체를 지배하는 논증들은 기본적으로 내러티브와 관련되어 있다. "그러나 이제는 율법 외에 하나님의 한 의가 나타나셨으니"(3:21)라는 로마서에 있는 그의 선포는 그리스도 사건을 생각나게 한다. "우리의 범죄함을 위하여 내어줌이 되고 또한 우리를 의롭다 하심을 위하여 살아나셨느니라"(롬 4:25)는 간단한 구절은 또한 복음이 가지고 있는 내러티브 특성을 나타낸다. "우리가 아직 죄인 되었을 때에 그리스도께서 우리를 위하여 죽으심으로 하나님께서 우리에게 대한 자기의 사랑을 확증하셨느니라(롬 5:8)고 반복적으로 되풀이 하고 있는 그의 선포에서 바울은 다시금 내러티브로서 복음을 요약하고 있다.

강한 그리스도인과 약한 그리스도인을 교훈하면서, 그는 "그리스도가 자기를 기쁘게 하지 아니하셨나니"(롬 15:3)라는 점을 상기시키고 있다. 바울의 논증들은 자기 자신의 삶의 이야기와 교차점을 갖는 이야기로 그의 삶을 변화시키는 내러티브에 호소하고 있다.

바울은 그의 독자들이 그 이야기를 잘 알고 있다고 가정한다. 참으로, 그의 서신들 중에서 친숙한 한 가지 주제는 그의 복음 전도 설교의 회상이다. 그는 갈라디아 사람들에게 그가 "처음에 복음을 전하게"(갈 4:13)되었을 때의 상황을 상기시킨다. 고린도전서에서 그가 "우리는 십자가에 못 박힌 그리스도를 전하니"(1:23, RSV)라고 말할 때, 그의 본래적 설교활동을 생각나게 한다. 그런 다음에 2:1-5 (RSV)를 덧붙인다.

> 형제들아, 내가 너희에게 나아가 하나님의 증거를 전할 때에 말과 지혜의 아름다운 것으로 아니하였나니 내가 너희 중에서 예수 그리스도와 그가 십자가에 못 박히신 것 외에는 아무 것도 알지 아니하기로 작정하였음이라. 내가 너희 가운데 거할 때에 약하고 두려워하고 심히 떨었노라 내 말과 내 전도함이 설득력 있는 지혜의 말로 하지 아니하고 다만 성령의 나타나심과 능력으로 하여 너희 믿음이 사람의 지혜에 있지 아니하고 다만 하나님의 능력에 있게 하려 하였노라.

"나는 심었다"와 "나는 토대를 놓았다"는 고린도전서 3:6과 3:10절 말씀에서 그리고 "그리스도 예수 안에서 내가 복음으로써 너희의 아비가 되었다"(고전 4:15; 몬 10절을 참조)는 이후의 말씀에서 바울은 보다 앞서서 행하여진 설교 활동을 다시 언급하고 있다. 그는 나중에 보다 더 초기에 전했던 설교를 상기하는 것과 함께 부활에 대해 토론을 시작 한다. "형제들아 내가 너희에게 전한 복음을 너희에게 알게 하노니 이는 너희가 받은 것이요 또 그 가운데 선 것이라"(고전 15:1). 계속 이어지는 논증은 "그리스도가 성경대로 우리의 죄를 위하여 죽으셨고, 장사지낸바 되시고, 성경대로 사흘 만에 일어나셨다"(고전 15:3-4)는 그가 원래 설교했던 케리그마의 토대위에 기초하고 있다.

바울이 설교했던 것을 지속적으로 상기시키고 있는 지점에서, 우리는 그의 복음 전도 설교로 들어가는 창문을 가지게 된다. 그의 복음전도 설교는 그 자신의 이야기와 교차점을 가지고 있는 이야기를 말하는 것으로 구성되어져 있다는 점에서 그러하다. 비록 바울이 유대인들과 이교도들 모두에게 설교 했지만, 서신들은 이방인 교회들에게 전달되었다. 그리고 편지는 바울이 이방인들에게 설교를 했던 내러티브를 상기시켜 준다. 바울의 복음 전도 설교에 대한 상세한 기술이 다른 상황에서 아마도 약간의 차이를 드러내고 있는 것이 사실이지만, 서신서는 이방인 청중들에게 하는 바울의 복음 설교가 다음의 플롯(plot)을 포함하는 있는 것을 지적한다.

하늘과 땅의 창조자이신 하나님은 세상을 위한 계획을 가지셨다.
하나님은 옛적부터 복음을 가지고 세상을 축복하기를 계획하셨다. 그리고 지금 그 순간이 도래하였다.
하나님은 세상을 구원하시려는 하나님의 계획을 성취하실 수 있는 예수를 보내셨다.
예수는 모든 인류를 구속하시기 위하여 십자가 위에서 죽으셨다.
하나님은 죽음, 모든 정사 그리고 권세를 정복하시면서 죽은 이들로부터 예수를 일으키셨다.
이 창조자이신 하나님은 당신에게 그의 구원의 행위를 인정하고, 그에게 돌아오기를 권고하신다.
하나님이 이 사건들을 행하신 것을 기초로 하여 우리는 이 세상이 어느 곳으로 향해 가고 있는지를 알게 된다. 결과적으로 세상을 창조하신 하나님이 최종적인 완성을 성취하실 것이기 때문에 여러분은 희망 상실과 절망 가운데 삶을 살 필요가 없다. 우리는 하나님이 하늘로부터 그의 아들을 보내실 것을 기다림으로 미래를 소유하게 된다(살전 1:10).

바울의 복음전도 설교에 대한 나의 읽기는 바울의 케리그마에 대한 다드의 해설과 크게 다르지 않다.[15] 나는 바울이 다양한 상황에서 표준적인 복음전도 설교를 전했으며, 그 상황이 요구했던 이야기에 대한 자세한 내용과 함축적인 의미를 상세하게 설명했다고 주장하고 싶다.
의심한 여지없이, 그가 유대인 청중들에게 설교했을 때, 그가 성경을 언급함으로 자신의 논지를 발전시켰다. 그럼에도 불구하고 유대인들과 이방인 청중들 모두를 위한 바울의 복음전도 설교는 이야기를 말하는 것을 포함시키고 있다. 그것은 최근 역사에서 일어났던(예수에 관한)사건들이 세상과 그들의 삶의 과정을 변화시켰다는 것을 알리는 세상을 향한 참된 이야기였다.[16] 바울은 실재, 다시 말해서, 일련의 사건들로 정의되어지는 실재와의 관계를 맺어, 아직 완성되지 않은 역사에 포함되도록 청중들을 초청하고 있다.[17] 그 자신의 설교에 대한 회상은 사도행전에서의 바울의 설교에 대한 누가의 묘사와 기본적으로 일치한다. 누가와 바울은 설교를 묘사하기를 하나님의 행동(God's deeds)의 내러티브로부터 메시지에 응답하도록 회중을 초대하는 영역으로 이동하는 것이라고 이해하였다.[18]

바울이 비록 상세하게 기술하지는 않았지만, 그의 이방 청중들이 복음을 경청하기 이전에, 그들 자신의 이야기를 가지는 것을 당연하게 여겼다. 비록 사도행전이 아덴에서의 설교에서(행 17:22-23) 바울이 청중들에게 그의 메시지를 신중하게 적응시키고 있는 것으로 묘사하고 있지만-심지어 그 문화에 익숙한 스토아 철학의 범주까지 사용하지만-서신들은 바울의 복음전도 설교가 목적을 성취하기 위해서 회중들의 기호에 맞추려고 했다는 어떠한 암시도 제공하지 않는다. 바울의 관점에서 보면, 회중들이 가지고 있는 이야기는 절망(살전 4:13), 우상에 사로잡힘(살전 1:9; 고전 12:2; 갈 4:3, 8) 그리고 색욕 (살전 4:5)으로 구성되어 있다. "유대인들은 표적을 구하고, 헬라인 지혜를 찾으나"(고전 1:22)라고 할 때, 바울은 그들이 일반적으로 추구하는 방식 안에 그들의 이야기의 형태를 가지고 있음을 인정하고 있다. 바울의 복음전도 설교는 그의 회중들의 이야기에 대한 도전이다. 왜냐하면 그의 복음전도 설교는 청중들이 옛 실존으로부터 예수의 이야기에 의해 결정되어지는 새로운 플롯에로의 부르심에서 항상 최고점에 도달하기 때문이다.

사도행전이 바울의 설교에 대한 청중들의 반응을 일반적으로 기록하는 것처럼, 그의 서신들은 역시 결단을 촉구하는 복음전도 설교를 기술하고 있다. 바울이 고린도 사람들에게 "내나 저희나 이같이 전파하매 너희도 이같이 믿었느니라"(고전 15:11)고 말할 때, 그것은 이야기들의 교차점을 요약하고 있는 것이다. 그는 데살로니가전서에서 청중들이 "우상으로부터 하나님에게 돌아왔음"(1:9-

10)을 기억한다. 청중들은 듣고 믿는다(롬 10:17). 그들은 복음을 "받고"(고후 11:4), 세례를 받았다(고전 12:13; 갈 3:27). 그러므로 바울의 복음전도 설교는 항상 청중들의 반응을 요구하고 있다.

바울이 메시지를 전할 때, 고린도, 데살로니가, 그리고 다른 도시들에서 그 메시지를 받는 사람들과 바울이 어떤 연관성을 갖고 있는지에 대한 우리들의 관심으로 인해 바울의 청중들 대다수가 그의 설교에 대해 호의적으로 반응하지 않았다는 사실을 우리들이 감지하지 못할 수도 있다. 사실, 내가 앞에서 지적했던 것처럼, 바울은 그의 설교가 효과가 없었다는 비판에 대하여 그 자신을 변호할 필요가 있다는 점을 종종 인식하고 있다.

사도행전과는 다르게, 서신들은 바울의 설교에 대한 숫자상의 반응(numerical response)에 대하여 우리에게 거의 이야기하지 않는다. 우리는 그의 설교에 대한 명백한 실패에 관하여 더 알고 있다. 복음을 상품으로 다루거나(고후 2:17), "하나님의 말씀을 혼잡케 하는"(고후 4:2, RSV)것을 거부하는 것에 의해, 바울은 비록 그의 신실함이 어떤 좋은 결과를 생산하지 못한다고 해도 그에게 위탁되어진 책임에 충실하게 되는 것에 관심을 집중하고 있음을 증명하였다. 그의 청중들이 그의 이야기를 "어리석음"으로 간주하는 것을 그가 알았을지라도, 그럼에도 불구하고 그는 실재를 바라보는 다른 방식에 대한 직접적인 도전으로 "십자가에 못 박히신 그리스도"(고전 1:22-23)를 설교했다. 그의 선포는 사람들이 물었던 질문들에 대한 반응도 아니고, 그들 자신이 추구했던 것에 대한 대답으로서 기독교를 소개할 의도도 아니었다. 하나님이 십자가와 부활의 사건 가운데 역사하셨다는 주장을 하게 될 때, 바울은 그것이 한 문화가 가지고 있는 신화들에 도전하는 것이고, 그 메시지가 그의 청중들에게 파문을 일으킬 것을 알고 있었다(고전 1:18-25; 갈 5:11). 바울은 그의 청중들에게 분명한 선택, 즉 그들이 거절할 수 있었던 메시지를 제시하였다! 우리는 바울이 제시하려고 했던 대부분의 것들을 쉽게 잊어버린다. 실재에 대해 세상의 관점에 대한 도전과 청중들이 그들의 이야기를 더 큰 이야기에 순응하도록 요구하는 것은 쉬운 승리들을 가져다 줄 것을 약속하지는 않는다.

바울은 그가 전한 설교의 결과에 대하여 책임을 떠 앉지 않아도 된다. 하나님은 그를 성공적이 되기보다는 충실하게 되도록 부르셨다. 바울의 설교를 거절하는 곳에서, 그는 문제가 되는 것이 메시지에도 메신저에게도 있는 것이 아니라, 믿지 않는 자들의 눈 멈에 있다는 것을 알고 있다(고후 4:4). 그의 설교가 분명한 결과를 만들어 내는 곳에서, 그는 그것이 하나님의 능력이지, 메시지를 효력 있게 만드는 그 자신의 설교 때문은 아니라는 것을 인정하고 있다. 복음은 "구원을 위한 하나님의 능력"(롬 1:16)이다. 당대의 수사학자들과는 다르게, 그는 "그럴듯한 지혜의 말이 아니라 성령의 나타남과 능력"(고전 2:4)으로 설교하고 있다. 하나님의 능력이 설교 사건에서 현존하게 될 때, 청중에게 믿음을 불러일으킨다. 결과적으로, 바울은 그의 영리함, 설교적 기술, 청중에 대한 조작, 또는 최대의 결과를 만들어내기 위한 메시지의 적응력에 의존하는 복음전도자가 아니다. 그의 임무는 청중이 듣기를 원하지 않는 메시지일지라도 그의 청중으로 하여금 하나님에 대해 반응할 수 있도록 메시지에 직면하도록 만드는 것이다.

이교도 문화에서의 바울의 복음전도 설교는 새로운 형태의 이교주의에 직면해 있는 문화에서의 설교를 위한 중요한 모델을 제공한다.[19]

첫 번째로, 바울은 복음화가 새로운 소비자들(new consumers)의 기호를 사로잡는 시장분석(market analysis)과 욕구를 기초로 하지 않는다는 점을 우리에게 상기시켜 준다. 그것은 지배적인 문화가치에 대해 설교자가 다시금 몰두하게 되는 것을 의미하지 않는다.

두 번째로, 바울은 복음화란 메시지에 대한 분명한 확신과 함께 우리 시대의 다원주의(pluralism)문화를 가로막고 서는 것을 포함하고 있음을 우리에게 상기시켜준다. 하나님이 예수 그리스도 안에서 행하시고 우리의 삶에 무언가를 요구하신다는 선언은 우리의 시대의 지배적인 가치에 대한 도전이다. 이러한 모델의 복음주의는 분명한 내러티브를 가지고 있지 않은 문화에 도전하고, 청중이 거절할 수도 받아들일 수도 있는 확실한 소리를 제공한다.

세 번째로, 바울은 우리에게 복음전도 설교의 위험에 대하여 상기시킨다. 우리는 미리 결과를 프로그램화 할 수 없다. 설교사건 속에 역사하는 하나님 역할에 대한 바울이 가지고 있는 믿음이 없다면, 그의 복음전도 설교는 좌절 속에서 행해지는 실천이 되었을 것이 분명하다.

2. 복음전도 설교: 바울과 데살로니가서

비록 서신들이 개종자들을 향해 쓰여졌고, 그리고 분명히 목회적 커뮤니케이션을 위하여 쓰여졌지만, 그것들은 복음 전도적 선포와 목회적 커뮤니케이션사이의 관계에 대한 주목할 만한 통찰을 제공해 준다. 바울의 복음전도 설교와 목회 설교 사이의 관계는 아마도 그의 첫 번째 서신이었을 데살로니가전서에서 가장 분명하게 나타나고 있다. 그의 다른 서신들처럼, 데살로니가전서에서, 바울은 그의 선교 설교(missionary preaching)에 대한 공동체의 기억을 기초로 하여 적절한 행동을 위한 그의 이론적 근거를 세우게 된다.

첫 장에 등장하는 감사 표현(thanksgiving)은 독자의 현재 상태-그들의 "믿음의 역사와 사랑의 수고와 소망의 인내"(1:2-3)-에 대한 그의 감사로 시작한다. 이 현재의 환경은 바울이 1:4-2:12에서 지적한 것처럼 공동체를 형성 했던 과거의 사건들에 뿌리를 두고 있다. 그는 복음이 "말로만 너희에게 이른 것이 아니라 오직 능력과 성령과 큰 확신으로 된 것이니"(1:5)라고 할 때 그 근거로 그들의 선택(1:4)을 상기시키고 있다. 그의 다른 서신들에서처럼(고전 1:18-2:4; 갈 4:13을 보라; 참조. 몬 10), 그는 그의 메시지의 기반을 세워 놓을 때 전한 그의 본래의 선포를 상기시키고 있다. 복음이 그들에게 어떻게 "이른 것인지"(v. 5), 그들이 어떠한 "사람이 되었는지"(v. 6), 그리고 바울이 "어떻게 입증했는지"(v. 5)를 상기시키면서[20] 바울은 그의 선포와 그들의 반응을 기술하고 있다. 진정으로 1:5-2:12의 전체는 그가 데살로니가 사람들에게 처음 설교했을 때를 근거로, 처음 방문(εἴσοδος, 1:9; 2:1)했을 때의 정황들을 기술하고 있다.

바울은 복음(1:5; 2:4, 9), 말씀(1:6), 주의 말씀(1:8), 청취된 말씀(2:13, 저자 번역), 그리고 하나님의 말씀(2:13)으로 그의 메시지를 기술하는 것을 통해, 인간의 말들과 대조(1:5; 2:5, 13을 보라)하고 있다. 말씀으로서 그의 설교에 대한 언급은 그가 구약에 기록된 말씀을 기술하기 위해 같은 용어를 사용하고 있기 때문에 특별히 인상적이다.[21] "사람을 기쁘게" 하기 위해 말하는 인기 있는 연설자나 인기 있는 철학자와는 다르게, 바울은 하나님 그 분 자신의 말씀(2:13)을 말한다. "하나님이 우리로 너희를 권면하신 것 같이"(고후 5:20)라고 그가 말할 때에, 바울은 그의 사역을 비방하는 사람들을 향한 방어에서 비슷한 주장을 나중에 하게 될 것이다. 비록 바울은 그가 다른 편지들에서 한 것처럼(고전 1:18-25; 15:3; 고후 4:4), 그의 복음의 내용을 명백히 요약하지는 않지만 데살로니가서에 명백하게 친숙한 신앙 고백적인 진술(confessional statement)에 대한 그의 일관성 있는 호소는 이 공동체가 다른 교회들에서 설교되었던 같은 선교적 설교를 들었다는 것을 가리키는 것이다. 4:14에서, 그가 "주 예수를 살리신 이가 예수와 함께 우리도 살리사 너희와 함께 그 앞에 서게 하실 줄을 아노니"라고 말할 때, 그가 죽음과 부활에 대한 독자들 자신의 지식에 호소하고 있다. 5:10에서, 그가 공동체를 격려할 때, 바울은 "우리를 위하여 죽으신 분"에 관한 신앙고백적 진술을 상기시키고 있다. 학자들은 1:9-10안에 있는 공동체의 개종에 대한 상기가 또한 바울의 처음 설교에 주의를 기울이도록 요구하는 신앙 고백적 진술을 포함하고 있다는 점을 지적하고 있다.[22] 독자들은 "죽은 자들 가운데서 다시 살리신 그의 아들이 하늘로부터 강림하심을 기다린다고 말하니 이는 장래 노하심에서 우리를 건지시는 예수"(1:10)를 고대하게 된다. 그러므로 데살로니가 전서에 따르면 하나님의 말씀은 예수 그리스도 안에서의 구원사건에 관한 기본적인 기독론적 고백으로 구성되어 있는 선교적 설교였다. 설교를 하는 것은 하나님을 대변하는 것이다. 우리는 데살로니가전서로부터 선교적 설교의 내용을 알 수 있다. 그 내용은 그가 "성경을 가지고...강론하며, 그리스도가 해를 받고 죽은 자 가운데서 다시 살아야 할 것을 증명하고"(행 17:2-3)라고 누가가 말하는, 사도행전 가운데 있는 데살로니가 사람들에게 한 바울의 설교의 요약으로 구성되어져 있다.

하나님의 말씀으로 그의 설교를 상기시키면서, 바울은 적절한 관점 가운데 그의 설교를 위치시키고, 설교와 다른 종류의 모든 담화들 사이의 차이를 인식하도록 그의 청중들을 초청한다. 공동체는 설교가 일종의 신적 위탁이며, 설교자의 임무가 하나님을 위하여 메시지의 수탁자(trustee)로서 행동하는 것이라고 인식할 필요가 있다(살전 2:4-5). 신적 위탁으로서의 그 자신의 설교에 대한 바울의 상기는 실제로 설교에 어떻게 귀를 기울여야 하는지와 다른 설교자들에게 무엇을 기대해야 하는지를 회중에게 교훈한다. 설교자들의 임무는 자신들이 성경에서 메시지를 전달받은 것과 동일하게, 회중으로 하여금 하나님 자신의 말씀을 직면케 하는 것이다.

다른 서신들과 같이 데살로니가전서에서, 말씀 선포는 하나님의 구원의 행위에 대한 알림 그 이상이었다. 그것은 또한 청중들이 응답하도록 권고하는 것이었다. 데살로니가 사람들은 "성령의 기쁨으로 도를" 받게 되었다(1:6). 2:13에 따르면, 그들은 "들어야 할 말씀"으로 받았다"(필자의 번역). 따라서 그들은 "하나님의 말씀"을 받았다.[23] 그들은 "살아계시고 참되신 하나님을 섬기기 위하여 우상들에게서 하나님께로 돌아섰다"(1:9). 그리고 그들은 예수가 죽으셨고 죽은 자들로부터 살아나셨음을 믿었다(4:14을 보라).

그러므로 설교되어진 복음은 단지 예수 그리스도의 구원의 의미에 관한 정보를 제공하는 것도 아니고, 더욱이 구원을 베푸는 것도 아니다.[24] 설교는 믿음, 회개, 그리고 하나님의 백성의 일원이 되도록 청중들에게 권고하는 것을 포함하고 있다.

그의 원래 설교에 대한 회상(recollection)과 공동체의 반응은 그의 목회적 설교를 위한 토대이다. 교회는 하나님의 주도권에 반응하여 충실히 살아가는 사람들로 이루어진다. 바울의 설교는 그들의 헌신을 상기시킨다. 설교 사역에 대한 이러한 이해는 얼핏 보면, 기독교 문화에 있어서 실행 불가능한 모델인 것처럼 보인다. 거기서 교회 멤버십은 급진적인 결단에 대한 공동체의 기억과 연관이 있어 보이지 않는다. 미국과 유럽 사회에서, 교회 멤버십은 이전 세대들로부터 상속되는 시민 생활의 조직에 속한다. 이러한 상황에서, 교회들은 종종 규범적인 믿음의 이해와 헌신 또는 일반적인 기억을 공유하지 않는 개인들로 구성되어져 있다.[25] 교회의 일반적인 신앙과 헌신에 대한 계속적인 상기가 없다면, 결코 교회는 진정한 공동체가 될 수 없을 것이다.

복음이 "말로만이 아니라 능력과 성령 안에서" 온다는 바울의 주장은 그의 편지들의 다른 곳에서도 설명된 비슷한 확신들을 상기시킨다. 고린도전서 2장 4절에 의하면, 그의 말과 설교는 "그럴듯한 지혜의 말이 아니라 성령과 능력의 실증"이었다. 로마서 1장 16절에서, 그는 복음이 "구원을 위한 하나님의 능력"이 된다고 말하고 있다. 전파된 메시지가 능력을 포함한다는 그의 주장대로,

바울은 연설자(orator), 또는 대중적인 철학자가 전하는 인간의 말과 설교를 구분하는 폭넓은 차이가 있음을 지적한다. 설교는 인간의 말이 아니다. 그리고 응답은 인간의 응답이 아니다. 기독교 설교에 관한 특징적인 사실은 인간의 약함의 가운데 있는 하나님의 능력의 현존이다. 설교의 내용이 하나님의 말씀이기 때문에, 1:6-10이 지적하는 것처럼, 데살로니가 교회의 짧은 역사에 나타난 증거처럼 거기에는 하나님의 능력이 동반되어진다. 새로운 공동체는 그들이 복음을 처음으로 들었을 때 가지고 있었던 박해들을 극복했다(1:6). 곧 마케도니아와 아가야에 있는 믿는 자들에게 곧 본보기들이 되고 있다. 말씀(λόγος)의 능력은 바울의 설교에서 뿐만 아니라 마케도니아와 아가야에서 "앞으로 퍼져나가는" 소문으로도 존재하였다(1:8). "주의 말씀이 여러분에게서부터 마케도니아와 아가야에서뿐만 아니라 모든 곳으로 퍼져 나갔다." 평행구인 1:8에서 그는 "여러분의 믿음이 퍼져 나갔다"라고 말한다(필자의 번역). "앞으로 퍼져나가는 소리"의 음악적 은유와 함께, 바울은 주의 말씀의 능력을 묘사하고 있다.[26] 이 능력은 결과적으로 살아계시고 참되신 하나님을 섬기기 위해 우상들로부터 돌아선 사람들의 생활에서 일어나는 변화를 상기시키는 다른 사람들의 증거를 통해 드러나게 된다. 하나님의 말씀은 단지 정보를 제공하거나 흥미를 돋우는 것이 아니었다. 그것은 청중의 삶을 변화시켰고 공동체를 형성시켰던 능력이었다.

이 능력은 여전히 청중 사이에서 역사한다. 2:13에서 바울은 "믿는 자 속에 역사하시는 하나님의 말씀"이라고 말한다. 그러므로 하나님의 말씀은 단지 새로운 삶의 시작만을 가능케 하는 메시지가 아니었다. 그것은 공동체 안에서 역사하시는 능력이었다.[27] 그러므로 바울이 서신의 서두에서 이 공동체의 "믿음의 역사와 사랑의 수고와 소망의 인내"(1:3)에 대한 감사를 표현할 때, 그는 그들의 진보가 기독교적 선포의 계속적인 능력에 근거하고 있음을 상기시키고 있는 것이다.

3. 새로운 개종자들을 위한 목회적 설교(pastoral preaching)

데살로니가 사람들 가운데 그의 "들어옴"(1:9; 2:1)을 묘사하면서, 바울은 메시지에 대한 그들의 반응(1:6-10)과 그 자신의 설교 활동(2:1-13)모두를 상기시키고 있다. 그는 2:1-13에서 복음에 대한 그들의 반응을 상기시키는 것에서부터 그 자신의 선교적 설교를 묘사하는 것으로 움직이고 있다. 비록 이 부분에서 바울의 목적이 그 자신의 특징과 바울을 쉽게 혼란에 빠뜨린 대중적 철학자의 특징을 구별하는 것과 4-5장에서 그가 제시하고자 하는 가르침을 위한 기반을 마련하는 것이지만, 바울은 또한 자신의 설교 사역에 대한 중요한 통찰력을 제공하고 있다.

우리는 바울 그 자신이 이 공동체와 더불어 목회 사역에 종사할 수 있는 충분한 기간을 가졌을 것이라고 짐작할 수 있다. 참으로, "밤낮으로 일했던"(2:9) 그의 손으로 하는 노동에 대한 바울의 언급은 꽤 오랜 기간을 전제하고 있는 것이다. 게다가, 데살로니가전서에서 공동체가 벌써 알고 있는 것(2:1, 2, 5, 9; 3:3; 4:1-2를 보라)에 대한 많은 언급들은 데살로니가 사람들 가운데서 꽤 오랜 기간 동안의 목회사역을 감당했음을 짐작케 하는 것이다. 데살로니가 사람들이 이미 알고 있는 것을 자세히 이야기 하면서(2:1), 바울은 그의 설교 사역을 상기시키고 있다. 그의 인격은 그가 빌립보에서 받았던 비방에도 불구하고, 그가 "극심한 반대에도 불구하고 하나님의 복음"(2:2)을 선언했다는 사실에 의해 증명된다. 바울이 그의 설교 사역과 뒤 따라오는 가르침을 철저하게 분리시키지 않는 모습은 공동체와의 상호작용에 대한 그의 반복된 설명가운데서 드러나고 있다. 2:2에서 "극심한 반대에도 불구하고 하나님의 복음"을 선포하고 있는 것에 대한 언급은 2:3-12의 단락의 제목 역할을 하고 있다. 거기서 바울은 공동체에게 대변인으로서의 그의 진정성(integrity)을 생각나게 하면서 그의 에토스(ethos)를 확인시키고, 후에 그가 편지에서 언급하게 될 내용을 호소하기 위해 길을 준비한다. 그가 2절에서 "하나님의 복음"을 선언하는 것에서부터 "우리의 권면은 간사에서 난 것이 아니라"(v. 3)는 것으로의 내용이 바뀔 때, 그는 복음에 대한 그의 설교(v. 2)와 공동체에게 호소하는 것 사이에 본질적인 연결점을 보여준다. 대부분 "권면"으로 번역되는 파라클레시스(*paraklesis*)는 말씀의 사역을 위한 바울이 사용하는 함축적인 용어이다. 바울이 "하나님의" 말씀을 선언(v. 2)하는 것은 공동체에게 하는 그의 "권면"으로부터 분리될 수 없다. 바울에게 있어서 마치 두 분리된 청중들을 가진 것처럼, 신자들의 공동체에게 설교하는 것과 복음전도 설교를 하는 것을 구분할 수 없다. 이것을 부니아(K.

Runia)는 올바르게 지적했다. "구속의 메시지는 단지 '선언되어지는 것' 뿐만 아니라 펼쳐지는 것(unfolding), 즉 그것이 의미하는 바에 대한 강해(the exposition of its meaning)를 요구한다. 이 측면에서 '가르치는 것' 과 '설교하는 것' 은 함께 속하여 있다. 그것에 의해 '가르치는 것' 은 '설교' 를 뒤따라오는 필수적인 결과이다."[28] 복음에 관한 설교는 응답을 위한 호소를 포함하고 있다. 그리고 믿는 자들의 공동체에 대한 메시지는 복음의 반복(reiteration)을 포함하고 있다.

이 전문용어는 고린도후서 5:19-20에 있는 그의 설교 사역에 대한 바울의 성찰을 상기시키고 있다. 그가 5:19에서 구원사건을 선포한 후에, 그는 "그러므로 우리가 그리스도를 대신하여 사신이 되어 하나님이 우리를 통하여 너희를 권면하시는 것 같이 그리스도를 대신하여 간청하노니 너희는 하나님과 화목하라"고 말하고 있다. 그러므로 바울의 선언은 공표(announcement)이자 소환(summons)이였다. 이 소환은 개종의 순간에 복음을 받아들이도록 초대하는 것만을 의미하는 것이 아니다. 고린도후서에서 그가 지적한 것처럼, 바울의 선포는 그것의 요구에 복종하도록 계속적인 소환을 포함하고 있었다. 그러므로 복음에 대한 전체 설교는 파라클레시스이다. 이 단어는 바울 서신들 가운데 있는 공적선포에 관한 모든 단어들의 함축적 의미 가운데 쓰이고 있는 가장 광범위한 용어이다.[29] 그 용어는 정중한 요구를 하는 바울의 가장 일반적인 동사인 권고하다($\pi\alpha\rho\alpha\kappa\alpha\lambda\acute{\epsilon}\omega$)와 관계가 있다. 이 단어의 어근은 위로(고후 1:3-7; 7:6b, 7, 12f), 강청, 요청, 그리고 격려의 의미를 함축하고 있다.[30] 비록 문맥에 따라 강조점이 차이가 있을지라도, 우리들이 여러 가지로 나눠진 함축된 의미들을 예리하게 구분할 수는 없다. 그러므로 바울의 설교는 좋은 소식의 선포와 말씀을 받아들이는 청중의 삶 속에 좋은 소식을 결합시키도록 요청하는 것을 포함한다. 결과적으로, 이것은 바울 자신의 설교 사역을 위한 적절한 용어이다. 설교는 좋은 소식을 선포하는 것뿐만 아니라 복음에 대한 좋은 소식의 관점으로 공동체에게 어필하는 것으로 구성되어져 있음을 알게 한다.

이 파라클레시스의 본질과 그것의 선교적 선포와의 관계는 이번 장 전체에 걸쳐 설명되어지고 있다. 바울은 대중 철학자들의 감언과 탐욕적 특성을 피하고 (2:3-8), "메시지를 위임받은"(살전 2:4) 사람으로서 말한다. 그는 복음뿐만 아니라 그 자신의 목숨(2:8)도 나누어 준다. 공동체에 부담을 주는 것 대신에 그는 "하나님의 복음을 선포하는"(2:9) 동안에 손수 일한다. 이러한 계속적인 복음의 선포가 신자들의 공동체에 대한 그의 설교였다. 의심할 여지없이, 바울은 신자들이 집회로 모인 상황에서 복음전도 설교를 계속한다. 그는 신자들에게 설교하는 것과 불신자들에게 설교하는 것 사이에 어떤 구별도 인정하지 않았다. 그는 그의 회중을 복음화 하는 것을 중단하지 않았다. 그는 의심할 여지없이 신자와 불신자들로 구성되어진 공동체에게 그리스도의 좋은 소식을 전하기를 계속하였다. 그리고 그는 청중들에게 그의 복음전도적 메시지를 받아들이도록 계속해서 촉구하였다.

파라클레시스의 본질은 또한 바울이 그의 사역을 설명하기 위해 사용한 유모와 아버지의 이미지(2:7, 11-12)에서 명백하게 나타난다. 후자에 대해 언급하면서, 그의 역할을 아버지처럼 "권면하고 위로하고 경계 하노니 이는 너희를 부르사 자기 나라와 영광에 이르게 하시는 하나님께 합당히 행하게 하려 함이니라"고 묘사하고 있다. 우리는 먼저 바울의 아버지로서의 역할에 주목하게 된다. 이 역할은 그가 교회들의 설립자로서 종종 주장하는 역할이다.

그 세 분사는 바울이 스스로 주장했던 아비로서의 역할을 나타내고 있다. 권면하고(παρακαλοῦντες), 위로하고(παραμυθύμενοι), 그리고 경계하는(μαρτυρόμενοι)의 분사들 가운데서, 바울은 자신이 2:3에서 파라클레시스로 묘사하고 있는 설교 사역의 본질에 대하여 자세히 설명하고 있다. 2:3의 권면(παράκλησις)의 동사형인 권면하다(παρακαλοῦντες)는 위로하다(παραμυθύμενοι)(cf. 빌 2:1)와 동의어이다. 두 단어는 권면과 위로를 함축하고 있다. 고린도전서 14:3에서, 두 용어는 전체 공동체를 세우는 일을 하는 선지자를 위하여(명사 형태로) 사용되어지곤 한다. 두 용어는 자신의 어린아이들을 사랑스럽게 격려하는 아비로서의 역할을 암시한다. 경계하면서 (μαρτυρόμενοι, 문자적으로 "증언하면서"), 바울은 신자들의 공동체를 격려하며, 그들의 지속적인 응답에 대한 특별한 절박성을 드러내고 있다.[31] 그러므로 파라클레시스는 아버지로서의 요구, 격려 그리고 자신의 자녀들에게 증언하는 것을 연상시키는 복음의 선언을 내포하고 있다.[32]

이 세 분사는 바울의 설교사역의 본질을 암시하고 있다. 바울은 그의 자녀들에 이야기 하는 아버지이다(cf. 고전 4:14-15). 그러므로 부모-자녀 이미지는 그의 설교가 공동체가 되는 것과 관련되어 있음을 암시한다. 공동체가 존재(existence)하도록 이끄는 아버지처럼, 그는 그들의 초기의 응답을 넘어서는 그의 관심을 나타내고 있다. 그의 설교 사역은 공동체 형성을 위한 계속적인 관심을 포함한다. 이러한 아비로서의 관심은 개인적일 뿐만 아니라 복음에 대한 설교를 통하여 존재를 가능케 하는 공동체를 포함하고 있다.

바울의 설교 사역의 내용은 세 가지 분사의 목적 가운데 지적되고 있다. 바울은 "그의 나라와 영광에 이르게 하시는 하나님에게 합당히 행하게 하도록"(2:12) 그의 새 공동체를 격려했다. 빌립보서 1:27에서 바울은 "그리스도의 복음에 합당하게 생활하라"는 표현을 사용한다. 이 표현은 바울이 설교한 복음이 또한 그리스도인의 삶의 표준을 수반하고 있고, 그것을 수용해야 할 것을 제안하는 것이다.[33] 그러므로 윤리적인 호소는 바울의 복음의 필수적인 요소이다. 바울에게 이 주님에 대한 믿음은 신실한 고백과 순종하는 제자도 모두를 포함하고 있다.[34] 그러므로 복음 그 자체는 메시지에 합당한 행동을 하도록 사람들을 권고한다.

계속적인 말씀의 사역은 바울이 교회를 "강화하고 격려하기" 위하여 데살로니가에서 돌아오는 그리스도의 복음의 협력자인 디모데에게 권한을 준다는 사실로 보여지고 있다. 디모데의 역할은 바울이 다른 사람들과 그의 설교 사역을 공유하고 있다는 것과 그리고 격려의 사역이 다른 사람들의 목회에서 계속되어야 한다는 것을 나타내고 있는 것이다. 우리는 계속되는 격려의 사역으로부터 "설교" 사역을 구분할 수 없다. 왜냐하면 설교가 바울의 이 교회와의 상호작용을 통하여 계속되기 때문이다. 여기 "격려하다"(παρακαλέσαι)와 동의어로서 "강하게 하다"(στηρίξαι)의 사용은 설교를 통해 격려한다는 것이 무엇을 뜻하는지에 대한 특별한 뉘앙스를 알게 한다. 이 병행(parallelism)은 바울과 실라가 "교회를 강하게 하기" 위해서 갈라디아를 거쳐 갔던 사도행전의 설명뿐만 아니라, 영적은사를 부여하고, "너희를 강하게 하기 위하여", 그리고 "너희를 격려받기 위하여" 로마교회를 보러 가기를 소망하는 바울의 표현을 상기시킨다. 그러므로 파라클레시스(*parakleis*)는 공동체를 위협하는 상황에서 신자들의 신앙을 강화시키는 것을 포함한다. 참으로, 이 권면(exhortation)의 본질은 디모데의 사역이 그들의 신앙을 견고케 하는 것이고, 어느 누구도 환난의 한복판에서 흔들리지 않도록 하는 것이고(3:3), 이 적대적 사회에서 제기되는 문제들에 대해 바울의 이전의 가르침을 공동체에게 상기시키는 것임을 진술하는 하는데서 드러나고 있다. 권면은 공동체에게 계속되는 분투를 준비시키는 것을 포함한다. 설교의 본질에 대한 스탠리 매로우(Stanley Marrow)의 평가는 정확하다:

> 우리의 매일의 삶 속에서 이 응답을 도출해 내는 것, 모든 유혹과 구원의 다른 의미들의 현혹시키는 미혹들에 저항하는 것은 쉼 없는 간청, 권고, 탄원, 그리고 말씀의 사역에 대한 위로를 요구하는 어떤 것(something) 가운데 존재한다. 바울은 그것을 파라클레시스라고 기술한다. 이것은 궁극적으로 왜 교회가 존재하는 모든 곳에 설교자들, 교사들, 교리문답가들, 그리고 교사들이 존재 해야만 하는 지에 대한 이유가 된다. 그들의 사역은 제 아무리 그들이 말씀을 전하는 공동체가 번영하고 활기차게 될지라도, 결코 멈출 수 없는 것이다. 그들은 공동체를 "그리스도 예수 안에" 있는 생명에로 불러내어야만 한다... 그들은 "예수 그리스도의 복음에 합당하게"(빌 1:27) 행동하도록 신자들을 불러야만 한다. 그들이 불신자들에게 그 동일한 복음을 가져오는 것을 결코 중단할 수 없다.[35]

더욱이 3:13에 의하면 하나님은 공동체의 심령을 굳건히 세우시는 분이다. 여기서 교육/설교의 사역은 외부로부터 오는 적대적 상황에서 공동체를 지지해 주는 것과 그들로 하여금 과거의 가르침을 상기케 하는 것을 포함하고 있다.

파라클레시스의 본질은 "격려"하는 사역에 대한 계속적인 언급을 나타낸다. 바울이 공동체를 격려하는 일에 관여하기 위해 그의 사자를 보내는 것만이 유일한 사역이 아니다; 내가 4장에서 논의하겠지만, 데살로니가전서는 사실상 목회적 대화의 연속이다. 참으로, 처음 3장에서 최근 사건들을 바울이 열거하는 것은 사실상 4장과 5장을 위한 서막을 위해서이다. 4장과 5장에서 바울은 데살로니가에 있는 동안에 그가 공동체를 "격려"하는 것과 그들을 가르쳤던 많은 일들을 상기시키는 사역을 계속하고 있다. 내가 이 장에서 전에 말했던 바와 같이, 서신서의 목적은 4:1-2에 진술되어져 있다. 거기서 바울은 "우리가 주 예수 안에서 너희에게 구하고 권면하노니 너희가 마땅히 어떻게 행하며 하나님께 기쁘시게 할 것을 우리에게 받았으니 곧 너희 행하는 바라 더욱 많이 힘쓰라. 우리가 주 예수로 말미암아 너희에게 무슨 명령으로 준 것을 너희가 아느니라."고 말하고 있다.

동의어 간청들(ἐρωτῶμεν)과 함께 권고들(παρακαλοῦμεν)의 사용은 바울이 과거에(2:12) 사용했던 권면(παράκλησις)의 본질을 한층 더 명확하게 한다. 이러한 단어들은 연이어 나오는 교훈들을 소개하고, 그가 "하나님에게 합당한 삶을 살아라"(2:12)고 그들을 가르쳤을 때에 포함되어진 특별한 교훈을 교회로 하여금 상기케 한다. "하나님에게 합당한" 삶은 공동체적 삶을 위한 구체적인 명령들로 구성되어 있다. 그러므로 편지는 바울이 처음 방문했을 동안에 그의 목회를 점유했던 일에 대한 연속이다. 바울은 2:12에서 언급했던 격려하고 권고하는 일을 계속 한다. 서신이 모임에서 읽혀질 때, 그것은 공동체가 이미 바울로부터 들었던 것을 상기케 되는 기능을 하게 만든다.

데살로니가 교회와 함께 한 그의 목회에 대한 바울의 기술(description)로부터, 이 서신(데살로니가서)은 설교와 가르침 사이의 연속성에 대한 유용한 통찰력을 제공하고 있음을 우리에게 알려준다. 최초의 선포(original proclamation)로 인하여 공동체의 형성과 계속적인 격려의 사역이 가능해 졌다. 바울은 기독교적 복음전도 설교가 필연적으로 목회사역으로 인도하는 것으로 설명하고 있다. 라인홀드 레크(Reinhold Reck)의 설명에 의하면, 바울은 "막막한 상황 속으로 인도되었다. 그는 전 세계적인 복음화를 위해 새로운 지역과 땅을 찾아가도록 그를 강권하는 부르심과 그의 선포의 열매인 교회를 향한 돌봄 사이에 붙잡혔다. 왜냐하면 개종을 위한 단회적인 선포로 모든 문제가 종결되는 것이 아니기 때문이다. 그것은 오로지 시작일 뿐이다."[36] 바울의 선교적 활동은 전도와 파라클레시스 모두를 포함하고 있다. 그리고 바울은 이러한 그의 설교 사역의 두 가지 측면 사이를 구별하지 않는다.[37] 이러한 목회 사역으로 그가 기대한 바를 위해 공동체를 준비시키고, 처음 메시지로부터 필연적으로 성장해 나아가도록 준비시킨다.

설교에 대한 현대적 이해 가운데 상실된 영역은 복음 전도적 설교와 목회적 설교 사이의 변증법적 관계(dialectical relationship)이다. 기독교 설교자는 바울이 직면했던 것과 동일한 모호한 상황 가운데 살고 있다. 설교하는 것은 우리 자신의 말들을 이야기하는 것이 아니라, 응답을 불러일으키기 위해 하나님의 능력을 신뢰하면서 하나님을 위하여 말하는 것이다. 다드가 1936년에 *The Apostolic Preaching and Its Developments*라는 저서를 썼을 때, 불신자의 세계와 신자 공동체 사이에 대한 그의 구분은 신뢰할만한 주장이었을 것이다. 그러나 그것은 결코 우리가 살고 있는 현대의 후기독교 사회(post-Christian society)에서 거의 신뢰할 만한 것이 못된다.

레슬리 뉴비긴(Lesslie Newbigin)은 후 계몽주의 문화를 "선교적 문제"로 설명하였다. 그에 따르면 우리는 타문화권 선교에 친숙해 있던 전-기독교 이교 주의(pre-Christian paganism)보다 복음에 더 저항적인 이교 사회와 대면하고 있다.[38] 기독교 공동체가 "세례에 의해서 뿐만 아니라 수많은 (잘못된)주인들에 의해서 형성"되었기 때문에,[39] 설교자는 기독교 이야기를 다시 말함으로서, 교회가 존립할 수 있는 토대를 상기시키는 사역을 계속해야만 한다. 참으로, 목회적 설교는 그리스도의 죽음과 부활을 근간으로 하는 구원하시는 사건에 뿌리를 두어야 한다. 바울이 이미 개종한 사람들에게 복음전도를 계속했던 것과 마찬가지로, 설교자는 다양한 청중들로 구성되어진 공동체-계속적으로 다른 음성과 다른 우선순위에 귀 기울이는 사람들, 구도자들, 어린이들, 신자들, 의심하는 사람들, 그리고 학식 있는 회의론자들 -를 위하여 기독교 이야기를 다시 말하기를 계속해야 한다. 우리 사회의 다원주의의 결과로서, 설교자는 결코 회중이 이미 개종되었을 것이라고 가정해서는 안 된다. 바울의 설교 사역이 지시하는 것처럼, 복음의 기쁜 소식을 선포하는 것은 오직 불신 세계를 위해 의도된 것이 아니다. 기독교인 회중도 역시 존재의 토대가 되는 구원 사건을 정규적으로 기억해야만 한다. 말씀을 듣는 청중은 항상 여러 단계에 속해 있는 사람들로 구성되어져 있다. 어떤 사람에서 하나님의 구원 사역에 대한 선포는 여전히 심도 있게 고려해 본적이 없는 소식이 된다. 또 다른 사람들에게 그러한 선포는 교회가 가지고 있는 일반적인 신앙에 대한 환기이다. 그러므로 설교 사역에서 공동체에게 하는 격려의 말들로부터 선포를 구분할 수 없다. 결과적으로 복음 전도적 설교는 모든 설교자의 임무이다.

바울의 사역은 목회 설교가 항상 복음의 토대 위에 세워진 것임을 상기시키고 있다. 이 응답은 우리가 개종(conversion)이라고 부르는 청중들의 삶에서 생겨진 초창기의 변화에 제한되지 않는다. 그것은 설교자가 예수 그리스도 안에 있는 하나님의 사역인 기쁜 소식과 "하나님에게 합당한 삶"을 살도록 촉구하는 부르심을 회중에게 제시하는 것으로 계속되어진다. 이러한 설교 모델은 유럽과 북아메리카의 설교 전통에서 아주 빈번히 무시되어 왔다. 바울에게 있어서 케리그마와 파라클레시스 사이의 밀접한 상호관계는 청중의 초기 응답에 초점을 둔 복음전도적 설교의 전통과, 교훈과 위로를 제공하는 설교 전통을 강조하는 사람들 양자 모두에게서 잊혀져있다. 복음전도 설교와 목회 설교를 조합하는 바울의 모델은 현재 우리 자신이 속해 있는 문화 안에서 도움이 될만한 모델로 제시될 수 있다.

비율 설교의 형성

죽기까지 즐기기(*Amusing Ourselves to Death*)라는 저서에서 닐 포스트만(Neil Postman)은 현대 사회에 텔레비전이 가지고 있는 영향력이 너무나 광범위해서 모든 형태의 의사소통에 영향을 미치고 있다고 개탄하고 있다.[1] 학교 교사들은 Sesame Street(재미와 교육을 함께 추구하는 어린이 영어 프로그램-역자 주)에 의해 주의력을 집중하는 시간이 짧아지고 있음을 호소하고 있다. 밤 시간대 뉴스는 영화 필름의 피트 수(film footage)에 해당하는 짧은 시간 안에 메시지를 전달해야만 한다. 텔레비전 시대에 주의력을 집중할 수 있는 기간이 짧아지는 것으로 인해, 정치적 담화(political discourse)는 아주 작은 분량으로 축소되어져서, 이전의 민주적 절차의 일부로 여겨지던 토론은 회피되어지고 있다. 포스트만은 기독교인들의 의사소통도 역시 텔레비전 엔터테인먼트에 의해 형성되고 있다고 주장한다. 예배의식에 있어서의 많은 변화들로 인하여 문화를 수용하는 형태로 설교를 구성해야할 교회의 필요성이 대두되고 있는 실정이다.

기독교 설교자들이 자신들이 속한 문화권 내에 있는 지배적인 의사소통의 방식들에 대하여 어느 정도까지 수용해야 하는가? 아모스 와일더(Amos Wilder)가 기독교의 의사소통형태를 "새로운 언설(言說)"이라고 표현했을 때,[2] 그는 성경이 몇 가지 잘 알려진 의사소통의 형태를 버리고 다른 새로운 형태들을 창조하고 있다고 설명하였다. "이스라엘 문학의 전체적 대요(compendium)는 아리스토텔레스(Aristotle)나 퀸틸리안(Quintilian)의 교본에는 존재하지 않는 특별한 수사학에 기초하고 있다."[3] 우리는 성경의 "새로운 언설(言說)"로부터 기독교적 의사소통이 결코 어떤 문화의 대중적인 의사소통 형태를 전적으로 순응하지 않고 있다는 사실을 추론할 수 있다.

그의 청중들과의 나눈 바울의 대화 가운데 있는 몇 가지 논평들은 그가 그 자신의 세대에 유행하고 있던 의사소통 형태를 답습하고 있지 않음을 시사하고 있다. 그는 고린도인들에게, "말의 지혜로 하지 아니함은 그리스도의 십자가가 헛되지 않게 하려 함이라"(고전 1:17)고 설교하고 있다. 그의 설교는 "지혜의 권하는 말"(고전 2:4)이 아니다. 고린도후서 10장 10-11절에 의하면, 바울의 대적자들은 그의 설교가 당시의 기준에 맞지 않는다는 사실에 공감했을 것이다. 그러나 바울의 논평들이 우리가 그의 설교에 대해 알 수 있는 유일한 자료는 아니다. 우리는 자신의 설교에 대하여 바울 자신이 언급하고 있는 것들 뿐만 아니라 구어적 특성들을 많이 내포하고 있는 그의 서신들로부터도 그의 설교 형태에 관해 배울 수 있다.

아리스토텔레스는 모든 수사학은 논거 발견술, 논거 배열술, 양식, 암기술, 및 웅변술의 범주로 개괄될 수 있다고 주장하고 있다.[4] 우리가 바울의 의사소통을 분석함에 있어서, 오직 기록된 문자를 통하여 우리에게 알려진 어떤 다른 화자와 마찬가지로, 그의 설교 형태에 대한 우리의 이해를 고안, 배열, 문체, 기억, 그리고 전달의 범주로 한정하여 설명할 수 있다. 논거 발견술(invention)이란 논지를 확증시키는 논증(argumentation)과 입증(proofs)의 성격을 내포하고 있다.[5] 논거 배열술(Arrangement)이란 연설을 수사학적 측면에서 효과적으로 구성하여 통일된 구조로 만드는 것을 의미하며,[6] 양식(style)은 저자의 표현을 명료하게 하고 치장하는 것을 의미한다.[7] 비록 이러한 범주들이 주로 연설을 분석하는데 사용되지만, 또한 그것들은 이 장에서 내가 바울 설교의 형태로 특징짓고 있는 것을 조사할 수 있게 하는 우리들의 연구를 위한 범주들을 제시해 준다.

본인은 2장에서 바울의 복음 전도 설교는 복음의 기쁜 소식을 선포하고 듣는 자들이 응답하도록 요청하는 일관된 형태를 유지하고 있음을 입증한 바 있다. 신학적 논의에서부터 실제적인 윤리적 교훈(paraenesis)으로 이동해 가는 그의 서신들 또한 일관된 형태를 띠고 있으며 그의 설교의 특징적 형태에 대해 특별히 중요한 통찰력을 제공하고 있다. 비록 그의 서신들이 에세이 같은 특징을 지닌 로마서로부터 개인적이고 사적인 관심을 표현한 빌레몬서에 이르기까지 복잡한 성격을 띠고 있지만, 그럼에도 불구하고 이 서신들은 너무나 많은 공통점들을 갖고 있어서 우리들이 바울의 특징적 설득 형태를 아리스토텔레스가 고안, 정렬, 그리고 문체라고 명명한 것으로 설명할 수도 있을 것이다.[8] 이러한 공통점들은 서신 기록 양식에 대한 연구자들이 강조해 온 바와 같이, 그의 서신들의 서두와 말미에 가장 명백하게 나타난다. 바울은 자신과 독자들을 밝힌 후 곧바로 "하나님 아버지의 은총과 평안이 너희에게"라는 구절을 쓰고 있다. 비록 갈라디아서는 예외가 되겠지만, 그의 서신들은 감사와 함께 진행된다. 서신들의 말미에 바울은 인사를 보내고 축복(benediction)하는 것으로 끝을 맺고 있다.

비록 서신의 본문(body)은 길이나 주제가 서로 다르지만, 바울 서신들은 서신 연구가들이 고대 편지들에서 발견해 낸 세 가지의 특징들을 내포하고 있다. 바울 서신들은 필로프로네시스(philophrone-sis)의 목적을 충족시키고 있는데, 그것으로 고대 편지의 저자들은 그들과 수신인 사이의 우호적 관계를 표현하고 있다. 바울의 서신들은 또한 저자의 임재에 대한 확장으로서의 파루시아(Parousia)의 목적을 충족시켜 주고 있으며, 바울의 서신들은 확장된 대화 가운데 저자가 담당해야 할 몫이라고 할 수 있는 호밀리아(homilia)로서의 역할도 하고 있다.[9] 그 대화 가운데서 독자는 모든 바울 서신에서 드러나는 동일한 특징들 중 많은 것을 발견할 수 있음을 기대할지도 모른다. 이러한 특징들은 바로 감사와, 자전적 반성과, 여행 계획, 성경 주해 그리고 "권하다"($\pi\alpha\rho\alpha\kappa\alpha\lambda\omega$)라는 동사와 그 동의어들에 의해 종종 소개되는 윤리적 교훈 등이다. 이 동사가 의미하는 기독교인들의 태도에 대해 바울의 두드러진 제시는 그의 서신의 설득적 특징(persuasive character)을 반영하고 있다. 미래적 행동에 대해 독자들을 교훈하려는 목적이 모든 바울 서신의 두드러진 특징이라고 할 수 있다. 이러한 사실은 우리들이 바울이 그의 교회들과 나눈 의사소통의 성격을 고려할 때 도움이 된다. 그러므로 그 서신들은 그의 이전 목회와의 연속선상 가운데서 자신의 독자들에게 복음에 합당한 생활을 하도록 "촉구하고" "권면하고" "탄원하고"(살전 2:12를 보라) 있는 것이다.

바울 서신의 공통적 구성 요소들은 믿음의 공동체를 향한 바울의 설교에 관하여 많은 것을 깨닫게 해 준다. 그럼에도 불구하고 우리는 다음과 같은 의문을 갖게 된다. 바울은 과연 기독교 스토리에 의해 결정된 새로운 의사소통의 형식을 창조하였는가? 또는 그가 당대에 유행하던 의사소통의 방식에 대해 순응하고 있는가? 이 질문에 대한 해답은 우리들이 오늘날의 설교를 이해하는데 있어서 교훈을 줄 수 있다. 필자가 제시했듯이 만약 바울이 설교의 모범이 된다면, 우리는 기독교적인 설교의 형식과 스타일, 그리고 오늘날 기독교적인 설득의 본질에 대한 통찰력을 얻을 수 있을 것이다.

1. 서신 저자로서의 바울

금세기 대부분의 기간 동안 학자들은 바울의 커뮤니케이션과 그 당대의 커뮤니케이션 형태간의 연속성에 대해 초점을 맞추어 왔다. 아돌프 데이스만(Adolf Deissmann)은 이집트의 파피루스 편지들(papyrus letters)을 연구한 후 바울 서신들과의 유사성이 너무나 현저하여 그것들이 바울의 문헌을 읽는데 있어서 적절한 배경적 지식을 제공하고 있다고 결론지었다. 데이스만에 의하면, "편지는 비문학적인 어떤 것이며 서로 떨어져 있는 두 사람간의 의사소통의 수단이다." 본질적으로 비밀스럽고 사적인 편지는 오직 수신자를 위한 것이다. 그는 개인적인 편지(private letter)를 오직 형태에 있어서만 편지와 유사한 서신(epistle)과 구별하였다. 파피루스 서신들은 그가 입증하였듯이 저자의 신원, 수신자, 그리고 인사와 함께 시작되며 바울 서신들의 말미에 있는 것과 비슷한 인사말로 끝맺고 있다. 어떤 경우에는 그것들은 감사로 시작되고 그 서한의 목적이 헬라어 호소(παρακαλω)로 표현되고 있다. 그의 주장에 따르면, 바울서신들은 보통 사람들의 파피루스 서신들과 아주 유사한 의사소통의 형태를 띠고 있으며 바울은 그가 자신의 독자들과 의사 교환을 할 때 파피루스 서신 형태를 아주 조금만 변형하여 사용하고 있다고 주장하고 있다.[10]

비록 데이스만의 후계자들이 바울 서신들과 고대 파피루스 서신들을 계속 비교하였으나,[11] 바울 서신들과 파피루스 서신들 간의 차이가 너무나 커서, 파피루스 서한들은 바울의 설득적 양상을 설명하는데 별 도움이 되지 않는다는 것이 입증되었다. 파피루스 서신들과 바울서신들 간의 유사성에도 불구하고 파피루스 서신들은 궁극적으로 바울 서신의 구조적인 틀과 일부 전환문적인 형식(transitional formulae)에 대해서만 설명해 줄 수 있을 뿐이다. 파피루스 서신들은 바울 서신들의 내용에 대해서는 거의 설명해 주지 못하고 있다. 왜냐하면 파피루스 서신들은 간결하고 바울 서신에서 볼 수 있는 실질적인 대화(substantive dialogue)가 부족하기 때문이다.

심지어 현존하는 바울의 가장 짧은 서신인 빌레몬서조차도 파피루스 서신의 기준에 비하면 긴 것이다.[12] 더욱이, 어떤 유사점들은 실제적이라고 하기보다는 외형적인 것일 뿐이다. 클라우스 버거(Klaus Berger)는 서신의 도입부에 사용되는 "너희에게 은총과 평강"이라는 구절이 유대적 전례에 속하기 때문에 단순히 헬라 서신의 도입부를 차용한 것이 아니라는 사실을 입증하였다.[13] 더 나아가 서신 서두의 감사는 헬라적 편지 서식에 있어서 예외적인 것으로 바울의 감사와는 거의 비교될 수 없다.[14] 편지들 가운데 일반적으로 나타나는 호소(Παρακαλῶ)라는 단어는 바울 서신들의 경우처럼 윤리적 충고를 내포하고 있지 않다. 파피루스 편지들에는 어떤 경우에 대한 논증이나 광범위한 도덕적 충고가 존재하지 않는다. 그렇기 때문에 파피루스 서신들은 우리가 바울의 설득적 성격을 이해하는데 별반 도움을 제공해 주지 못하고 있다.

바울의 의사소통 형태에 대한 유사성을 규명하기 위한 파피루스 편지에 대한 연구의 결과가 이렇게 빈약하기 때문에 학자들은 데이스만이 연구에서 배제했던 문헌, 즉 광범위한 대화 혹은 "소홀히 취급되었던 설교"(sermo absentium)의 일부분으로 여겨지고 있는 서간문들과의 유사성이 존재하는지를 조사하고 있다. 서신은 의사소통과 의견 교환의 주요한 수단이 되었다. 서간문을 연구하는 학자들은 다양한 편지 형태들을 각자의 사회적 기능에 따라 설명하였다. 그들은 또한 서신의 형태들과 그것들의 사회적 환경을 다루었다. 사회적 환경이란 가족, 친구 집단, 및 공식적 정부 관계를 포함하는 것이다.[15] 서신 형태들은 위로, 격려, 권면 그리고 충고 형태들이다. 어떤 경우에는 서신이 철학자가 자신의 제자들에게 가르침을 베푸는 수단으로 사용되기도 했다. 지중해연안에 산재해 있는 제자들에게 보낸 에피쿠로스(Epicurus)의 서신들은 바울이 먼 거리에 있는 자신의 공동체들에게 보낸 서신들과 어느 정도 유사성이 있다.[16] 칸식(H.

Cancik)은 세네카의 서신들을 연구하여 도덕적 충고보다는 철학적 논쟁이 앞서고 있는 서신의 형태가 존재함을 입증하였다. 예를 들어 세네카의 서신들은 바울 서신들과 유사하게 "가르침의" 부분과 "권면적인" 부분으로 나누어진다. 우리는 세네카가 주는 실제적 충고와 바울이 바울서신들에서 제시하고 있는 충고 사이에 상당한 유사성이 있음을 확인할 수 있다.[17]

이러한 도움이 될 만한 유사성에도 불구하고, 고대의 서신 집필은 바울적 설교의 본질을 부분적으로 밖에 설명해 주지 못하고 있다. 고대 서신의 사회적 배경은 가족이나 친구 집단이었지 신앙 공동체는 아니었다. 그러나 바울 서신들은 사적인 윤리 형성(private moral formation)을 권장하는 것이 아니라 공동체 수립을 위한 역할을 하고 있다. 바울 서신들은 자신이 세운 교회들의 집합적 정체성(corporate identity)을 고양시키고 그 공동체가 발전하는데 있어서 지침이 될 주요한 신학적 주제들을 토론하기 위한 목적으로 쓰여진 것이다.

2. 웅변가로서의 바울

말의 지혜(고전 1:17, 2:5)에 대한 바울의 언급에 비추어 볼 때, 우리는 바울의 설교가 당대에 통용되던 구두 커뮤니케이션 기준과는 유사성이 없다고 결론지을 수 있을 것이다. 그러나 최근 문헌의 상당 부분은 바울의 서신들이 전적으로 고대 서신에서 사용하는 관습을 따라 형성되었다는 전제와 함께 이러한 주장에 대해 불만족을 토로하고 있다. 이러한 불만족으로 인해, 과거 수세기 동안 널리 주장되어졌던 하나의 관점이 재등장 하고 있다. 즉, 바울 서신들은 실제적으로 고대 웅변학(ancient oratory)규범들의 영향을 받았다는 것이다.[18] 이러한 영향은 바울이 학교에서 배웠음직한 수사학적 기법을 의도적으로 채용하거나, 그렇게 의도적이진 않았다 하더라도 그가 헬라의 도시들에서 자연스럽게 습득한 수사학을 전용하고 있음을 반영하고 있다. 웅변학 교본들은 연설들을 재판적(judicial), 심의적(deliberative), 그리고 과시적(epideictic)[19]이라는 세 가지 형태로 구분하였다. 재판적 수사학은 법정에서 사용되었으며, 그 목적은 청중으로 하여금 과거의 사건에 대해 판단하도록 하기 위한 것이었다. 심의적 수사학은 민주적 회합에서 사용되었으며, 미래의 행동에 대한 결정을 목적으로 하였다. 과시적 수사학은 칭찬이나 비난을 통해 공동체의 가치 체계를 강화하기 위한 것이었다. 비록 그 교본들에 나타난 웅변을 위한 세팅들이 기독교인 집회[20]를 염두에 두고 있지 않았음에도 불구하고, 아리스토텔레스의 세 가지 범주들은 바울의 서신들을 분석하는데 일말의 가치가 있다고 여겨져 왔다. 왜냐하면 바울의 서신들은 때때로 아리스토텔레스에 의해 제시된 연설의 범주들에 유사한 기능들을 드러내고 있기 때문이다. 예를 들어, 한스 디에터 베즈(Hans Dieter Betz)는 갈라디아서에서 바울은 자신의 독자들에게 과거의 행동에 대해 판단하도록 호소하고 있는데 이는 재판적 수사학의 범주에 들어간다.[21] 고린도후서 또한 독자들에게 자신의 과거 행동에 대해 판단하도록 호소하고 있는데 이것 또한 재판적 수사학의 요소들을 얼마간 내포하고 있는 것이다. 그러나 이 두 서신 모두 장래의 행동 변화를 요구하고 있어서 명백한 심의적 요소들도 함께 내포하고 있다. 바울의 다른 서신들의 경우에 있어서, 사도 바울이 공동체의 가치들을 강화(과시적 수사학)하고 있을 뿐만 아니라, 장래 행동의 변화(심의적 수사학)도 요구하고 있다. 이러한 범주들이 아리스토텔레스의 경우에서처럼 바울의 경우에서도 중첩적으로 나타나기 때문에, 바울의 설득적 양상을 아리스토텔레스적 범주에 맞추어 구분하는 것은 그(바울)의 서신 분석에 있어서 어느 정도 제한된 영역 안에서 가치가 있다고 할 수 있다. 필자는 바울의 서신들은 모두 장래의 행동을 목표로 하고 있기 때문에, 심의적 수사학(deliberative rhetoric)이 바울의 담화 분석의 배경이 될 수 있음을 제시하고자 한다.[22]

1) 논거 발견술(Invention)

우리가 이미 언급한 바와 같이 바울의 서신들을 논거 발견술, 논거 배열술 및 양식이라는 세 가지 범주에 따라 분석할 수 있다. 수사학적 교본에 의하면 웅변가는 자신의 개인적 인격(ethos)이나, 이성(logos)에의 호소, 또는 정념(pathos)으로부터 논증을 시작할 수 있다. 고대 웅변술의 경우, 연설자의 인격적 특징에서 시작된 논증은, 연설자의 설득력이 청중들 앞에서의 자신에 대한 신뢰감에 바탕을 두고 있기 때문에 결정적으로 중요성을 띠게 된다.[23] 자서전적인 논증(autobiographical argument)은 웅변의 서두에 가장 자주 사용되었지만 연설 전반에 걸쳐 사용될 수 있었다.[24] 철학자들과 수사학자들은 자신들을 청중들에게 실례로서 제시했으며, 수사학 교사는 제자들과의 관계에 있어서 부모의 위치(loco parentis)가운데서 행동하였다.[25] 에토스(ethos)에서 시작된 논증은 소크라테스와 데모스테네스의 경우를 포함한 수많은 웅변에 있어서의 주요 논증 형태였다.

에토스(ethos)에서 비롯하는 논증은 바울 서신의 결정적 특징이다.[26] 고린도전서와 고린도후서에서 볼 수 있듯, 여러 경우에 에토스(ethos)에서 시작되는 논증은 그의 목회 사역에 대한 공격에 대응하기 위한 것이다. 바울은 고린도전서 2장 1절에서 5절까지, "약하며 두려워하며 심히 떨었노라"(2:3)라고 고백할 만한 상태로 고린도를 방문하는 가운데서도, 자신이 십자가의 메시지를 구현하였음을 논증하고 있다. 십자가에 의해 형성된 에토스에 대한 바울의 호소는 그가 자신의 "약함"(4:10)과 청중들의 오만을 대비하는 4:6-13에서 보다 명백히 입증되고 있다. 바울은 9장에서도 이 논증을 한번 더 사용하고 있는데, 여기에서 그는 자신을 이기심 없는 행동을 구체화하는 인물로 묘사하면서 고린도인들에게 자신을 닮도록 권면하고 있다.

어려움 가운데 있는 바울의 사역을 소개하는 고린도후서의 중심적인 이슈는 에토스에서 비롯하는 논증으로 구성되어져 있다. 1:12-2:13에 최근 사건들과 7:5-16 고린도 사람들과의 과거 역사를 다시 논의하기 시작하는 것에 대한 그의 요약은 프레젠테이션의 서두에 사용되어지다가 나중에 다시 사용되어 지는 방식으로 아리스토텔레스의 기술과 일치한다. 고린도 사람들과의 그의 최근 관계에 대한 설명에 더하여 바울은 자신의 목회를 "항상" 두드러지게 해주는 자신의 삶의 여러 요인들을 또한 묘사하고 있다. 그는 십자가에 의해 형성된 삶의 화신이다(4:10-11을 보라). 바울이 논증하는 여러 곳에서 자신을 다른 사람들과 비교할 때 그는 자신이 많은 고대 웅변술의 특징인 자기 찬양(self-praise)으로 이끌려갈 수 있다는 것을 드러내고 있다. 따라서 영(Young)과 포드(Ford)는 고린도후서가, 화자가 자신의 비판자들에 의해 형성되어온 비난들로 인해 야기된 에토스(ethos)에 의한 논증에 몰두하고 있다는 점에서 데모스데네스(Demosthenes)의 Epistle 2와의 접촉점을 공유하고 있다고 주장하고 있다.[27]

바울은 자신이 직접적으로 공격에 노출되어 있지 않을 때에도 역시 개인적 에토스에서 비롯된 논증을 하고 있는 것 같아 보인다. 빌립보서(1:12-26)와 데살로니가전서(2:1-12, 갈 1:10-2:21 참조)는 개인적 논증을 더 확대하여 바울이 자신이 설교하고 있는 메시지를 구체화시키는 방법을 예시해 주고 있다. 비록 학자들은 이러한 논증들이 바울이 자신을 공격하는 사람들을 대응할 때 사용하고 있다고 추론해 왔지만, 바울 서신 자체에는 이러한 주장에 대한 아무런 암시도 없어 보인다. 보다 가능성 있는 추론은, 바울의 주요 관심사가 비난에 대한 방어보다는 화자로서 자신의 공신력(credibility)을 구축하기 위한 것으로 보는 견해라고 할 수 있다.

최근의 수사학적 분석에 의하면 로고스(logos)에 대한 바울의 호소는 또한 유익함에 대한 논의(expediency), 과거의 모범(the exempla from the past), 또는 생략 삼단 논법(enthymemes)이나 삼단 논법 형태(syllogisms)의 논리적 논증으로 토론을 시작하는 헬라 웅변의 전통과 접촉점을 가지고 있다. 마가렛 미셸(Margaret Mitchell)은 "유익한" 것에 대한 일반적인 어필(το συμφέρογ, 고전 6:12; 10:23; 고후 8:10, 12:1; 참조 고전 7:25; 10:33)은 아리스토텔레스 수사학에 있어서의 주요 논쟁점이었던 유리한 고지에서 토론을 시작하고 있는 점을 반영하고 있는 것이다.[28] 성경에 대한 바울의 호소는 아리스토텔레스 수사학에서의 과거의 모범에 대한 호소와 비견되며, 그의 신앙 고백적 진술(고전 8:6; 11:23-26; 고전 15:1-3)은 그 집단이 공유하고 있는 지식을 향한 일반적인 호소에 비견된다.[29] 이성에로의 호소는 일반적 지식으로부터의 논증, 고대의 견해, 논리적 입증, 또는 청중들을 설득하는데 있어서의 유리한 입장 등을 내포하고 있다.

파토스(pathos)로부터 나오게 되는 논증은 바울 서신 가운데 일반적인 것이다.[30] 예를 들어 바울은 갈라디아 4:19에서 "나의 자녀들아 너희 속에 그리스도의 형상이 이루어지기까지 다시 너희를 위하여 해산하는 수고를 하노니"라고 말하면서 파토스로부터의 논증을 시작한다. 파토스로부터의 논증은 고후 10-13에서 청중들과 자신의 관계에 대한 본질을 나타내 보이기 위해 신부의 아버지

(11:1-4)와 공동체의 아버지(12:14-21)라는 은유법을 사용하면서 자기 자신의 태도를 적극적으로 변호하는 장면에서도 명백히 드러나고 있다. 자신의 목회를 고린도교회 교인들이 수용하도록 하기 위한 바울의 빈번한 호소는 또한 파토스적 논증이다. 자신의 목회를 변호하면서, 그는 "너희를 향하여 우리의 입이 열리고 우리의 마음이 넓었으니 너희가 우리 안에서 좁아진 것이 아니라 오직 너희 심정에서 좁아진 것이니라."(고후 6:11-12)라고 외친다. 감정에 대한 이러한 호소는 바울서신들 가운데 일반적이다.

바울의 논거 발견술에서 우리는 또한 아리스토텔레스 전통에서 일반적으로 채택하고 있는 증거들(proofs)을 사용하는 것을 목격할 수 있다. 헬라의 청중은 에토스(ethos), 로고스(*logos*), 그리고 파토스(pathos)논증을 구분할 수 있을 것이다. 바울이 통상적인 논증을 전복시키거나 변형시키는 정도(extent)는 아래에서 보게 될 것이다.

2) 논거 배열술(arrangement)

수사학 교본들은 질서 정연한 배열에 대한 지침들을 제시해 준다. 아리스토텔레스와 그의 후계자들은 웅변의 설득력은 질서 정연한 배열에 달려 있음을 강조했다. 효과적 웅변은 서언 혹은 머리말(*exordium*), 진술부 혹은 서술(*narratio*), 주제(*propositio*), 논증 (*probtio*), 그리고 결론(*peroratio*)으로 전개되어야 한다.[31] 서언의 기능은 주제를 소개하고 청중들이 연사에게 호의적으로 기울도록 하는 것이다. 서술은 눈앞의 논거에 대한 역사를 다루며, 그 다음으로 주제가 오는데, 후자는 논증에 대한 주제 진술을 제공하였다. 논증은 논거에 대한 입증들로 구성되었다. 결론 부분에서 연사가 그 논거를 요약하고 청중들에게 감성적 호소를 하였다.[32]

근래의 바울 연구에 있어서는 수사학에 대한 가장 풍성한 논의는 배열의 분야이다. 여기서 최근 연구는 전체 서신들의 수사학적 파워(the rhetorical power)를 주의 깊게 다듬어진 담화(discourse)로서 제시하고 있다. 비록 바울 서신들에서 전개되어지는 논증은 상당한 편차들을 가지고 있지만, 서신들의 논증은 적어도 부분적으로는 아리스토텔레스 수사학에 부응하는 형식으로 배열되어 있다. 바울의 감사는 화제 거리를 소개하고 청중들이 메시지에 호의적으로 마음을 기울이도록 한다는 점에서 서언의 역할을 하고 있다. 감사로 도입부를 연 후, 바울은 일반적으로 자전적 성찰들로 구성된 최근의 사건들을 간략하게 요약하는 단계로 넘어가는데(살전 2:1-3:10; 갈 1:10- 2:14, 고전 1:10-17; 고후 1:18-2:13; 로마 1:11-15), 이것은 논증을 위한 진술로서의 역할을 한다. 대부분의 바울 서신들 안에서 진술은 논의 되어지는 사건으로 구성된 주제 진술(thesis statement)에 의해 뒤이어지는데, 이것이 바로 주제(*propositio*)로서의 역할을 하게 된다(살전 4:1-2; 고전 1:10, 갈 2:15-21; 고후 1:12-14). 이러한 주제 진술 이후에는 서신의 주된 논의가 뒤따르게 되는데, 이것이 바로 논증(*probatio*)의 역할을 하게 된다. 바울 서신에 있어서 결론적 요약은 논거에 대한 재선언을 통해 감정적 호소력을 가지게 된다(롬 15:14-29; 고후 10-13; 갈 6:11-17). 비록 논거 배열법을 위한 아리스토텔레스 용어들의 적용이 바울 서신 분석을 위해 강제적으로 제시되어지는 토대가 될 수는 없지만, 아리스토텔레스 범주들은 바울 서신들의 본질적 일관성을 입증하기 위한 가치 있는 도구 역할을 해 왔다. 바울의 설교들은 바울이 이미 자신의 공동체들에게 주입시켜 놓은 가치들을 강화하고 장래에 그들의 태도를 바꾸기 위한 의도를 가지고 치밀하게 연역적 논증(deductive argument)으로 배열되어 있다.

수사학적 배열에 관심을 기울이게 된 최근 연구는 바울적 논증의 일관성을 입증하는데 있어서 큰 기여를 하게 되었다. 바울이 구두 문화에 적합한 배열의 원칙들을 채택하고 있음을 주목하게 될 때, 적어도 서신들의 진정성(integrity)에 대한 반론들 가운데 어느 정도는 그 힘을 잃게 된다.[33] 예를 들어, 주석가들은 고린도전서 1장이 그 문학적 일관성(literary coherence)을 결정하는데 있어서 복합적 문제들을 우리에게 제기하고 있다고 주장해 왔다. 바울이 한 주제에서 또 다른 주제로 재빨리 이동하기 때문에, 많은 사람들이 고린도전서 1장을 고린도교회가 직면하고 있는 수많은 문제들에 대한 바울의 임기응변적 대응(ad hoc response)이라고 여겨 왔다. 마가렛 미셸은 수사학적 범주들을 사용하여 고전 1장의 본질적 일관성을 입증해 왔다. 고린도 교회의 분파주의(factionalism)적 문제를 지적하고 난 후 바울은 서언(*exordium*, 1:4-9)에서부터 고전 1:10의 주제(propositio)로 넘어가는데, 여기에서 그는 청중들이 모두 "같은 말을 하고 있다"고 주장한다. 그 논거의 배경을 간단히 설명한 후에(1:11-17), 바울은 그의 논증을 제시하고 있다. 그는 그 분파주의를 야기해 왔던 교만을 뒤엎음으로써 1:18-4:21에 나타난 구체적 문제점들에 대한 기초를 마련한다. 이 책의 나머지 부분을 고린도 교회 사람들이 질의해 오던 문제점들에 대한 임기응변적 반응으로 여기기보다는, 미셀에 따르면 5:1-11:1에 나타나 있는 다른 쟁점들(근친상간, 매춘, 결혼, 제사 음식)을 서로 아귀가 맞게 하여 이방인들과의 관계라는 주제에 대한 하나의 단일화된 섹션을 이루게 하는 한편, 11:2-14:40은 내부인들과의 관계를 다루고 있음을 보여 주고 있다. 15장은 고린도 교인들이 분열하게 된 원인을 제공한 주제(부활)를 다루고 있으며, 바울은 그들이 "다 같은 말을 하도록" 만들 수 있는 기본적인 관점을 제공하고 있다.

수많은 경우들에 있어서, 주석가들은 바울의 논증들 가운데 내재하고 있는 단절(interruption)에 대해 당혹스러워 하면서, 바울은 주의 깊게 편지를 저술한 사람이 아니며 편지의 파편들이 그의 서신들에 삽입되어져 왔다는 결론을 내리게 되었다. 예를 들어, 우상에게 제공된 제사 음식이란 주제(고전 8:1-13)는 10:23-11:1부분에서 결론이 맺어지기 전에 고전 9장의 자서전적 부분과 10:1-22에 나오는 광야 세대의 실패를 다루는 부분에 의해 단절되고 있다. 유사하게, 12:1-31에서 영적 은사들에 대한 토론은 14장에서 그 결론을 맺기 전에 고전 13에서 사랑에 대한 부분에 의해 단절되고 있다. 윌헴 우엘너(Wilhelm Wuellner)는 이 두 부분은 각기 바울이 자신의 논증을 예증하기 위해 이미 언급한 화제에서 벗어난 aba 양식이란 것을 입증해 왔다. 각각의 경우에서, 그는 이러한 이탈(digression)이 하나의 일반적인 웅변적 장치(common oratorical device)라는 사실을 알게 해 주고 있다.[34]

3) 양식(style)

그 여러 안내서들은 또한 설교자의 스타일, 장엄체(grand style), 유려체(middle style), 진술체(plain style)에 대한 가르침을 제시해 주고 있다. 미사(美辭)의 사용을 포함하는 복합체 혹은 장엄체는 두개 또는 그 이상의 종속절로 이루어진다.³⁵⁾ 유려체는 병렬의 특징을 지니고 이야기를 결합시키지만, 진술체는 자연스러운 대화와 관련되어져 있고, 꾸밈의 표현으로 전하지 않는다.³⁶⁾ 대부분의 저자들처럼 바울은 세 단계에 해당하는 모든 스타일의 예를 보여주고 있다. 비록 장엄체가 그의 저술에서 드물게 등장하지만 말이다.³⁷⁾ 바울의 문장은 주로 그리스 문학의 특징인 종속절의 부연설명이 거의 없는 병렬적 문장이다. 그러므로 바울의 편지는 우선 유려체를 따른다. 그의 수사적 질문들, 그의 편지 모두에서 사용된 상투어의 광대한 사용에서, 사람은 대화법과 진술체의 특징을 발견한다. 루돌프 불트만(Rudolf Bultmann)이 바울의 설교 스타일에 대한 그의 고전적 연구에서 논증했던 것처럼 바울이 수사적 질문들을 사용하는 것은 또한 통렬한 비평(diatribe)을 사용하다는 것을 나타내고 있는 것이다.³⁸⁾ 스탠리 스토워(Stanley Stowers)는 통렬한 비평 형식이 그의 학생들과 스승의 대화에서 인기 있는 교육적인 수단(pedagogical device)이였다는 것을 제시하고 있다.³⁹⁾ 또 다른 연구는 바울이 쓰고 있는 풍성한 비유들을 제시하면서 바울서신 스타일에서 발견하게 되는 수식(ornamentation)을 조사하고 있다.⁴⁰⁾

수사적 분석은 바울의 설득의 특징을 이해하고 수사학적 단위(rhetorical unit)의 파워를 분석하는데 있어서 유용한 도구이다. 바울의 편지는 기독교적 메시지에서 나오게 되는 새로운 행동 방식에 대한 간청으로 구성되었다. 그는 보통 연역적인 논증(deductive argument)에 기초하여 간청하였다. 바울이 연역법을 사용하는 것은, 설교자들로 하여금 이야기가 결코 기독교적 설득의 유일한 형식이 아니라는 것과 귀납적인 설교도 결코 기독교적 의사소통에 대한 유일한 형태가 아니라는 점을 상기시키고 있는 것이다. 기독교적인 설교는 또한 공동체의 변화에 영향을 주기 위한 설득적인 상황을 만드는 연역적인 논쟁을 포함할 수 있다. 만약 바울이 이에 대한 모델이었다면, 설교자의 에토스로부터 나오는 논증은 기독교적인 설교에서 한 위치를 차지하게 될 것이다. 왜냐하면 그 자신의 인격으로부터 화자가 전하는 메시지를 확신 있게 구현하는 것은 모든 세대에 사용할 수 있는 적절한 논증이기 때문이다. 의식을 형성하고 기독교적 고백의 함축적 의미를 이끌어 내도록 교회의 토대를 형성하게 하는 확신으로부터 생겨지는 논증은 또한 기독교적 설교의 필수적인 부분이다. 게다가 파토스로부터의 논증은 항상 기독교인의 생활과 연관된 삶과 죽음의 이슈에 대한 논증으로써 작용하게 된다.

바울서신의 스타일에 대한 분석은 기독교적 설교가 시인 또는 극작가의 고지 문헌(Hochliteratu)도 아니고 우연하게 생겨지거나 주의를 기울이지 않고 적당하게 사용하는 어휘의 움직임도 아니라는 것을 증명하는 역할을 감당하게 되었다. 서신들은 친밀하며 대화적이다. 그럼에도 불구하고 바울은 어거스틴(Augustine)이 지적하는 것처럼, 여러 곳에서 수사학적 국면의 변화를 논증한다. 바울의 설교는 진술체(혹은 평이체)와 특별한 경우(occasion)와 주제에 적합한 주의 깊은 표현들 사이에서 이동해 가게 되었다.

바울서신의 설득은 우리로 하여금 설교와 연관된 그리스도와 문화의 이슈를 다시 한 번 숙고해 보도록 만든다. 대중적인 연설의 방식에 의해 형성되어질 수 있는 기독교적 설교는 어느 정도까지일까? 비록 우리는 바울이 수사학 분야에 대한 정규적인 교육을 받았는지에 대해 알 수 없지만, 그의 설교는 의심할 여지 없이 그가 들어왔던 웅변가들과 헬레니즘 생활의 모든 측면에 영향을 주었던 설득의 기술에 영향을 받았다. 하지만 바울이 헬레니즘 수사학과의 상호작용 가운데 있다는 것이 설교자로서 그가 청중에게 다가가기 위해 헬레니즘 수사학적 문체를 즐겨 사용하였다는 것을 의미하는 것은 아니다. 그러한 수사학적 특징들은 그가 청중들과 나눈 필수적인 교육의 일부였다. 유사하게도 설교자와 청중은 그들의 문화에서 설득의 양식에 의해 불가피하게 적응되었다. 그럼에도 불구하고, 우리가 다음 장에서 살펴보게 되겠지만, 바울은 설득의 특성을 그의 문화 속으로 가지고 들어와 그가 전수받은 수사적인 전통을 변형시키고 전복시켰다.

3. 바울 설교의 독특성(distinctiveness)

바울서신은 어느 정도까지 기독교적 설득의 독특한 형식을 담지하고 있는가? 우리가 바울의 설교의 가장 명확한 특수성을 발견한 영역은 논거 발견술(inventio)에서이다. 비록 우리는 바울이 수사학의 일반적 증거들 가운데 몇 가지를 사용하여 자신의 메시지를 호소하고 있다는 것을 명심해야하지만, 논증의 이러한 유사성의 대부분은 실질적(real)이라기보다는 좀 더 외형적(apparent)이라고 할 수 있다. 왜냐하면 교회에 대한 바울의 관계가 그의 논증에 있어서 중심이 되기 때문이다. 고대 편지쓰기와 수사법과 바울의 담화 양식이 갖고 있는 명백히 유사함에도 불구하고, 그의 편지가 가지고 있는 매우 다른 점이 존재하게 된다.[41]

이런 독특성은 먼저, 그의 청중에 대한 화자와의 관계에서 보여 진다. 대부분의 그의 편지에서, 바울은 권위를 알리고 그의 설득의 특징을 진술하는 사도로서 그 자신을 밝히고 있다. 심지어 사도적 자격을 언급하지 않는 그의 편지들(빌립보서, 데살로니가전후서, 빌레몬서)에서도, 그는 그의 자녀들을 훈계하는 아버지로서의 권위적인 어조로 말하고 있다(살전 2:11-12). 공동체를 향한 그의 "호소들"(살전 4:1; 5:14; 몬 9)과 "간청들"(살전 4:1; 5:12)은 단지 정당한 요구들에 대한 정중한 대치(polite substitute)인 것이다(몬 8). 모든 서신들 가운데 사용되고 있는 명령법(imperative)은 또한 그가 교회 가운데 가지고 있던 권위적인 역할을 반영하고 있다. 이러한 권위적인 목소리는 바울의 설득을 특징짓는 요소이다. 왜냐하면 그는 그의 자녀에게 복종을 요구하기보다는 오히려 그의 바람대로 따라오기를 촉구하는 아버지로써 글을 쓰고 있었기 때문이다(몬 8-9).

고린도전서와 고린도후서에서 우리는 바울의 커뮤니케이션의 특수성에 대한 특별한 통찰력을 얻게 된다. 이 두 서신에서 바울은 특별히 자신을 "하나님의 뜻에 의한 예수 그리스도의 사도"임을 분명히 했다(고전 1:1; 고후 1:1). 그리고 바울은 그 자신을 그의 교회의 아버지로 여겼다(고전 4:14-21; 고후 12:14-15). 이러한 관계는 그의 설득에 있어서 중심적인 위치를 차지하고 있다. 왜냐하면 그의 설득의 지배적인 측면이 교회의 사도와 아버지로서 그의 역할을 수행하는 권위의 중요성이기 때문이다. 바울의 사도적 역할은 명백히 고린도전서가 시작되는 부분에 드러나고 있다. 그의 주제 진술(thesis statement)은 "나는 우리 주 예수 그리스도의 이름으로 너에게 말하노라…"(1:10)이다. 다시 말해서, 그가 그리스도를 대신하여 말하는 것이다. 그의 설득은 "그럴듯한 지혜의 말" 즉, 수사적인 증언에 의존하는 것이 아니라 "성령과 능력의 나타남"(고전 2:4)에 의존하고 있다. 고린도전서 2:6-16에서 바울은 권한을 부여받은 위치에 대하여 주장하고 있다. 그것은 "하나님의 지혜, 숨겨진 비밀한 것"(2:7)이었으나, 그것이 이제 "온전한" 자들 가운데 알려지게 되었다(2:6). 바울의 복음은 설득의 일반적

법칙에 지배당하지 않는다. 왜냐하면, "하나님은 그것을 우리에게 성령을 통해 드러내셨기 때문이다."(2:10). 여기에 바울은 그리스-로마 수사학의 전반적인 전통에 대하여 도전했다고 조지 케네디(George Kennedy)는 말하고 있다.[42] 마태와 바울은 "논리적 논증의 형태를 광범하게 사용하였지만, 그들의 논증의 타당성(validity)은 완전히 논리적으로 그리고 객관적으로 증명할 수 없는 가정에 의존한다."[43] 그의 논증은 하나님의 성령을 가지고 있는 사람들에 의해서만 오로지 평가될 수 있다. 그의 청중들이 그들 자신의 기준을 따라 설교자를 평가하는 분위기 속에서, 바울은 자기 자신을 그들을 믿도록 하기 위해 사용하는 사역자(διάκονος)이상 아무 것도 아님을 선언하였다. 그와 아볼로는 그리스도의 비밀을 맡은 종과 청지기(ὑπηρέται καὶ οἰκονόμοι)이상 아무것도 아니다(고전 4:1). 그런 비밀들은 그것들이 하나님으로부터 오는 계시이기 때문에, 반드시 합리적 증거들을 조건으로 제시해야만 되는 것은 아니다.

혹자는 고린도전서, 후서를 통해 드러나는 바울의 급진적인 기독교적 수사학의 특성에 주목하고 있다. 비록 바울이 종종 논증의 표준적인 형식을 따라 호소하고 있지만, 권위적인 사도로서의 그의 특권적 지위는 항상 분명하다. 그는 그의 자녀들을 타이르는 아버지(4:14)이자 훈육하는 아버지와 같은 권위를 가지고 설득하고 있다(4:21). 바울은 "매를 가지고" 나아와 위협을 주는 설교자이다(고전 4:21). 그의 아비의 아내를 취하는 사람과 연관되어 있는 그의 가르침에서, 그는 예언자적 판단(고전 5:3)을 가진 사람으로 글을 쓴다. 비록 그가 5장6절 하반 절에서("너는 적은 누룩이 온 덩어리에 퍼지는 것을 알지 못하느냐?")공동체의 가치와 5장 7절("우리의 유월절 양 곧 그리스도께서 희생이 되셨느니라")에서 케리그마에 호소하고 있지만, 공동체의 행동 규범을 지시하는 명령의 말(5:9, 11)을 쓸 때, 그의 논증은 자신의 개인적 권위에 의해서 강화되어지고 있다.

혹자는 바울이 표준적인 논증의 형식과 고린도편지를 통한 "급진적인 기독교적 수사학"(radical Christian rhetoric)모두를 사용하고 있는 것에 주목하기도 한다. 바울이 그 자신의 개인적 에토스로부터 설득을 시도할 때, "십자가의 어리석음"을 구현하는 것에 대하여 설명하면서, 에토스의 개념을 변형시켰다. 아리스토텔레스 스타일 안에서 "유익한" 것을 취할 수 있음을 언급하는 때, 그는 그 유익함이 믿음의 공동체에 기여하는 것이어야 함을 지적함으로서 이 개념을 변형시켰다.[44] 공동체가 알고 있는 것에 대한 그의 빈번한 호소는[45] 그가 공동체와 공유한 가치들에 기초를 둔 논증으로써 수사학적인 용어들로 이해될 수 있을 것이다.[46] 하지만, 바울은 공동체의 전통에 대한 해석자이다. 그가 그의 논증의 기초로서 성경(고전 14:21, 34)에 호소할 때, 성경이 "우리의 경계를 위해"(고전 10:11; cf. 9:10)쓰여 졌다고 알고 있는 사람의 특권적 지위로부터 말하고 있다. 하나님에 의해 위탁된 사람으로, 그는 그리스도의 부활과 연관된 질문들에 대한 궁극적 대답을 제공하는 비밀(15:51)을 계시하고 있다.

그러나, 여기서 바울은 또한 공동체에게 알려진 권위들에 대한 특권을 가지고 있는 해석자로서 말하고 있다. 공동체 내에서 알려진 성경과 전통으로부터 그의 논증을 발전시키면서, 바울은 "어떤 이의 논증의 기초는 그 사람이 청중과 공통적으로 가지고 있는 근거"라는 아리스토텔레스의 금언과 일치하는 방향으로 나아가게 되었다.[47] 하지만, 바울은 자신의 사도적 역할 가운데서 공동체의 전통에 대한 권위 있는 해석자였다.

권위에 대한 이러한 어조(tone)는 심지어 고린도후서에서 좀 더 생생한 그림처럼 설명되어진다. 이곳에서 바울의 사역은 "큰 사도들"에 의해 도전을 받게 되었다. 그들은 고린도전서에서 바울을 반대하는 저속한 이유를 제시했던 사람들이다. 고린도전서(1:18-25)에서처럼, 여기서(고린도후서) 바울은 그의 선포가 삶을 통한 영향력과 죽음을 통한 영향력(고후 2:14-17)을 가지고 있는 공적인 스펙터클(public spectacle)이라고 주장하고 있다. 새 계약의 일군으로서(고후 3:6), 그는 자신의 부족함에도 불구하고, 하나님의 언약을 전달할 수 있는 모세에 상응할만한 "자격 있는"(2:16; 3:5)사람이다. 만약 그의 사역의 영광이 널리 인정되지 않았다면, 그것은 그 자신의 불충분 때문이 아니라, 모세의 언약을 받았을 때 이스라엘 사람들이 눈이 멀었던 것처럼,[48] 청중들이 하나님의 말씀을 듣는 것으로부터 눈이 멀었기 때문이다. 하나님의 사도적 직분을 가진 종의 자격으로, 그는 그들을 "아끼기"(고후 1:23)를 원했기 때문에 이전에 했던 고린도 교회를 방문하겠다는 약속을 지키지 못했다. 하지만 그는 미래에 그의 복종하지 않는 자녀들에 대하여 "용서하지 않을 것이라고" 약속한다(고후 13:2). 왜냐하면 그들을 "파하려고 하신 것이 아니요 세우려고 하신 것"을 위해 부르심 받고 있는 한, 그는 예레미아의 선지자적 사역을 짊어지고 있기 때문이다(고후 10:8; 13:10).

고린도전서와 후서에서 제시하는 것처럼, 바울의 설교는 선지자적 전통 가운데 있는 권위적인 설교이다. 바울은 이성적인 설득이라는 평범한 인간적 무기를 가지고 싸우지 않았다. 그의 무기는 그리스도에게 모든 생각이 사로잡히는 그의 열망에서 비롯한 강력한 진을 파하는 하나님의 강력이다(고후 10:4). 만약 바울이 설교의 모델이라면, 그는 그의 기독교적 설교가 궁극적으로 사도적 증언에 의해 중재되는 사도의 권위에 의지하고 있음을 상기시키는 인물이다. 그래서 설교자는 "권위 없는 자"가 아니라 권위적인 교훈을 교회에 중재하는 자이다. 설교자는 오직 하나님의 말씀을 선포하는 사람들의 말을 다시 상기시키는 예언자적 전통을 물려받은 상속자이다. 설교자들은 그 자신들을 위하여 이야기를 하지 않고, 오히려 그들에게 주어진 것을 충실히 수행하는 "청지기"처럼 행동해야 한다. 설교자는 사도의 사자(使者, emissary)로서 믿는 공동체에게 "그의 길을 설명하는" 역할을 담당해야 한다.

4. 설교, 공동체 그리고 믿음의 문법

바울서신의 정황(setting)은 또한 그의 서신들을 구별 짓는 분명한 특성이 되고 있다. 아리스토텔레스가 법정, 대중적인 모임, 또는 축제시기와 같은 환경을 염두에 두었던 반면에, 바울은 "하나님 아버지와 우리 주 예수 그리스도 안에서 데살로니가의 교회에게"(살전 1:1), 그리고 다른 믿음의 공동체들에게 편지를 썼다. 빌레몬을 포함한 모든 편지들은 교회에게 쓰여졌고, 교회 회중의 의식을 형상화하려는 의도로 쓰여졌다. 교회는 기독교적 설교에 응답하고 공동체로 함께 모여 있는 사람들로 이루어져있다. 우리들은 이러한 모임에서의 바울의 연설이 그리스-로마의 수사학과 같은 종류의 것이 아님을 상기해야만 한다. 왜냐하면 아리스토텔레스는 기독교인 회중들의 모임을 마음을 두지 않았기 때문이다.[49]

바울은 가장 친밀한 가족의 용어를 사용하여 그의 공동체에게 이야기하였다, 이로 인하여 그들은 가족의 결속에 의해 서로에게 그리고 그들의 창조자에게 묶여지게 된 사람들이 되었다는 것을 청중들로 하여금 인식할 수 있게 한다. 그는 갈라디아 사람들에게 어머니의 어조로 말한다. "나의 어린 자녀들아 너희 속에 그리스도의 형상이 이루기까지 다시 너희를 위하여 해산하는 수고를 하노니"(4:19). 또한 그가 데살로니가서에서 이야기하고 있는 가족적이고 친밀한 어조는 연합된 몸을 위한 설교의 본질을 알게 해 준다. 바울이 그들과 함께 하지 못한 자신의 부재를 "우리가 잠시 너희를 떠난 것은 얼굴이요 마음이 아니니"(살전 2:17)라고 설명하고 있다. 그리고 그는 그의 교회들을 자신의 "기쁨"(살전 2:20)과 "자랑"(고후 1:14)으로 묘사하고 있다.[50] 교회들에 대한 그의 관계를 말하면서, 바울은 "간호사처럼" 친절했음을 상기시킨다(살전 2:11 [NIV: 아이들을 돌보는 어머니처럼]). 또한 그는 "그의 자녀들과 함께 하는 아비처럼" 그들을 대하였다(살전 2:11). 부성적 이미지는 바울의 저술 안에 광범위하게 드러나고 있다.

그는 데살로니가전서에서 공동체의 교사로서의 그의 역할을 묘사하기 위해 이미지를 사용했다(2:11). 고린도전서와 후서에서 그는 제자에게 대한 그의 권위(고전 4:21)를 묘사하기 위한 이미지를 사용하고 있다. 그리고 그가 재정적인 지원을 받지 않는 이유를 설명하고 있다. 아버지로서 그는 그의 자녀에게 도움을 주는 모습으로 그의 사랑을 설명한다(고후 12:14). 바울의 서신들 통하여, 그는 가족의 언어로, 독자들을 "사랑하는 자" 혹은 "형제들"로 부르면서 그들에게 편지를 전하고 있다. 고대 세계에서, 이 언어는 가족의 세계에 속해 있는 것이었다. 그가 설교에서 주로 사용했던 형태는 "사랑하는 자"(고전 10:14, 고후 7:1, 12:19, 빌 2:12, 4:1), "형제들" 그리고 "사랑하는 형제들"이었다.

그는 기독교인들과 그의 관계에 있어서의 친밀성뿐만 아니라 교인들 서로간의 친밀한 관계를 호소했다. 어느 사람은 빌레몬이 기독교인과의 친밀한 관계를 갖도록 바울이 호소하는 것에 주목할 수도 있다. 감사를 표시하면서, 바울은 "성도들의 마음(σπλάγχνα)은 너를 말미암아 평안함을 얻었나니"(몬 7)라고 말한다. 서신의 결론부분에서 바울은 "내 마음(σπλάγχνα)이 그리스도 안에서 평안하게 하라."(20절)고 말한다. 가족적인 언어는 바울의 교회와의 결속을 성찰하게 만든다. 그것은 또한 그가 그의 교회에 이야기하는 열정에 대하여 설명해 준다.

설교의 공동체적인 특성은 또한 바울의 서신에 나타나는 예배 의식적인 요소에서도 명백히 나타난다. 기독교적 예배 의식 가운데 있는 바울 설교의 두드러진 배경은 전체 바울의 서신을 통하여 드러나고 있다. 왜냐하면 바울은 고대의 연설과 서신과 같지 않은 예배의식에서 쓰는 문법으로 말하고 있기 때문이다. 이 독특한 믿음의 문법(grammar of faith)은 바울서신이 은혜의 말로 시작하고 끝을 맺는다는 사실로 보여 질 수 있다. 바울은 그의 서신을 "하나님 아버지와 주 예수 그리스도의 은혜와 평화가 너희에게"로 시작하고 은혜의 말을 전하는 축복으로 끝맺는다.[51] 고린도전서의 끝부분(16.23)에 나오는 축도("주 예수의 은혜가 너희와 함께 있기를")는 전형적인 것이다. 좀 더 정련된 형태는 고린도후서의 끝(13:14)에 "주 예수 그리스도의 은혜와 하나님의 사랑, 성령님의 교통하심이 너희 모두와 함께 있기를"이라는 표현에서 드러나고 있다. 바울의 시작과 결말 부분의 말씀들은 예배의식으로부터 취해지고 있는 것이고, 그의 설교 스타일을 반영하고 있는 것이다.[52]

클라우스 버거(Klaus Berger)는 "너희에게 하나님 아버지와 주 예수 그리스도를 쫓아 은혜와 평강이"라는 말은 친밀한 그리스식 편지의 처음부분이 기독교화된 것이 아니라고 논증했다. "너희에게 은혜와 평화"에서 표현한 소망의 말은 유대 문헌(Jewish literature)과 예배의식에 뿌리를 두는 것이다. 구약성경의 축도 중 가장 잘 알려진 것은 민수기 6:24인데, 그것은 신적인 은총을 바라는 표현이다.[53] 비슷하게도 "하나님 아버지와 주 예수 그리스도로부터"라는 표현은 바울 서신에 두드러지게 나타난다. 버거(Berger)는 "헬레니즘 시대에 이것을 편지에서 사용하는 것은 아주 이상하고, 고풍적이며, 평범하지 않은 도입이었을 것이다. 서신에서 그것이 받아들여진 이유는 사도가 썼기 때문이다."고 말하고 있다.[54] 그 말은 하나님의 은혜와 평강이 그의 자녀에게 전해지도록 권위를 부여받은 사람으로부터 온 축복의 말로 구성되었음을 의미하는 것이다. 의심할 여지없이 이 축복기도의 형태는 초기교회에서 유대교의 축복이 연장되는 것을 반영하고 있는 것이다. 그러므로 바울의 축복기도의 시작과 끝은 교회의 예배의식으로부터 나온 것이다. 그의 서신에서 이러한 내용이 존재하는 것은 그 자신의 설교에서 설교적 축도(homiletic benediction)를 포함하고 있었다는 것을 암시하고 있는 것이다. 이 축도 가운데 그는 믿음의 공동체 위에 신적 은혜와 평화가 임하기를 바라는 소원을 표현하고 있다.

바울의 독특한 예배 의식적 문법은 그의 편지에서 감사로 시작하는 부분에 나타나 있다. 비록 어느 사람이 고대의 편지나 수사학에서 감사로 시작하는 부분(또는 축복)이 유사점을 가지고 있다고 주장할 수 있지만, 유사성의 중요성이 지나치게 과장되어 있음을 알 수 있다. 감사는 헬레니즘 시대의 편지에서는 보기 드문 현상이고, 그리스 연설의 시작 부분과의 유사성도 희박하다.[55] 축복기도처럼 감사기도는 유대교의 예배에서 유래케 되었다. 사해사본(the Dead Sea Scrolls)은 바울서신의 감사기도와의 커다란 유사성을 갖고 있다.[56] 또한 고린도후서의 축복의 형태는 주로 구약성서와 유대교의 모델에 기초를 두고 있다.[57] 바울 서신의 감사기도는 유대교의 예배의식에 빚지고 있는 그의 교회의 기독교적 예배의식을 나타내고 있는 것이다. 우리는 바울의 서신에서 감사기도의 시작은 초기 기독교 예전의 일면을 보게 하고, 바울은 예배의식을 거행하는 가운데 공동체를 인도하는 설교자였다고 가정할 수 있을 것이다. 그러므로 바울이 연관되어져 있는 "사회적 구조"(social construction)는 축도의 수단과 기도를 통한 공동체의 정체성을 형성하는 것을 포함하고 있다.

다른 예배 의식적 요소는 또한 바울서신들에서 일반적이다. 송영, 감사기도, 그리고 기원은 바울의 설교를 잠시 멈추게 한다. 그는 종종 "하나님께 감사하라!"(롬 6:17, 7:25, 고전 15:57, 고후 2:14, 9:15)는 말로 그의 담화를 중단하곤 했다. 로버트 제위트(Robert Jewett)는 데살로니가서(살전 3:11, 12-13 그리고 5:23, 살후 2:16-17, 3:5, 16)에서 그와 같은 여섯 가지 설교적인 축도들을 확인하였다. 그것의 각각은 양식화 된 하나님께서 친히($αὐτὸς\ δὲ\ ὁ\ θεός$)이거나 주께서($δὲ\ ὁ\ κύριος$)로 시작하는 것과 기원법(the optative mood)안에서 소망을 표현하는 것이다.[58] 바울은 그의 공동체와의 재회를 위해 그리고 공동체의 성화(살전 3:11, 5:11)와 믿음과 사랑 안에서 성장을 위해 기도한다. 바울의 "믿음의 문법"은 의심할 여지없이 유대교 예배의식에 의해 영향 받은 그의 설교를 할 수 있게 한다.

5. 신학과 권면으로서의 설교

교회들 가운데서 행한 개인적인 목회의 연속으로서, 바울의 모든 서신은 "복음에 합당하게" 살아가야 하는 공동체 형성을 목표로 하고 있다. 게다가, 비록 편지들의 길이나 주제가 다양할지라도, 그것들 모두는 사려 깊은 신학적 논증과 함께 지지된 청중들의 행동 변화를 요구하는 방향으로 진행되어지게 된다. 가장 자주(하지만 항상은 아닌)바울 서신의 마지막 부분에서 발견되는 윤리적인 권면은 신학 논문의 부록처럼 여겨지는 것은 아니지만, 오히려 변화의 기초를 제시하는 신학적인 논증의 절정으로 여겨진다. 바울은 종종 도덕적인 요구를 요청하는 단어들(παρακαλουμεν, ἐρωτῶμεν)과 함께 시작하거나, 기독교적 믿음의 도덕적 함의에 대한 구체적인 교훈을 주는 명령법(the imperative mode)으로 말한다. 그의 악과 선의 목록들의 사용과 구체적인 요구는 공동체의 삶 가운데 구체적인 변화를 요청하는 설교를 반영하고 있는 것이다.

그의 모든 편지가 권면을 지지해주는 신학적 논쟁을 사용하고 있다는 사실은 현대 설교적인 논의 가운데서 자주 간과되는 설교를 위한 중요한 모델을 제공해준다. 기독교적 설교는 사람들의 공동체적인 정체성을 형성할 뿐만 아니라 어떻게 "복음에 합당한" 삶을 살 수 있는지를 구체적으로 지시하는 교훈을 제공해준다.

6. 바울과 현대의 설교

바울의 설교 사역은 현대 설교를 위한 중요한 통찰력을 제공해 준다. 기독교 설교자는 권위 있는 설교에 참여하게 된다. 이러한 사실은 설교에 대한 비권위적인 이해(nonauthoritative understanding)에 바탕을 둔 귀납적인 설교에 배타적으로 의존하는 것에 대하여 의문을 제기할 수 있다. 설교자는 바울의 사자(emissary)로서의 역할을 떠맡고 있다. 사자의 임무는 사도의 말씀을 전달하고 설명하는 것과 말씀이 가지고 있는 설득적 능력을 재현하는 것이다. 바울 서신의 공적인 독자(pubic reader)에게처럼, 기독교 설교자는 바울의 부재 가운데서, 믿는 공동체를 위해 바울에게 허락하신 하나님의 말씀을 해석하는 사역을 계속 해야 한다. 권위는 설교자에게 속하는 것이 아니라 바울에게 속하는 것이다.

바울의 설득과 그리스-로마의 수사학 사이의 유비는 우리에게 그리스-로마의 수사학이 기독교적 수사학 안으로 이질적으로 침투해 들어온 것이 아니라는 것을 상기시켜준다. 왜냐하면 그것이 시작부터 바울의 커뮤니케이션을 형성하는 데 역할을 담당했기 때문이다. 더욱이, 바울이 수사학의 전통으로 공유하고 있는 연역적인 논증은 기독교 설교 안에서의 위치를 차지하고 있다. 기독교적 커뮤니케이션은 귀납법과 연역법을 포함한 연설의 다양한 방법을 필요로 하고 있다. 회중의 의식 형성은 교회의 정체성과 미래 행동의 방향을 결정하기 위해서 이슈들이 논의되어야 하고 청중이 설득되어야 할 것을 요구하고 있다.

비록 기독교 설교가(당대의) 문화 가운데 알려진 설득의 방식과 완전히 다르지 않았을지라도, 바울의 설교는 우리의 설득이 다른 연설의 방식과 정확히 일치하지 않는다는 것을 상기시켜준다. 기독교 설교는 설교자에게 중재된 하나님으로부터의 권위적인 말씀을 포함한다. 그것은 청중의 의식을 형성하고 송영, 기도, 찬양을 할 때, 그들을 이끌어준다. 설교는 청중에게 새로운 믿음의 문법을 가르친다. 그 안에서 회중은 기도, 찬양, 그리고 송영의 말씀들을 배우게 된다. 또한 설교는 공동체 의식을 창조하고 유지시킨다. 거기서 개인들은 그들의 정체성이 교회의 공동체적인 정체성과 분리될 수 없다는 것을 인식하게 된다.

목회적 설교(pastoral preaching)란 무엇인가?

비록 목회사역이 결코 정규적으로 행하는 설교에 국한되지 않는다고 할지라도 설교는 항상 목회사역의 중심에 있어왔다. 전 교회역사 통하여, 설교의 주요한 기능들 가운데 하나는 기독교인의 삶을 살아가는 회중들을 지도하는 목회적 교훈을 제공하는 것이었다.[1] 설교는 개인들과 하나로 연합된 공동체를 인도하면서, 공동체를 위한 방향을 제공해 준다. 최근 10년간의 두 가지의 변화가 설교에서의 목회적 차원을 감소시켜 버렸다.

첫째로, 다양한 사역자(multi-staff)를 중심으로 교회가 발전하는 것과 함께 목회적 돌봄은 전문화된 사역이 되어버렸다. 결과적으로, 설교사역과 목회적 돌봄을 전문화된 두 개의 영역으로 분명하게 분리해 버리고 말았다. 만약에 이 분리가 계획된 것처럼 작용하게 된다면, 설교자는 설교에 초점을 맞추어야 하고, 반면에 목회 상담가는 사람들의 필요에 초점을 맞춰야 한다.[2]

둘째로, 최근의 내러티브 설교의 강조와 더불어 설교에서의 전통적 목회적 측면이 감소되고 있다. 내러티브가 커뮤니케이션의 주도적 방식으로 존재하는 곳에서 설교는 변화된 삶을 향한 촉구와 함께 청중들을 직면시키기 보다는 오히려 비지시적(indirection)으로 말하게 된다. 목회적 사역으로부터 설교를 분리시키는 쪽으로 나아가는 이러한 경향은 설교 사역에 대한 우리의 이해에 엄청난 변화를 제시하고 있다. 왜냐하면 전체 교회 역사를 통틀어, 설교는 목회적이었기 때문이다.

이번 장에서 여러 이유들이 분명하게 밝혀지게 되겠지만, 나는 전문화 영역으로 분리하려는 이러한 시도가 비현실적이고 신학적으로도 부적당한 것이라고 확신한다. 이런 움직임의 비현실성은 사람들이 설교가 목회 사역으로부터 분리될 수 없다고 인식하는 것에서 분명해 질 것이다. 교회 공동체는 회중의 관심으로부터 멀리 떨어져서 설교를 준비하는 설교자를 용납하지 않을 것이다. 성경적 증언, 특히 예수와 바울의 사역들은 끊임없이 설교와 목회적 관심 사이의 관계를 드러내고 있다.

2장에서 나는 서신들이 복음 전도 설교는 반드시 목회적 설교로 귀결된다는 증거를 제시하면서, 바울의 복음 전도 설교와 그의 목회 활동 사이의 관계를 조사했다. 이번 장에서 나는 그 편지들이 목회적 대화 가운데서 다음 단계를 반영하고 있다는 것을 논증할 것이다. 바울의 저작은 어느 누구도 목회 사역으로부터 설교를 분리할 수 없다는 것을 상기게 한다. 왜냐하면 설교는 분명히 목회직이기 때문이다.

목회 설교란 무엇인가? 비록 목회적 설교의 이상(ideal)은 높은 수준을 요구하지만 정확하게 목회적 설교가 의미하는 바는 토론해야 할 문제이다. 특별히 심리 치료가 중심이 되고 있는 문화에서는 더욱 더 그러하다. 목회적 이라는 용어는 현대 설교에서 새로운 의미를 취하고 있다. 일반적 용법으로 목회적 이라는 단어는 개인들에게 주어지는 후원, 수용, 돌봄, 긍정, 치유, 심지어 무조건적인 적극적 존중과 관련되어져 왔다. 목회적 돌봄은 목자가 양들을 개별적으로 돌보는 것으로 여겨지고 있다.[3]

이런 목회적 사역에 대한 이해들은 목회적 설교에 대한 우리의 이해에 특별한 영향을 미치게 되었다. 토마스 롱(Thomas Long)은 목회자로서의 설교자의 이미지는 "거의 필연적으로 그룹, 공동체, 사명을 가지고 있는 교회라기보다는 오히려 개인적인 문제와 필요를 가지고 있는 따로따로 분리된 개인들의 집합으로의 청중들로 보고 있다. 복음의 공공적, 협동적 그리고 조직적 차원들은 종종 더욱 개인적인 주제들 때문에 경시되곤 한다."[4] 결과적으로 목회적 교훈에 대한 서적들과 목회적 설교에 대한 서적들은 예를 들어 외로움, 가족 갈등, 중년의 위기, 성취되지 않은 잠재력, 행복 찾기, 혹은 자존감을 위한 개인적이고 가족적인 문제에 대한 필요로 분류되는 경향이 있다. 설교 안에서 설교자는 문제를 분류하고 해법을 제공한다.[5] 그러므로 목회적 설교는 그룹 차원의 상담으로 분류되었다.

금세기 일찍이 많은 설교자들의 모델이 된 헤리 에머슨 포스틱(Harry Emerson Fosdick)은 설교에 대한 그의 방법을 프로젝트 방법(project method)으로 표현했다. 포스딕은 그의 회중 가운데 있는 사람들의 질문들로부터 시작해서 성경으로 답을 제시하고자 시도했다. 그의 유명한 소논문인 *What's Matter with Preaching*에서 포스딕은 다음과 같이 적고 있다. "삶의 이슈, 실제 문제, 개인적이거나 사회적으로 마음을 혼란하게하거나 혹은 양심을 거리끼게 하는 것으로부터 시작하라. 공정하게 문제에 직면하고 그것을 정직하게 다루며 그리고 거기에 예수의 영으로부터 그것에 대해 더욱 분명하게 생각할 수 있고 그 설교 때문에 더욱 존귀하게 살게 되는 그러한 빛을 던져라."[6] 설교는 대부분 개개인들과 그들의 질문들과 문제들을 위해서 전해졌다. 설교는 거의 개인 상담에 근접해 있었다. 포스딕에 따르면, 좋은 설교의 기준은 사람들이 개인적 상담을 위해 설교자를 만나기를 원하는 정도(extent)에 의해서 결정되어진다고 보았다.

설교에 대한 포스딕의 견해가 미친 영향력은 우리 문화 가운데서 상당한 것이었다. 그러므로 우리는 "느껴진 필요"(felt need)를 향해 전달된 오랜 설교 전통을 가지고 있는 셈이다. 그러한 설교는 적실성 있는 메시지가 될 수 있는 장점을 가지고 있다. 왜냐하면, 그것이 청중을 대한 민감한 읽기(sensitive reading)에 기초하고 있기 때문이다. 그러한 설교는 심리적인 치료에 관심이 많은 우리 시대에 받아들여지기 쉽다. 포스딕의 영향력으로 인하여 목회적 설교는 계속해서 문제를 해결하는 것으로 동일시되어 졌다. 이런 유의 설교는 골치 아픈 개인의 문제를 심리학적으로 건전한 "기독교적인" 해답으로 옮겨버렸다.[7] 그러한 설교는 구원자(succor)뿐만 아니라 요구(demand)도 포함하는 위로(comfort)로 나아가는 대신에, 위안이 되는 진리들을 제시하는 쪽으로 나아간다는 점에서 문제 지향적(problem oriented)이다. 과거 30년간의 저술들은 "그룹단위의 상담으로서의 설교"와 부드럽고 열정적인 관심으로서의 목회 혹은 목양에 대한 이해에 의해서 영향을 받게 되었다.[8]

목회적 설교에 대한 이러한 이해는 몇 가지 이유로 문제가 된다.

첫 번째, 이러한 목회적 설교는 현대 심리학적 치료방식에 더 깊이 영향을 받게 되어, 단순한 위로와 목회자의 관리 안에 있는 사람들을 향한 돌봄 그 이상으로 인도해야 할 목양자(shepherd)의 삶에 뿌리를 둔 설교의 이미지를 상실케 되는 위험이 있다. 목양자의 임무는 단지 위로하고 부양하는 것뿐만 아니라 그의 책임 안에 있는 사람들의 일반적인 안녕을 지도하고, 보호하고, 견고케 하는 것이다.

두 번째, 다른 사람에게 효과적으로 수용되는 것이 강조되는 이러한 목회적 설교는 결코 청중들에게 심판의 말씀을 직면케 할 수 없을 뿐만 아니라 기독교인의 삶을 위한 구체적인 요구들에 대한 지침도 제공하지 못하게 된다.[9]

세 번째, 이와 같은 목회적 설교의 이미지는 거의 배타적으로 개인적인 용어 안에서 이해되어진다. 예를 들어 "내가 어떻게 행복해 질 수 있을까?" 혹은 "내가 어떻게 행복한 결혼을 할 수 있을까?"와 같은 것이다.

네 번째, 이런 형태의 목회적 설교는 청중의 정당한 필요(legitimate needs)와 우리가 속해 있는 세상에서 만들어진 소원들 사이의 차이를 구별하는데 어려움을 가지고 있다.

다섯 번째, 목회적 이미지는 성경이 하나님 백성의 안녕을 위해 리더들의 관심을 나타내 보이기 위해서 선택된 많은 이미지들 가운에 하나일 뿐이라는 것이다.

신약성경은 백성의 안녕을 위해 설교자가 적극적인 관심을 가져야 할 사명에 대한 다양한 이미지들을 제공해 준다. 그러나 우리는 목회적 이미지를 포괄적인 용어(umbrella term)로 사용하고 있다. 바울은 설교가 공동체의 웰빙을 책임지는 일에 적극적인 관련성을 갖고 있음을 표현하기 위해 가족생활(고전 4:14-21)과 건축(고전 3:16-17)으로부터 이미지를 만들었다. 이러한 모든 용어들에 있어서 설교의 목적에 대한 근본적 가정은 동일하다. 이러한 설교는 청중들에게 어떤 유용한 변화를 효과적으로 추구하도록 만들고, 말씀을 경청하는 사람들에게 더 책임 있는 삶을 살아갈 것을 자극하는 촉매제 역할을 하게 한다.[10]

1. 데살로니가전서에 나타난 목회적 설교자로서의 바울

교회와 자신의 관계를 표현함에 있어서 바울은 결코 그 자신을 목회자로 표현하지는 않는다. 그럼에도 불구하고, 만약에 목회적 설교가 듣는 이들의 필요에 초점이 맞추어진 모든 설교에 대한 용어라면, 바울의 설교는 철저하게 목회적이라고 할 수 있고, 그는 목회적 설교를 위한 적절한 모델이라고 할 수 있다.

내가 2장과 3장에서 언급한 것처럼 바울은 설교가로서 그의 사역을 표현하기 위해 부모의 이미지를 더 선호하고 있다. 갈라디아에서(갈 4:19) 그는 스스로를 공동체를 위해서 그리스도의 형상이 이룰 때까지 고통당하는 어머니로서 표현하고 있다. 대부분의 경우 그는 그의 교회들과 함께하는 자신의 계속적인 사역을 표현하기 위해 아버지의 이미지를 선택했다. 바울은 이 유아기적 교회와 함께하는 그의 사역을 표현하는 데살로니가전서 2:11-12에서 가장 분명하게 아버지의 역할을 묘사하고 있다.

"너희도 아는 바와 같이 우리가 너희 각 사람에게 아비가 자기 자녀에게 하듯 권면하고 위로하고 경계하노니 이는 너희를 부르사 자기 나라와 영광에 이르게 하시는 하나님께 합당히 행하게 하려 함이니라"

우리는 모든 도시들에서의 바울의 사역이 동일한 목회적(혹은 아비적) 차원을 내포하고 있는 것과 그리고 그의 서신들에서 계속적으로 이 목회적 대화를 하고 있음을 알 수 있다.

모든 바울서신들은 목회적 목적으로 쓰여 졌다. 초기 대화의 연속으로서 혹은 로마서에서처럼 교회의 미래를 형성하기 위한 시도로서, 그것들은 그의 교회의 안정성과 역동성을 확실하게 하기 위해서 쓰여 졌다. 이번 장에서 나는 특별히 바울의 초기 서신인 데살로니가전서에 나타난 목회적 사역에 초점을 맞추기 원한다. 그리고 데살로니가전서에서의 목회적 사역이 다른 서신들에 있는 바울의 목회적 역할의 예시라는 것을 드러내는 데 집중하고자 한다. 이 서신은 특별히 목회적 설교자로서 바울의 역할을 설명하는데 유용하다. 그 이유는 다른 서신들에서처럼 복잡하지 않기 때문이다. 갈라디아서, 고린도전서나 혹은 로마서와 같지 않게, 그 서신은 정교한 신학적 논쟁과 관련된 논의가 나타나지 않는다. 비록 바울 서신들에 대한 광범위한 거울-읽기(mirror-reading)에 익숙한 학자들이 이 서신이 바울에 대한 공동체의 불신으로 인해 발생한 위기(살전 2:1-

12) 혹은 그리스도의 재림에 대한 혼란(살전 4:13-5:11)에 대한 반응이라고 논증하고 있기는 하지만, 이 서신 가운데 그러한 주장을 입증할 만한 명백한 지시는 아무것도 없다. 실제로, 우리가 바울 자신의 말을 듣게 된다면, 그는 데살로니가 교회의 상태에 대한 디모데의 은혜로운 보고(살전 3:6)에 대한 반응으로 데살로니가전서를 기록한다. 적대적 환경아래 있는 소수 공동체로서 교회는 고난과 박해(살전 3:2)에 쉽게 노출되어 있었다. 그들이 직면하고 있는 시련을 견디어내도록 데살로니가 교인들에게 용기를 준 후, 디모데는 그들의 믿음과 사랑(살전 3:6)의 보고를 가지고 왔다. 그러므로 데살로니가전서에서 바울의 사역은 이미 잘 행하고 있는 교회에게 설교하는 것이었고, 계속해서 건강함을 유지하도록 용기를 주는 말을 하는 것이었다. 진정으로, 그는 그들이 이미 하고 있는 바(살전 4:1-2)를 더욱더 잘 하도록 사람들에게 용기를 주기 위해서 편지를 썼다. 그러므로 바울의 도전은 더 이상 싸워야 할 이단도 없고, 해결해야할 논쟁점도 없으며, 결단을 요구하라고 압박해 오는 새로운 이슈도 없는 상황 하에 있는 교회에게 설교하는 것이다. 바울의 주요한 관심은 그들이 분명하게 직면하게 될(살전 3:2) 여러 가지 시련 가운데서 교회가 계속적인 강건함을 유지하게 되는 것에 있다. 그러므로 데살로니가전서는 목회적 설교의 모델이라고 할 수 있다.

2. 설교가 지향해야 하는 보다 커다란 의제: 종말론적 지평

모든 목회적 설교는 청중들의 필요에 역점을 두기위해 고안되어진다. 우리들의 목회적 설교의 많은 부분은 개인들이 표현하는 즉각적인 필요나 혹은 그들이 묻는 질문에 역점을 두고 다루게 된다. 설교자들은 만약에 그들이 계속해서 공동체 안에 있는 위기들이나 사람들의 개인적 위기들을 다루기를 원한다면 설교 할 주제를 발견하는 것에 어떤 어려움도 갖지 않을 것이다. 그러나 그러한 설교가 갖는 문제점은 설교 사역을 위한 보다 커다란 의제를 다루는데 있어서 한계를 갖는다는 점이다.

이 보다 커다란 의제를 우리는 데살로니가전서에서 발견하게 된다. 모든 바울서신들에서처럼 데살로니가전서에서 목회적 설교는 그의 설교 사역의 보다 커다란 의제에 의해서 형성 된다. 그것은 파루시아를 기다리는 교회를 계속적으로 형성(*formation*)하는 것이다. 그러므로 바울은 개인이 아니라 교회들에게 말한다. 그들의 삶을 위한 바울의 목회적 관심은 하나님의 승리에 대한 그의 종말론적 비전이라는 컨텍스트 안에서 이해되어야만 한다. 교회가 이 궁극적인 승리를 기대하며 사는 것이야말로 하나님의 계속적인 관심사이다. 그 교회들은 재림 시에 바울의 "영광과 기쁨"(살전 2:20; 비교, 고후 1:14)이고, 바울이 헛되이 달려 왔는지 그렇지 않은지에 대한 궁극적 테스트(빌 2:16 살전 3:5)이기 때문에, 그는 그들의 안녕(비교, 고후 11:28)과 그가 얼굴로 그들을 보지 못하게 되었을 때, "고아 됨"(살전 2:17)에 대해서 깊이 걱정을 하게 된 것이다. 그의 교회를 위한 이러한 근심은 시련(살전 3:2-3)을 만나게 되었을 때, 그들에게 용기를 주기 위해서 디모데를 보내게 되는 동기가 된다. 그는 그리스도의 날에 대한 온당한 결론에 도달하지 못하도록 그의 사역을 방해하는 장애물들을 본다. 그러한 까닭에, 그의 목회적 설교는 그의 공동체의 실제적 필요들을 분명하게 이해하고 있는 사랑하는 아버지(살전 2:11-12)의 표현이라고 말할 수 있을 것이다. 그러므로 그의 설교는 그의 교회들과 맺은 약속들과 그들의 궁극적 안녕을 위한 그의 관심에 의해서 움직여진다.

바울 설교의 보다 커다란 의제는 하나님께서 세상에서 일하고 계시다는 그의 확신에 의해 결정되어진다.[11] 바울은 종종 인격적이고 종말론적인 용어 양자 안에서 이 의제를 언급하고 있다. 결과적으로, 그는 그의 설교에서 이 보다 커다란 의제를 끊임없이 언급하고 있다. 데살로니가전서 1:10의 교리적 진술 안에서 그는 인자의 재림을 기다리는 공동체로서 교회의 종말론적 자기 이해를 상기시킨다. 이러한 종말론적 차원은 그리스도의 재림을 기대하는 공동체에 대한 빈번한 언급 가운데 계속되어지는 주제이다(살전 4:13-5:11). 또한 3:13과 5:23의 기도들에서도 그의 설교를 위한 더 커다란 의제가 제시되고 있다. 바울은 하나님께서 재림 전에 "너희를 온전히 거룩하게"(5:23 비교 3:13)하시기를 원하신다고 기도한다. 그의 교훈들은 성화에 있어서 하나님의 활동과 성화를 구체화하는 행동을 위한 공동체의 책임 양자 모두를 가리킨다(4:3, 8).

바울은 그의 전체 서신들에서 그의 목회적 사역과 설교를 위한 보다 커다란 의제에 대한 이와 같은 이해를 발전시키기 위해서 다양한 이미지들을 사용하고 있다. 위에서 언급한 것처럼, 고린도전서에 있는 농사와 건축의 이미지들은 교회를 성장하는 가운데 있으며, 마지막까지 계속적으로 건축 중에 있는 것으로 표현하기 위해 사용하고 있다.[12] 그 이미지는 개인을 넘어서는 공동체에 대한 우선적인 중요성을 가리킨다. 왜냐하면 하나로 결속된 공동체는 하나님의 포도원(고전 3:6-9)이자 건축물(고전 3:16)이기 때문이다. 결론적으로 사역자의 임무는 하나님의 승리를 기다리는 교회에게 "물주기"(watering)와 "세우기"(upbuilding)를 감당하는 것이다. 설교자들의 사역에 대한 시험은 종말에 그들의 사역의 질이 나타날 때까지(고전 3:13-15), 궁극적 시련을 통과하며 그들의 건설 사역을 위하여 안내하는 것이다.

바울은 건물을 건축하는(οἰκοδομή) 이미지를 자주 개인들을 교화시키는(οἰκοδομεῖν)사역으로 확장하고 있다. 그는 모두를 "서로 위로케" 하는 사역에 참여시킬 책임을 가지고 있다. 그리고 그는 의사결정(고전 8:1; 10:23)과 예배(고전 14:3-5,17)의 문맥에서 교화되는 것(edification)을 각 사람의 행위를 위한 기준으로 만들고 있다. 개인의 교화에 초점이 맞추어진 많은 현대적 용법과는 대조적으로 바울의 관심은 재림 시까지 최종적인 시험에서 견딜 수 있게 될 교훈으로서 협력적 공동체를 건설하는데 있다.[13]

내가 위에서 언급한 것처럼 갈라디아서에서 바울은 진통 중에 있는 어머니이고 교회는 형성되고 있는 어린아이이다("그리스도가 너를 조성할 때 까지"). 어머니의 사명은 어린 아기의 형성을 기다리는 것이다. 고린도후서에서는 그는 그의 딸을 순전한 처녀로 마지막 날에 그리스도께 중매하는 신부의 아버지이다(고후 11:2). 로마서(12:2)와 고린도후서(3:18)에서는 재형성되는 과정으로서 공동체의 진보를 나타내기 위하여 그는 변화의 언어(language of transformation)를 사용하고 있다. 바울은 그들이 재림을 기다림으로서 변화되어지는 종말론적 공동체들로서의 그의 교회들에게 비전을 불어넣는다(고전 1:8). 그러므로 설교에 있어서 그의 임무는 그리스도의 형상으로 변화되어지는 그의 공동체들을 위한 안내를 제공하는 것이다. 바울에게 설교는 교회 형성 사역에 하나님과 함께 참여하는 것이다. 교회들은 믿는 자들 가운데 "역사"하는 하나님의 말씀으로 변화되어진다(살전 2:13).

종말론적 특성은 바울의 목회적 설교를 위한 더 커다란 의제를 제공해 준다. 만약에 바울이 목회적 설교를 위한 모델이라면, 공동체의 필요들이 설교의 내용을 한정할 수 있다. 그러나 이러한 필요들은 순간의 평안이나 개인적 만족을 위한 공동체의 욕망이 아니라 궁극적 필요들(ultimate needs)이 되어야 한다. 종말론적 설교는 회중의 관심을 개인의 미래적 문제에 두게 하는 것이 아니라 현재 시점으로 침입해 들어오는(impinge)것으로서의 하나님의 미래에 두게 한다.[14] 우리 자신의 말이나 가치들의 일시적 본성을 폭로하는 진정한 종말론적인 설교는 하나님의 미래라는 새로운 관점에서 자신의 우선순위를 놓아두도록 우리를 일깨운다. 하나님의 궁극적 목적에 대한 초점은 또한 개인적 충족과 기쁨이 목적이 되고 있는 나르시즘 문화(a culture of narcissism)를 도전하여 미래를 기대하며 신실하고 윤리적으로 살아가도록 만든다.

종말론적인 설교는 많은 현대의 설교 사상에서 놓치고 있는 중요한 영역이다.[15] 바울의 설교는 목회적 설교가 현재적 순간에서 발생하는 질문들을 뛰어 넘어 설교의 초점이 하나님의 승리를 향해 나아가야 될 것을 분명히 상기시킨다. 이러한 궁극적 지평은 더불어 나아가는 여정의 공동비전과 공동목표 그리고 자기중심적 문화에 대한 거절을 교회에게 가르치는 공동적인 관점을 갖게 한다.

3. 공동으로 결집된 정체성 세우기

공동체 형성의 사명은 항상 바울의 설교사역을 위한 의제를 제공해 준다. 그러므로 데살로니가전서의 위기가 존재하지 않는 상황에서 바울은 그 공동체 안에서 그가 이전에 먼저 행했던 설교와 함께 시작되는 기독교인들을 형성하는 사명을 계속한다. 이 사명은 이스라엘 백성들의 중심에 항상 있었던 근본적인 질문에 대답하는 것을 포함하고 있다. 우리는 누구이며 우리는 무엇을 해야 할 것인가? 바울은 공동으로 결집된 의식을 세우기 위해서, 그리고 공동체의 정체성에 대한 공동의 질문에 대답하기 위하여 글을 쓰고 있다. 그는 개인에게 쓰지 않고 하나님 아버지와 주 예수 그리스도 안에 있는(1:1) 데살로니가의 "교회" (ἐκκλησία)에게 썼다. 그는 그들에게 "하나님의 사랑을 입은 자들", "택함 받은"(1:4, 저자의 번역)과 같은 이스라엘의 과거로부터 이끌어 낸 언어로 글을 전하였다. 이러한 언어들은 하나님의 선택받은 자로서 이스라엘의 정체성이 하나님께서 그의 백성들을 사랑한다는 사실에 뿌리를 두게 된다는 점에서, 신명기 7:6-7의 선택(election)의 용어를 반영하고 있다. 선택(election)에 대한 독특한 언어는 그가 공동체를 그분 자신의 왕국과 영광 가운데로 불러주신 하나님의 가치에 합당하게 살도록 그의 청중들을 깨우치고 있는 서신 후반 부분에 나타나고 있다.[16]

바울서신의 공동체들이 그 사회 안에서 소수집단으로 살아가고 있기 때문에, 바울의 설교는 주변의 문화로부터 그 공동체를 구별함으로서 그들의 정체성을 강화시키고 있다. 그는 독자들을 그와 함께 사랑의 끈(살전 2:17, 2:19, 2:20)으로 연결한다. 그는 비 기독교인들의 주류 사회를 "다른 이들"(οἱ λοιποί, 4:13, 5:6)로, 그리고 "하나님을 알지 못하는 이방인"(4:5)들로 표현하고 있다.[17] 그러므로 그의 설교는 세상의 문화로부터 분리된 공동체로서의 기독교인의 정체성을 굳건하게 세운다.

전체적인 서신의 형성은 바울에게 공동체의 에토스가 사람들의 정체성에 기반을 두고 있다는 것을 설명해 준다. 바울은 그 자신이 공동체의 본질적 정체성을 재형성하기 까지는 공동체의 응집력 있는 에토스를 구성하는 구체적인 교훈(4장-5장)들로 전환하지 않는다. 모든 소수 집단이 그런 것처럼, 보다 거대한 사회와의 불가피한 긴장에 직면하고 있는 소수 사회로서(2:1-2, 3:1-5), 이 공동체도 자신들의 정체성의 재확인을 필요로 하고 있다. 처음 세 장에서 바울은 그가 독자들과 공유하고 있고, 그들 서로가 공유하고 있는 공통된 기억을 회상함으로서 이 정체성을 재확인시키고 있다. 도입부의 감사는 그들의 현 상황에 대한 감사의 말(1:2-3)로부터 그들 공동의 역사에 대한 회상으로 옮겨간다. 1:5-10에서 바울은 복음에 대한 개인적 반응을 서술하지 않는다. 오히려 그는 더 큰 규모의 믿는 자들(1:7)에게 본이 되는 그런 특별한 방법으로 "우상으로부터 하나님께로 돌아온"(1:9)공동체 전체의 공동의 반응을 서술한다. 그가 대항 문화적 존재(countercultural existence)로서 살아가도록 그의 독자들을 격려하는 사역은 이미 그들의 존재가 처음 시작되는 순간부터 분명히 제시되어졌다. 바울은 그들의 공동 기억에 호소한다. 그들의 미래에 초점을 맞추게 하기 위해서 그들의 과거를 회상케 한다. 그러므로 바울은 개인들이 그의 설교에 반응함으로 믿음의 공동체가 된 그 상황을 회상케 한다.

그들 가운데 행한 그의 사역에 대한 바울의 회상은(2:1-12) 그들에게 편지의 내용이 전혀 새로운 것이 없다는 것을 상기시키면서 그 공동체와 그를 묶어주는 연결 끈을 기억나게 한다. 그들이 기독교인의 삶에 막 입문하려는 순간에, 바울 자신은 복음과 그 공동체를 위해 헌신했다. 바울은 그들의 공동적 삶의 기초가 되었던 복음이야말로 바울이 그들에게 전달해준 진리였음을 상기시킨다(2:5). 바울은 그의 인격적인 관계를 유모(2:7)의 관계, 그리고 하나님의 가치(2:12)에 합당하게 걸어가도록 그들에게 용기를 주는 아버지로 표현한다. 살전 2:1-12에서 그 자신의 개인적 행동에 대해 회상하면서, 바울은 자신이 그의 청중들이 기대하고 있는 행동의 모델이었다고 표현한다.[18] 그러므로 그의 자녀들로서 그들의 집합적 과거(collective past)와 그들을 존재하도록 만든 하나님의 말씀에 대한 기억은 그들의 정체성을 위한 기초가 된다.

믿음 안에 있는 공동체의 진보에 대한 계속적인 열거는 또한 믿음의 백성으로서 그들의 공동의 역사를 청중들에게 기억나게 하고, 4장-5장에서 공동체의 경계를 결정짓는 특별한 교훈들의 배경을 제공하는데 목적이 있다. 바울은 그 교회로 하여금 복음에 대한 그들의 공유된 반응, 믿음과 사랑 안에 있는 그들의 인내(3:6), 그리고 그들의 바울과의 밀접한 연결 끈을 기억나게 한다.

데살로니가전서에 나오는 몇몇 신앙 고백적 진술은 사람들이 바로 처음부터 믿었던 것에 대한 기억과 함께 공동체의 정체성을 강화하고자 하는 바울의 시도를 반영한다. "저희가 우리에 대하여 스스로 고하기를 우리가 어떻게 너희 가운데 들어간 것과 너희가 어떻게 우상을 버리고 하나님께로 돌아와서 사시고 참되신 하나님을 섬기며 또 죽은 자들 가운데서 다시 살리신 그의 아들이 하늘로부터 강림하심을 기다린다고 말하니 이는 장래 노하심에서 우리를 건지시는 예수시니라."(1:9-10)는 그들의 개종을 회상하면서, 바울은 공동체의 믿음을 상기시키고 있다. 4:14에서 바울은 그들 주변의 이웃들이 아닌, 바로 그들이 가지고 있는 희망을 회상케 함으로서 공동체의 정체성을 강화한다. 이 희망은 "우리가 예수의 죽었다가 다시 사심을 믿을진대 이와 같이 예수 안에서 자는 자들도 하나님이 저와 함께 데리고 오시리라."(4:14)는 것이다. 그 공동체가 항상 믿고 있는 바로 그것이 결속(solidarity)의 기초이며 정체성의 표시이다.

바울의 선포는 설교가 공동의 결집된 의식을 필연적으로 수반해야 한다는 점을 일깨워준다. 설교는 그룹 규모의 상담이 아니다. 프레드 크레독(Fred Craddock)도 한 개인적인 청중에게 설교하는 것이 아니라 회중에서 설교하는 것이라고 정확하게 말하였다. 공동 정체성을 형성하는 것은 우리가 살고 있는 개인주의적 사회(individualistic society)에서 쉬운 일이 아니다.

> 언약적 설교(covenantal preaching)는 암시적으로 개인적 듣기에 반대하는 보다 더 공동체적 귀 기울임으로 이동하게 된다. 설교자는 그 자체로 믿음의 공동체에게 선포한다. 이것이 분명해 보인다. 그러나 어떤 공동체에 의해 속박당하는 것에 반대하여 고도의 개인적 권리를 중요시하는 사회에서 그것은 아마도 우리가 알고 있는 것 보다 더욱 더 대항 문화적일 것이다.[19]

공동체를 결속시키는 언어를 통하여, 설교는 개인들과 작은 그룹들을 공동의 정체성 안으로 끌어들이는 "사회적 건설"(social construction)에 참여한다. 바울의 서신들의 경우에서처럼, 설교는 공동체가 직면한 이슈들을 언급한다. 내가 2장에서 지적한 것처럼 그 설교는 공동체의 전통에 호소하고(고전 11:2), 지금 공동체의 정체성이 직면한 그 상황을 해석하기 위한 공동의 기억에 호소한다. 월터 브르그만(Walter Brueggemann)은 교회를 결속시키는 공동의 정체성을 다음과 같이 서술한다. "위기에 있는 공동체로서 회중은 그들의 정체성과 그들의 소명에 대해서 한 번 더 결정하기 위해서 모인다. 모인 사람들은 또한 정체성과 소명을 제공하기 원하는 다른 해석의 소리들(voices of interpretation)에 의해서 마지막으로 모인 이래로 끊임없이 공격당하게 되었다."[20]

바울의 목회적 설교는 복음에 응답한 개인들을 인도하여 공동체의 의식을 형성시켰다. 바울은 공동체를 교훈하고 지탱하기 위해서 쓰고 있다. 그는 집에서 조용히 편안하게 편지를 읽는 개인적 독자들에게 비전을 공급하고 있는 것이 아니다.[21] 바울은 그의 모든 서신들에서 공동체의 정체성을 이야기 하고 있다. 여러 다양한 이유로 인하여 이러한 (공동체적)차원은 현대의 목회적 설교를 이해하는데 있어서 크게 결핍되어져 있는 부분이다. 우선 교회와 세상에 대한 바울의 명확한 구분은 하나로 결속된 공동체의 지지 구조(support system)를 위한 필요를 제시해 준다. 새로운 가족의 일원이 되기 위해서 가족을 떠난 개인들로 구성된 공동체가 믿음의 공동적인 본성이라는 것을 인정할 수 있다. 두 번째로, 가정 교회의 친밀함이 우리 회중들이 제공하지 못하는 친밀함을 공급해준다. 세 번째로 옛적 공동체들은 우리(현대 공동체들)가 더 이상 나누지 않는 공동의 의식으로 아픔과 고통을 포함한 공유된 이야기를 나누었다.

바울의 설교는 그 공동체에게 전달되어진 목회적 설교임을 기억하게 한다. 설교한다는 것은 교회적으로(ecclesially) 무엇인가를 행하는 것이고, 청중들의 무리가 그들이 믿고 행하려고 의도하는 바를 공동체로서 이루기를 기대하는 것이다. 그들은 서로 서로에게 그리고 그리스도에게 속해있다. 그러나 그들은 이것이 무엇을 의미하는지 절실하게 알고 느낄 필요가 있다. 그들은 그리스도의 몸으로 헌신한다는 의미를 발견할 필요가 있다.[22] 목회적 설교는 개인적 듣기에서 공동체적 청취로 옮겨가야 한다. 목회적 설교가 교회를 향해 선포된 것이라고 말하는 것은 대부분의 설교가 모임 안에서 발생하는 것이기 때문에 그러하다. 우리 자신의 심리 치료 중심적 문화 속에서 오늘날의 도시 교회가 공동의 정체성을 소유하기가 쉽지 않기 때문에 설교가 공동의 관심들을 향해 전달되는 것은 쉬운 문제가 아니다. 소비자들이 자신들의 필요를 대답해줄 수 있는 교회와 자기존중과 의미를 위한 개인적 탐구에 대해서 이야기해 줄 수 있는 설교자들을 찾는 현실 속에서, 공동의 정체성을 세우기 위한 설교를 하는 것은 반문화적인 것이 될 것이다.[23]

윌리엄 윌리몬(William Willimon)은 공동체 의식을 세우기 위한 이런 임무를 "청중(an audience)을 교회(church)로 전환하는 것"으로 표현하고 있다.[24] 그는 자신들의 필요를 소비하고 충족시키기 위해 주일 교회(sunday church)에서 그들의 또 다른 용무들을 더하고 있는 소비자들에게 설교하는 것을 특별한 도전이라고 표현한다. 소비자들은 어떻게 그 설교가 그들의 문화 안에서 형성된 그들의 기대를 충족시켜 줄 수 있는지를 묻는다. 어떤 이들은 설교를 그것의 독창성과 새로운 아이디어에 의해서 판단한다. 다른 사람들은 그들 자신의 세계에서 직면하는 이슈들과 관련된 말씀을 찾기 위해서 온다. 그들은 하나로 결속된 공동체로서 듣는 일에 익숙하지 않다. 사람들을 공동체로 결속시키는 청취를 확립하는 것은 바울 시대에도 모험이었고 오늘날의 목회적 설교에서도 도전으로 남아있다고 여긴다.

데살로니가전서에서 바울의 설교 사역은 현대 설교자들에게 중요한 모델을 제공해 준다. 기독교인이 경험하는 공동체적 본질에 대한 바울의 주장은 기독교적 신앙에 대한 이미 굳어져 버린 입장에 대하여 도전하고 있다. 그러한 입장에 의하면, 제자도는 기독교인의 삶에 대한 공동체적인 이해라기보다는 개인주의적인 이해와 관련이 있다. 기독교 신앙에 대한 이 개인주의적인 이해는 종종 "위험한 개인주의"(rugged individual)라는 미국의 이념과 결합 된다. 위험한 개인주의는 근본적으로 공동체에 헌신하는 것을 막는 정신을 야기시킨다.[25] 그러므로 현대 청중들의 주된 정체성은 자기실현과 개인적 자유라는 사상에 의해서 형성된다.

그러므로 만약에 우리의 설교를 통해 공동체 의식을 세우려고 한다면, 우리는 중요한 도전에 직면하게 된다. 마르바 던(Marva Dawn)이 지적한 것처럼, 우리는 설교에 있어서 공동체성을 상실했다. 그 이유는 영어의 "당신"(you)이 단수와 복수의 구별이 없이 쓰이기 때문이다.[26] 더욱이 개인적 필요들에 초점을 맞추는 우리의 심리 치료 중심적 문화는 믿음의 공동체적 측면을 놓치게 만드는 원인이 되고 있다. 이런 상황 속에서 목회자는 실제적인 건축으로 믿음의 공동체를 이끌도록 권위를 부여받게 되었다. 이 사명은 중단 없이 계속되어져야만 하는 과정이다. 그것에 의해서, 설교자는 하나님이 개인들을 부르셔서 그리스도의 구성원들과 서로의 구성원들로 한 몸이 되게 하셨다는 것을 인정하도록 공동체를 교육하는 것이다.

4. 공동으로 결집된 공동체와 내부인의 언어(Insider Language)

우리들이 공동체 자체의 독특한 어휘(vocabulary)를 만들지 않고 공동체의 정체성을 세우는 것은 쉽지 않을 것이다. 데살로니가 전서를 읽기에 참석했을 것이 분명한 방문객들 뿐 만 아니라, 새롭게 회심한 이방인들로 구성된 회중에게 편지하는 가운데 바울은 단지 그들이 알고 있는 언어와 용어를 그들에 말하는 것에 만족하지 않았다. 사실상, 데살로니가전서는 "내부인의 언어"를 드러내는 수많은 예를 가지고 있다. 그 언어는 믿음으로 먼저 교육되지 않은 자들은 즉각적으로 이해할 수 없는 것이었다.

"선택"(1:4), "장래 노하심"(1:10), "강림"(παρουσία, 2:19), 그리고 종종 언급되는 "거룩함"(3:13, 4:3,7 5:23)과 같은 그런 용어들은 주류 사회로부터 그들을 구별해 주는 "독특한 어법"으로 친밀함을 유지케 함으로써 공동체의 연합을 강화시킨다.[27] 연이어 계속되는 서신들에서, 바울은 이러한 범주의 확장된 설명과 함께 이 용어들을 발전시킨다. 예를 들어, 고린도전서에서 그는 성화의 주제를 상당히 자세히 다루려고 노력한다(특별히 고전 5:1-11:1에서의 내부인과 외인 사이의 근본적인 차이를 논하고 있다). 로마서에서 그는 하나님의 진노(1:18-32)와 선택(9장 -11장)의 주제를 발전시킨다. 그러므로 바울에게 기독교인을 형성시키는 생명력은 이스라엘의 경험으로부터 취해온 새로운 어휘 안에서 가르치는 그의 교훈에 있었다. 바울의 더 넓은 세계와의 의사소통과 그리스 로마 청중들과 연결되는 다리의 필요성으로 인해 그의 개종자들로부터 구별되어지는 내부인의 담화를 말하는 것을 금하지 않았다.

현대의 예배에 대한 많은 저작들은 우리 사회의 성경적 문맹(Biblical illiteracy)과 기독교적 담화를 알지 못하는 사람들의 유익을 위해서 우리들이 사용하는 용어를 번역해야 할 필요성에 역점을 두고 있다. 의심할 여지없이 바울은 더 넓은 사회의 언어로 번역하는 능력이 있었고, 많은 경우에 그는 그 문화의 언어적 형식으로 말했다. 그럼에도 불구하고, 그 번역의 필요성으로 인해 청중들에게 그의 공동체의 "독특한 어법"을 사용하는 것을 금지하지는 않았다. 왜냐하면 응집력 있는 공동체의 특징은 그들 자신의 용어를 가지는 것이기 때문이다. 조지 린드벡(George Lindbeck)은 "인간의 경험은 문화적이고 언어적 형태로 구성되는 어떤 감각으로 형성되고 만들어진다고 기록하였다." 또한 그는 "만일 우리가 올바른 상징적 시스템을 사용하지 않는다면, 거기에는 우리가 생각할 수 없는 수많은 사상들, 우리가 가질 수 없는 감각들, 우리가 인식할 수 없는 실재들이 존재한다."고 덧붙이고 있다.[28] 린드벡에 의하면 언어는

"근본적으로 주관적인 것을 표현하는 것이라기보다는 개인의 주관을 형성하는 공동적인 현상을 말하는 것이다."[29] 공동체들은 내부인의 언어를 사용함으로 그들 스스로를 결정하고, 공동의 기대를 창조한다. 때때로 한 단어나 혹은 이미지를 사용하여 짧은 이야기를 하는 것으로 공동체의 공동의 기억을 불러일으키게 된다.[30] 모든 기독교적인 경험이 번역될 수 있는 것이 아니기 때문에, 바울은 그의 청중들을 그들 자신의 구별되는 내부인의 언어로 가르치기 시작했다.

목회적 설교의 주요한 도전은 회중을 이끌어 기독교가 가지고 있는 그 자체의 언어에 대하여 유능한 전달자들이 되도록 만드는 것이다. 리스처(Lischer)에 따르면, 설교의 이러한 차원은 믿음의 공동체가 그 자신의 독특한 언어를 잃어버렸기 때문에 점자로 사라져버리게 되었다. "과서 50년간 사회 정치 그리고 문화 발전의 큰 물결은 교회를 기독교 국가 뿐 아니라 점차적으로 서로 이야기 하는데 어려움을 발견하는 믿는 자들을 위한 언어적 베이스캠프(a linguistic base camp)로서 전락시켜 버렸다." 리스처(Lischer)에 따르면, 교회는 그 자신의 이야기와 교리를 세속적 이데오르기에 적응시키고 있다. 공적인 담화를 위한 규범으로서, 소위 말해서 종교적 문제는 중립적이어야 한다는 주장이 대세로서 승리를 거두게 되었다. "모든 언어적 행위에 있어서, 교회는 그 스스로를 일종의 베이스캠프로서 생각했다. 결국 교회는 언어를 가지고 교회자체의 실험들을 위한 후원자(sponsor)가 된 셈이었다."[31]

5. 목회적 설교: 공동체적인 윤리적 규범 세우기

파루시아(3:13, 5:23)에 대한 기대로 거룩해 지고 하나님의 말씀과 성령으로 능력 있게 되는 공동체로서 교회는 "하나님께 합당한"(2:12)삶을 살아야한다. 내가 2장에서 제시했던 것처럼, 그의 개종자들에 전하는 바울의 가르침은 특별한 윤리적 교훈을 포함하고 있었다. 윤리적 개념들은 공동체를 위한 정체성의 상징과 경계영역을 제공한다. 바울의 설교는 개인적 교훈을 넘어서 공동체적인 용어로 윤리성을 기술하는 윤리적 명령으로 옮겨간다. 그의 청중들은 내가 무엇을 해야 하는가? 라는 것 보다는 우리가 무엇을 해야 하는가? 라고 질문할 것을 배우게 된다.[32]

새로운 개종자들을 위한 바울의 목회적 설교는 교리학습식 교훈이었다. 그것은 전에는 이러한 움직임의 공동체적인 규범들 가운데 문화화 되지 않았던 청중들에게 기독교인의 삶을 아주 구체적으로 요구하고 있다. 그는 이방의 개종자들이 새로운 공동체의 규범들을 알지 못한다고 가정했다.[33] 그는 그들의 정체성과 공유된 이야기 그리고 그들의 행동들이 복합하게 결합되어져 있어서 그들에게 적대적인 환경 가운데서 소수의 공동체로서 살아가기 위한 응집력을 제공해 주고 있다는 것을 진술한다. 아마도 바울이 초기 교리학습식 교훈으로부터 추출한 악과 덕의 목록들(고전 6:9-11; 갈 5:19-26; 고후 12:20-21)은 새로운 개종자들에게 공동체의 기대와 이러한 개념들의 위반과 연관되어진 제재(sanction)가 무엇인지를 알게 하는 구조 틀(framework)을 제공하고 있다. 공동체적 규범 안으로 들어가는 이러한 입문(initiation)은 수 백 년 동안의 목회적 설교를 위한 모델을 제공하고 있다.[34]

데살로니가전서의 시작부분에서 공동체의 정체성과 공동체적인 에토스 사이의 밀접한 관계를 제시하고 있다. 처음의 감사의 부분에서 바울은 그들의 "믿음의 역사와 사랑의 수고와 소망의 인내"(1:3)를 감사함으로서 공동체의 에토스(4장-5장)에 대한 그 편지의 강조점을 예상할 수 있게 한다. 믿음, 소망, 사랑의 3가지 화음은 전체 편지를 하나로 이어주는 중심주제가 되고 있다. 교리학습식 교훈은 교회에 이러한 중심적인 기독교적 가치를 소개하는 것을 포함하고 있다. 바울은 공동체의 진보에 감사를 표하고 있다. 후에 그는 그들의 믿음과 사랑(살전 3:6)에 대한 디모데의 은혜로운 보고를 회상한다. 이 감사의 표현은 하나님이 재림 전에 그들을 더욱 서로 사랑하도록 만들어주시기를 그리고 그들에게 "믿음과 사랑의 흉배를 붙이고 구원의 소망의 투구"를 주시기를 간구하는 그의 기도의 서곡이다. 믿음, 소망, 사랑의 3가지 화음은 그의 모든 편지에 있어서 바울이 제시하는 권고의 중심 부분을 이루고 있다. 바울이 이것을 데살로니가전서의 처음과 끝에서 언급한다는 사실은 바울 설교의 보다 커다란 의제가 이러한 가치들과 함께 세워지는 공동체를 창조하기 위한 것이라는 점을 보여주고 있는 것이다.

이스라엘이 그들의 하가다(haggadah)와 하라카(halakah)-그들의 이야기와 그들의 행동 코드-에 의해서 지탱되어지고, 이 소수 문화(minority culture)도 또한 그들의 이야기와 그들의 행동 코드에 의해서 지탱되어지는 것처럼, 이 두 가지 모두를 바울은 그의 초기의 방문 안에서 기초로 세워 놓았고, 그리고 이제는 이 편지로 강화시키고 있는 것이다. 공동체의 정체성은 에토스를 위한 기초가 된다. 여기서 데살로니가 교회와 함께 나누는 바울의 커뮤니케이션에 대한 두드러진 사실은 뚜렷하게 독창적인 것(새로운 내용)으로 보이는 것이 많이 없다는 점이다. 그가 공동체적인 정체성을 세울 때, 그는 그가 전에 그들에게 가르쳤던 교회의 기억에 끊임없이 호소하고 있다. 그는 이러한 교훈들을 상기시킴으로서 행동의 코드를 소개하고 있다(4:1-2). 그는 도덕적 전통을 유지하기 위해서 그의 공동체에게 촉구하는 전통의 언어들을 배치시키고 있다. 그 다음으로 그는 이 공동체의 에토스에 대한 특징을 특별히 자세하게 다루고 있다. 그들은 성적인 행동(sextual conduct)에 있어서 "이방인들처럼"(4:5)살아서는 안된다.[35] 그들의 대항 문화적 정체성(countercultural identity)은 대항 문화적 행동(countercultural conduct)으로 드러나게 된다. 바울은 구체적인 용어로 성화의 본질을 표현한다. 성화는 음란한 행위(πορνεία)로 부터의 절제를 포함하고 있다. 그는 각인은 "거룩함과 존귀함으로 한 아내를 취하라"(4:4 저자 번역)고 주장함으로서 공동체에게 기대하는 종류의 행동을 명확하게 설명하고 있다. 그러므로 그의 목회적 설교는 이 공동체 안에 받아들여진 행동의 표준들을 재확인하는 것을 포함한다. 그들의 공동체적인 정체성이 이스라엘의 선택과 성화에 근거하고 있는 것처럼, 그들의 행동의 기준들도 바울 시대의 흩어진 유대인들 가운데 계속 재확인되는 윤리적 교훈에 뿌리를 두고 있다.[36] 비록 그리스-로마의 도덕주의자들(Greco-Roman moralists)이 욕망의 절제와 일부일처제의 실행의 중요성을 가르치고 있지만,[37] 이방인의 윤리성에 대한 바울의 묘사는 이방인의 윤리성에 대한 동시대 유대인들의 묘사들 안에서 발견할 수 있는 일반적으로 자주 발생하는 이방인적인 행동에 대한 묘사를 드러내고 있는 것이다(롬 1:18-32). 결과적으로 그는 성화의 표현으로서 그의 이방인 개종자들에게 성적인 윤리에 대한 구체적인 지침들을 제시하고 있는 것이다.

계속되는 이후의 서신들 가운데서, 바울은 성적 행위에 대한 공동체적 기대를 설명할 것이고, 그의 교회들이 올바른 행동의 경계선들을 유지해야 할 것을 요구할 것이다. 고린도 사람들이 바울이 전해준 이전의 교훈들에 대해서 질문하게 되었을 때(고전 7:1), 그는 구체적인 상황들을 위해 주어진 교훈들로 그가 이전에 전해 준 명령들을 자세히 설명하고 있다(고전 6:12-7:40). 로마서에서 그는 또한 하나님의 진노를 가져오는 성적 행동(롬 1:18-32)과 욕망을 절제함으로 나타나는 새로운 기독교인의 실존 사이를 비교하는 주제를 자세히 설명하고 있다.

공동체적인 정체성과 행동 사이의 관련성은 형제애(φιλαδέλφια, 살전 4:9-12)에 대한 바울의 주장에서도 보인다. 데살로니가 전서를 통해서 바울은 계속해서 그의 청중들을 "형제들"(ἀδελφοί, 형제들과 자매들, NRSV)로 부른다.[38] 도입부분에 나오는 감사에서, 그는 공동체에 나타난 "사랑의 수고"(1:3)에 대한 그의 감사를 표현한다. 3:12에서 그는 하나님이 그들에게 "피차간과 모든 사람에 대한 사랑이 더욱 많아 넘치게" 하시기를 기도한다. 이러한 기억들은 "형제애"를 실천하는 가족처럼 그들 스스로를 행동하도록 도전하는 서문이 된다. 바울은 서로 서로에게 이방인으로 존재하는 사람들을 취하여 그들 안에 가족 의식(a sense of family)을 가지게 한다. 그의 청중들은 "형제애"가 무엇인지를 알거나, 혹은 그들이 안다고 생각한다. 고대의 저술가들은 형제애를 최고의 덕목 가운데 하나로 말한다. 바울은 새로운 공동체에서 가족으로 사는 것에 대한 특별한 교훈들을 줌으로 이러한 미덕에 대한 그들의 이해를 변화시킨다. 그러므로 그의 목회적 사명은 가족 공동체의 공동 정체성을 형성하는 것과 가족의 삶의 윤리성을 고양하는 것 양자 모두와 관련되어 있다.

바울의 목회적 사명은 또한 바울 자신이 부재할 시에도 계속 살아야 하는 상황을 포함하고 있다. 데살로니가전서의 후반부는 서로서로를 향한 공동체의 목회적 사역에 관한 반복되는 언급들로 특징 지워지고 있다. 책 전체의 주요한 주제를 담은 4:13-5:11의 종말론적 교훈은 실제로 목회적 교훈의 문맥 속에서 주어진 것이다. 바울은 재림 이전에 일어나는 일련의 사건들에 대하여는 훨씬 적게 관심을 기울이고, 공동체의 미래에 대한 그들이 가지고 있는 근심들에 목회적 관심을 기울이고 있었다. 바울 그 자신은 그의 공동체를 슬픔으로부터 보호하기를 바라는 목회적 역할을 감당하고 있는 한 사람으로서 이러한 교훈들을 적고 있다(살전 4:13). 그는 "이러한 말들로 서로 위로하라"고 그의 청중들에게

도전함으로서 4:17에서 나오는 재림의 확실성에 대한 권면으로 격려해 주는 그의 말씀들을 결론 내리고 있다. 유사하게 5:1-11에서 "그러므로 피차 권면하고 피차 덕을 세우기를 너희가 하는 것같이 하라."는 말로 공동체의 소망을 재확인시키고 있다. 바울의 목회적 사명은 "서로에게 용기를 주는" 계속적인 목회적 활동 안에서 공동체를 관계 맺게 하는 것이다.

지도자들이 알아야 할 계속된 공동체를 위한 바울의 충고는 그들 중에 평화를 유지하라(5:12-13)는 것과 규모 없는 자들에 대한 권면과 약한 자들에 대한 인내하라(5:14)는 것이다. 이러한 충고는 서로에게 용기를 주는 목회적 사역에서 처음 가르쳤던 것을 한 번 더 제시하는 것이다.[39] 목회적 설교는 공동체가 구성원들 서로서로를 향한 계속적인 목회적 활동에 의해 유지되어지는 정도만큼 공동체의 결속된 정체성을 형성시켜 준다.

바울서신의 일관된 특징은 바울의 메시지가 신학으로부터 복음에서 파생되어지는 윤리로 옮겨간다는 것이다. 바울의 설교는 종종 공동의 삶을 위한 규범들을 드러내는 명령들을 힘껏 강조하고 있다. 그는 그의 청중들이 이방 문화에서 살고 있고 기독교적 믿음에 대한 구체적인 요구들에 대하여 알고 있는 지식이 거의 없는 것으로 판단한다. 이러한 이유로 인해, 로마서와 갈라디아서 끝부분에서 그의 청중들에게 기대하는 행동의 규칙들을 길게 제시한다. 고린도와 빌립보에 보낸 편지에서도 하나님을 기뻐하는 삶에 대한 자세한 설명들이 가득하다.

공동체를 향한 바울의 교훈은 목회적 설교가 용납과 이해를 내포하고 있는 것 뿐 만아니라, 그 공동체 안에 살고 있는 사람들을 향한 구체적인 기대가 확립되는 것 까지를 포함하고 있다. 개인적인 자유에 초점이 맞추어진 심리적 치료 중심적이고 다원주의적이기도 한 문화에서 공동 규범의 수립은 설교자에게 특별한 도전이 되고 있다. 단지 은혜를 강조하는 개신교에 의해 형성된 기독교인들과 개인의 권리들을 강조하는 미국인들에게 명령적 분위기는 율법적이고 억압적으로 들린다. 개인적 소비자들로 교회를 찾고 있는 청중들에게 이런 목회적 설교의 형태는 환영받지 못할 가능성이 높다. 청중들은 주류 사회로부터 그들을 분리시키거나 그들의 자유를 방해하는 공동 규범에 직면케 되는 것을 원치 않는다. 조지 린드벡(George Lind- beck)은 이렇게 말한다:

현대적 분위기는 공동적 규범이라는 바로 그 개념에 대하여 반감을 갖는다. 이러한 반감은 사회주의자들이 지식에 대하여 갖고 있는 반감처럼, 종교적이며 사상적인 다원주의와 사회적 이동성과 같은 그러한 요소의 생산품에 의해서 세워지게 된다.... 구성원의 조건으로서 신념과 행동의 기준을 주장하는 권리를 공동체가 가지고 있다는 제안은 자신의 자유를 심각하게 침해하는 것으로 느껴지게 된다. 이런 반응은 전통적 기준들과 교육, 대중매체, 그리고 개인적 접촉에 의해서 전달되어지는 보다 광범위한 사회의 압도적인 가치라는 이 양자 사이에서 커져가는 모순에 의해 강화되어진다.[40]

바울의 목회적 설교는 "우상에서 하나님께로 돌아온"(살전 1:9) 다양한 개인들에게 공동체로서 어떻게 살아야 하는지를 가르쳐 주었다. 바울의 목회적 설교는 공동체의 궁극적 안녕을 위한 부모의 관심을 포함한다. 그 궁극적 안녕은 그의 백성을 위한 하나님의 최종 목적이 종말론적 비전으로 수립되는 것이고, "하나님에게 합당한" 삶으로 이뤄진 생활을 위한 교훈이다. 그러므로 목회적 설교는 개인들이 요구하는 인식된 필요들 혹은 질문들에 대한 설교자들이 반응하는 것에 국한되지 않는다. 목회적 설교는 설교의 보다 넓은 의제, 다시 말해서, 하나님 안에 있는 그들의 운명을 향해 공동의 여정을 함께해 가는 사람들의 종말론적 비전에 의해 결정되어진다. 목회적 설교의 질에 대한 궁극적 테스트는 거룩한 백성으로서 공동체가 변하는 것에 달려 있다. 살전 5:23에서 바울의 결론적 축복은 사실상 목회적 설교를 위한 의제를 잘 표현하고 있는 것이다. "평강의 하나님이 친히 너희로 온전히 거룩하게 하시고 또 너희 온 영과 혼과 몸이 우리 주 예수 그리스도 강림하실 때에 흠 없게 보전되기를 원하노라."

바울은 단지 즉흥적인 위기에 대한 응답만을 설교하지 않는다. 비록 그의 설교가 때때로 그의 공동체의 질문들에 대한 반응으로 행해지기도 하지만 그 내용은 보다 커다란 의제에 의해서 결정된다. 그 의제는 공동체가 끊임없이 대항문화의 실존을 살아가기 위해서 부르심을 받은 거룩한 백성으로서 그의 종말을 기억해야 할 것을 요구한다.

그의 설교적 임무 안에서, 바울은 "사회적 건축"(social con- struction)에 참여한다. 그는 그의 교회가 다른 이야기를 하는 다른 사회에 직면해 있다는 것을 알고 있기 때문에, 공동의 기억에 기초한 공동체를 위한 새로운 정체성을 창조하고 있다. 그는 정체성과 에토스로 이방인들을 함께 묶는다. 그 정체성과 에토스는 그들에게 선택해야 할 세계를 가르치고 하나님의 구원 행위에 대한 일치된 반응을 위한 특별한 교훈을 제공한다.[41]

바울의 윤리적 설교를 현시대의 상황으로 옮겨오는 것은 쉬운 작업은 아니다. 바울은 우리가 직면하는 많은 이슈들을 다 포괄할 수 있는 그런 광범위한 판례법(case law)을 제공하지 않는다. 머리를 가리는 문제 혹은 우상에게 바쳐진 음식을 먹는 문제에 대한 그의 충고는 현대 설교를 위한 모델을 제공해 줄 수 없을 것이다. 그러나 우리들이 만약 교회로 하여금 교회 자체의 정체성을 유지시키고자 한다면, 바울과 같은 종류의 목회 설교가 가능하고 그것을 필요로 하는 보다 깊은 단계를 발견하게 된다. 설교자는 우리들에게 가중되는 문제들에 대한 결속력 있는 공동의 반응을 형성하도록 교회를 도와야 한다. 이 공동체 안에서 살고 있는 사람들은 그들의 토대를 형성하는 이야기보다 그리스도께서 자기를 내어주시는 사랑 이야기를 더 잘 알고 있어야 한다. 이것은 공동체적인 삶을 위한 규범과 그들 자신의 이기심에 대한 도전이다. 성경적 이야기를 듣는 청중들은 마땅히 생각해야 할 그 이상으로 그들 스스로를 생각해서는 안 된다 (롬 12:3). 그들은 다른 사람의 삶이-심지어 우리의 자유를 제한시키는 사람들 조차도-우리 자신의 삶보다 더 중요하다는 것을 배우게 된다. 기독교적 설교로부터 그들은 또한 그들의 결혼 서약을 지키고, 가족과 공동의 삶을 파괴하는 이기적 야망에 대해 그들 스스로를 비우는 원천을 발견하게 된다. 심지어 도덕적 질문에 대한 대답이 항상 분명히 제시될 수 없는 곳에서 조차도, 목회적 설교는 계속해서 회중에게 윤리적 질문들을 묻고, 그리스도의 복음의 빛 가운데서 그것들을 계속해서 토론하도록 도전해야만 한다.[42]

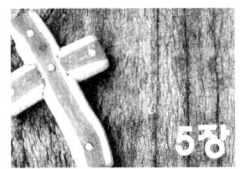

우리 자신을 설명하기: 설교와 신학

최근에 '리더십'이라는 잡지에 한 만화가 소개되었다. 거기서, 설교자는 각 사람이 채널을 바꾸기 위한 리모컨을 손에 들고 'La-Z-Boy' 의자에 앉아 있는 회중들과 마주하고 있다.[1] 설교에 관한 이러한 묘사는 분명히 텔레비전의 영향력에 의해서 형성되어진 세대의 사람들에 관한 것이다. 이미 제3장에서 언급했다시피, 설교자는 텔레비전의 영향력 하에서 논리적인 설교에 익숙하지 않은 문화에 적응해야 하는 도전에 직면하고 있다.[2] 기독교 공동체도 불가피하게 이러한 문화에 영향을 받고 있어서, 전통적인 설교의 특징인 선적인 논증(liner reasoning)에 대한 식욕을 거의 가지고 있지 않을 뿐만 아니라, 기독교 메시지에 대한 친밀함도 거의 가지고 있지 않다. 기존 교인들의 수준을 유지하면서도 불신자에게 접촉해야 하는 압력 속에서, 설교자는 정치가나 교육자처럼 지루하기만 하면 다른 채널로 돌릴 준비를 한 채 인내심 없이 앉아 있는 그런 분위기 속에서 청중들과 어떻게 의사소통해야하는지 당혹스러울 수밖에 없다. 서론에서 이미 주장했다시피, 깊은 성찰을 요구하는 설교에 대한 청중들의 조급함으로 인해서 이야기식 설교가 설교자들에게 특별히 매력적인 대안이 되고 있다.

우리는 비교하면서 쇼핑하는데 익숙해져 있는 소비자들과 마주하고 있다. 그들은 자신들의 교회조차도 그들이 공구나 자동차를 선택할 때처럼 결정하고 있다.[3] 신세대 교회 구성원들의 특징이기도 한, 교파에 대한 충실도의 상실이 신학적인 전통이나 하나의 교리적인 기초에 의해서 묶여지지 않은 회중이 되도록 만들고 있다.[4] 그들을 하나로 묶어주고 있는 것은 그들이 공유하는 사회적인 계급, 여가 시간에 대한 관심, 또는 특별한 예배 의식적 표현이다. 그 결과로 설교자들은 교리적인 믿음도 선호의 문제(matter of preference)라는 관점을 가지게 되는 청중들과 마주하게 되었다. 이러한 상황 가운데서 설교자들은 최대한도로 청중에게 어필하는 분위기를 창조하려고 노력하면서, 청중들이 채널을 돌리지 않는 것을 보증하는 설교를 만들려고 노력하고 있다. 청중들의 기대를 충족시켜야 하는 설교자들은 여흥을 위한 시장(marketplace of entertainment)과 경쟁할 수 있기를 희망하고 있다.

설교가 청중들이 등급매기는 것에 의해서 결정되어지는 곳에서, 신학적인 성찰이 뛰어난 위치를 점유하고 있는 것 같지는 않다. 왜냐하면 신앙의 위대한 주제들에 대해 상세히 설명을 듣기 원해서 교회에 나오는 사람들은 거의 없기 때문이다. 핸리 에머슨 포스딕이 예를 드는 것처럼, 만약에 "여부스 족속(Jebusites)에게 무슨 일이 발생했는지"에 대하여[5] 알기를 원해서 오는 사람이 거의 없다면, 현 시대에 기독교 신앙의 위대한 주제들에 관해서 자세히 알고자 해서 오는 사람은 더욱 더 없을 것이다. 신학은 일반적으로 적실성을 상실하고 추상적인 어떤 것과 관련되어져 있다. "신학은 종종 기독교에 대한 문외한에게 기독교적인 용어를 쉴 새 없이 나열하는 것이거나, 불행한 경우가 아니면 착륙해 본 적이 없는 공수(空輸)의 담화처럼 보인다."[6] 신학적인 성찰은 학문적인 것에 속하는 것이지, 주일 설교에 관한 것은 아니라고 대중들은 생각한다.

만일 목회자와 교회가 신학적인 성찰을 학문으로만 관련짓고 있다면, 신학교육자들과 출판업에 종사하는 사람들에게 얼마의 책임이 있다. 신학교에서 설교에 대한 연구, 신학, 성경 분야들의 연구는 각 분야에서 전문가들의 영역들로 구분되어져 있다. 이런 과목들이 개별적으로 분리된 분야들로 취급되어질 때, 신학적인 성찰을 가지는 통합적 설교 모델을 본 적이 없는 설교자들에게 통합하는 과제를 남긴 채, 전문가들은 다른 전문가들에게 주로 대답할 수 있다. 결과적으로, 설교와 신학이 서로 다른 세계에 속한 것이라고 인식한 설교자는 신학을 설교하는 것을 주저하게 될 것이다.

1. 바울의 모델

서론에서 주장했듯이 신학적인 성찰은 설교에 있어서 중대한 차원을 가지고 있다. 이전 장에서 주장하였듯이, 바울 서신은 모두 다 목회적인 의사소통이지만, 그것들은 또한 이해를 추구하는 신앙에 관한 실례들이기도 하다. 현대의 독자들은 모임가운데서 읽혀지도록 의도되었던 서신이 강조하고 있는 긴 신학적인 주장들 때문에 놀랄 수도 있을 것이다. 이러한 논의들은 자신의 청중들에 대한 바울의 높은 기대들을 반영하고 있다. 바울은 자신의 청중들이 그의 복잡한 논의들을 잘 따라올 것이라고 간주했음이 분명하다. 그러나 그의 신학적인 반영들은 추상적이거나 비현실적이지 않았다. 많은 바울의 서신들이 구체적으로 신학적인 논의들을 제시하는 것만큼, 그렇게 포괄적이고 체계적인 방법으로 기독교 신앙의 위대한 교리에 대한 논문들을 제시하지는 않았다. 그는 성육신이나 속죄에 대한 포괄적인 설교를 제시하지 않았다. 그의 신학적인 설교는 그의 회중들에 의해서 제기 되었던 질문들이나 또는 교회의 정체성을 위협하는 이슈들에 대한 정황가운데서 드러나고 있다. 바울의 신학적인 담화(discourse)는 그의 목회적인 의사소통과 함께 나타난다. 바울이 직면했던 그러한 이슈들은 결국은 신학적이었다.

비록 바울의 서신들이 이미 회중들에게 알려진 교훈을 끊임없이 반복하는 것이지만, 우리가 데살로니가전서에서 보았던 것처럼, 그것들은 이전의 가르침을 단순히 반복하고 있는 것 그 이상으로 움직여 가고 있다. 우리는 바울 서신들의 전후 관계를 주목함으로써, 바울의 신학적 설교들이 진보하고 있다는 것을 관찰하게 된다. 그 목적에 있어서 근본적으로 목회적인 데살로니가전서에서, 바울은 그의 청중들을 위하여 신학적인 범주들을 소개하고 있다. 그의 교리 교훈적 가르침들은 "하나님 아버지와 주 예수 그리스도 안에 있는 데살로니가인의 교회"(1:1)에 대해서 설교하는 것과 그들의 "선택"(1:4)에 관하여 상기시키는 것으로 교회론에 관한 가르침을 포함하고 있다. 선택과 성화에 초점을 맞춤으로서(3:13; 4:3, 7; 5:23), 그는 예배하도록 하나님께서 선택하신 구약의 하나님 백성들을 데살로니가의 회중들과 동일시하였다. 그리스도인의 소망에 관한 바울의 주장은 또한 청중들에게 하나님의 구원 목적에 대한 성경적인 이해에 근거한 종말론적인 이해(eschatological understanding, 1:9-10; 4:13-5:11)를 드러내고 있다. 비록 바울이 이러한 교리들에 대해 체계적으로 설명하고 있지는 않다고 하더라도, 자신의 청중들에게 그들의 신앙을 이해시키기 위한 지적인 틀을 제공하고 있다고 볼 수 있다. 그는 신학적인 어휘들을 소개하고 자신의 독자들에게 일관성 있는 지적인 틀을 제공하고 있다. 바울은 위기에 대해서는 대응하지 않고, 기초를 쌓아 두는데 주력하기 때문에, 그의 신학적인 가르침의 일관된 중심점에 대하여 감지 할 수 있게 한다.[7]

연이어 쓰여진 서신들에서 바울은 교회와 함께 광범위한 대화에 집중하고 있다. 거기서 그의 가르침들은 명료성을 요구하는 새로운 질문들로 나아가게 된다. 위기들과 새로운 교훈들이 생겨지는 곳에서, 바울은 그의 근본적인 신학적인 교훈을 상세하게 설명하고 있다. 여기서 바울의 신학적인 설교는 혹 일어날 수 있는 가능한 상황과 관련되어진다. 그 가능한 상황은 새로운 환경들 아래에서 그에게 신학을 분명하게 말할 것을 요구하고 있다. 교회들은 결코 그들의 문화나 변화하는 문제들로부터 분리된 채 살고 있지 않기 때문에, 그들의 계속되고 있는 현실은 이러한 새로운 상황에서 기독교 메시지를 어떻게 설교할 것인지를 끊임없이 물어보아야 할 것을 요구한다. 이 광범위한 대화는 바울의 편지들에 가득 차 있는 신학적인 성찰의 형태에서 오게 된다. 새로운 질문들과 도전들은 복음에 대한 신학적 성찰을 요구케 한다. 바울의 한결같고 때로는 긴 논의들은 공동체들이 그의 논의들을 잘 따라올 수 있을 것임을 전제하고 있다. 예를 들면, 갈라디아서와 로마서에서 유대인과 이방인들을 하나님의 백성으로 포함하기 위한 복음의 함축된 의미에 대한 일관된 논점을 드러내고 있다. 하나님의 의에 대한 주제를 자세히 설명하는 것은 하나님의 백성 속에 이방인들을 포함시켜야 하는지에 관한 이슈에 직면한 교회의 구체적인 문제에 대해서 반응한 것이다. 만일 우리가 바울의 서신들의 순서를 따라간다면, 갈라디아서에서 발전되어진 하나님의 의의 주제가(2:21; 3:6, 21; 5:5)로마서에서 크게 확장된다는 것을 관찰하게 된다. 바울은 믿음으로 말미암는 칭의 교리를 결코 추상적인 표현으로 설명하지 않았다. 그의 신학적인 논의는 교회의 삶에 있는 명확한 상황에 의해서 야기되었던 것이다. 상대적으로 단순해 보이는 주제들, 예를 들면 유대인과 이방인들 간의 식탁교제와 같은 것들은 두 입장 간에 다수결 투표나 절충에 의해서 해결되지 않았다. 이러한 주제들은 사실 완전히 신학적인 것이었다.

바울은 성육신에 관하여 조직적으로 다루지는 않았다. 그러나 빌립보서 2:6-11에 있는 "그리스도를 찬송"하는 것은 다른 사람을 위하여 "그 자신을 비운" 사람의 명확한 이야기이다. 또한 이 실례의 경우에 이 찬송에 대한 바울의 설명은 빌립보 교회가 당면하고 있던 목회적인 문제 상황에서 드러나고 있다. 바울이 그의 청중들에게 그들 자신을 "복음에 합당하게 생활할 것"(빌 1:17)을 격려할 때, 그는 위대한 기독론적인 명확한 설명을 드러냈다. 두 여자들의 다툼에 의해서 촉발된 분열 가능성이 있는(빌 4:2-3)공동체에 대하여 바울은 그들에게 그리스도의 마음(빌 2:5)을 가질 것을 의도하고 있는 분명한 기독론적인 진술로 맞서고 있다. 그러므로 바울에 있어서 교회가 맞닥트린 모든 주제들은 본질적인 면에서 신학적이었다.

1) 고린도전서에서의 신학

모든 바울의 서신이 신학적인 성찰로 회중을 인도하기 위한 것이었다고 하더라도, 그가 고린도인들과 나눈 긴 대화는 -우리들이 입수할 수 있는 가능한 가장 철저한 대화는 이해를 추구하는 믿음으로서 특별하게 유용한 설교의 예로써 고린도 사람들과 서신왕래를 할 수 있게 했다. 우리는 고린도에서 바울이 사역하는 동안에(행 18:1-18을 보라)그의 설교사역이 그가 데살로니가를 처음 방문했을 때 나누었던 것과 유사한 교리학습식 가르침을 포함하고 있었다고 가정할 수 있다. 더 나아가 우리는 고린도 사람들에게 보낸 바울의 첫 번째 편지는 그와 같은 교훈을 강화시켰을 것이라고 가정할 수 있다(비교, 고전 5:9). 그러나 설교는 설명을 포함하고 있고 그 청중들과 한결같은 대화가 지속되어야 하기 때문에, 그 설교의 임무는 단순히 반복하는 것으로는 성취될 수 없었다. 이전의 편지에서 부도덕한 사람들과 교제를 금하도록 한 것은 추가적인 설명이 필요한 새로운 질문들을 야기시켰다. 그 결과로, 그의 교훈이 오직 부도덕한 교회 구성원과 관련되어 있다는 것을 설명할 수밖에 없었다(고전 5:9-13). 이와 유사한 방법으로, 성적인 부도덕을 피해야 할 것에 관한 표준적인 가르침(살전 4:1-8을 보라)은 바울이 고전 6:12-7:40에서 답변한 새로운 질문들을 야기 시켰다.[8] 그러므로 그의 설교는 그의 청중들과 대화에 참여하고 있는 것으로 그의 기본적인 가르침들을 끊임없이 성찰하고 설명할 것을 포함하고 있는 것이다. 이러한 실례들로서 설교는 그 이전에 말해졌던 것들에 대한 자세한 설명을 포함하고 있다.

고린도 사람들과 나눈 바울의 대화들은 처음 나누었던 대화들을 확장한 것 이상을 포함하고 있다. 왜냐하면 고린도전서는 또한 대답들을 요청받은 새로운 질문들이 원인이 된 서신임을 나타내고 있기 때문이다. 결론적으로 바울의 고린도인들을 향한 설교는 공동체의 신앙의 빛에서 볼 때 새로운 상황과 위기에 대한 성찰을 포함하고 있다. 글로에의 사람들(Chloe's people)은 지혜와 수사학에 높은 가치 앞에서 일정 부분 고린도 사람들과 하나 되었던 바울과 아볼로의 추종자들에게 당파적인 대립이 있다고 보고하였다(1:10-17). 이러한 규범들은 고린도에 있는 사회적으로 저명한 그리스도인들에 의해서 특별히 가치 있게 여겨지게 되었다. 그들은 분명하게 그들 자신들을 위한 지혜를 주장하였고(3:18), 교만한 행동의 일관된 형태를 분명히 드러내고 있다.[9] 고린도전서에 따르면 고린도 교회는 바울과 아볼로의 지지자들로 인해 명백하게 분열되어 있었다. 공적인 연설과 지혜의 주제는 또한 논란의 한 부분이기 때문에 많은 고린도 사람들은 바울보다는 아볼로를 더 많이 받아들였다고 추측할 수 있다.[10] 아볼로가 그러한 비교를 부추겼다는 증거가 없다 하더라도 말이다. 그들은 아볼로를 수사학적인 능력과 지혜의 이상(理想)으로 이해하였다.[11] 바울은 비교에 의해서 고통을 받게 되었다. 만일 바울이 그 자신에 대해서 설명할 수 없었다면, 교회의 일들을 지도하는 그의 자질은 크게 위축을 받았을 것이다. 그렇기 때문에 바울의 도전은 헬레니즘적인 고린도에서 일반적으로 연설가를 평가하는 것으로 인해서 야기되어진 새로운 질문들에 대하여 답변하는 것이었다.[12] 고린도 사람들은 화자가 자신들의 관점을 충족시키기를 요구하면서, 그들 자신의 지혜와 웅변이라는 관점의 필터로 기독교 지도자들을 평가하였다.

고린도전서 5-16장에서 바울이 설교한 수많은 주제들이 처음에는 바울이 1-4장에서 설교한 당파적인 경쟁의 주제와 관련 없이 나타난다. 바울이 고린도에서 직면하게 된 이 주제들은 교리의 문제들로 나타나지 않는다. 여기서 바울의 설교는 그가 듣게 된 새로운 위기들과 이 회중의 구성원들이 일으킨 새로운 질문들에 대한 응답을 포함하게 된다. 1-4장에서처럼, 우리는 소송의 이슈(6:1-11), 우상에게 바쳐진 고기를 먹는데 있어서 자유의 강요(8:1-13; 10:23-11:1),

주의 만찬에 대한 혼란들(11:17-34), 그리고 협력하는 기관들(12-14장)로 드러나고 있는 반공동체적인 요소들(anticommunal factors)을 볼 수 있다. 기독교적 설교의 본질, 자유, 공동체, 세례, 주의 만찬, 그리고 부활에 대한 고린도 사람들의 인식은 그들 공동체가 가지고 있던 이전의 경험을 통하여 여과 되었다. 이러한 주제들의 대부분은 헬라주의적인 사회의 기준을 가지고 기독교적 경험을 해석하려고 했던 사회를 움직이는 소수 사람들의 주장과 가치들을 반영하고 있는 것이다. 사실 이러한 주제들은 1-4장에서 처음 규정되어진 문제들에 그 뿌리를 두고 있다. 그들은 사회적으로 저명한 사람들의 영향력을 반영하고 있다. 사회적으로 저명한 이 사람들은 공동체에 대한 그들 자신의 이해와 기독교적 자유에 대한 그들 나름대로의 이해를 가진 채 기독교 신앙으로 옮겨와서 자신의 기독교 공동체에 대한 경험에 겹쳐 놓는 자들이다. 유사하게, "부활이 없다"(고전 15:12)는 어떤 사람들의 주장은 죽음 이후의 삶에 대한 헬라주의적인 이해에 근거하고 있다.[13] 바울의 대적자는 예수가 "우리의 죄를 위해서 돌아가셨다"거나 "성경대로 사흘 만에 부활하셨다"(고전 15:3-4)는 기독교 신앙고백을 부인하지는 않았다. 근본적인 문제는 그들 자신의 과거 문화적인 경험의 필터를 통해서 기독교의 경험을 보길 원하는 고린도 사람들의 욕망이다. 고린도 사람들의 이러한 양상은 단순히 그들이 이전 문화나 종교에 대한 이해, 그리고 세계에 대한 해석을 버리지 않았던가 아니면 바울이 고린도에 머무는 동안에 사도의 깨닫게 한 것을 전적으로 소화하지 못한 이방 기독교 교회가 새롭게 세워지는 상태에서 발생하게 되었다.[14] 그러므로 새로운 기독교 문화가 형성되는 것은 그렇게 쉬운 임무가 아니었다.

바울이 교회가 받은 것(고전 11:23; 15:3)과 믿는 것(고전 15:12)이 무엇인지에 호소하고 있는 점은 고린도 사람들이 이러한 기본적인 전통들에 대하여 도전하지 않고 있다는 것을 입증해 주는 것이다. 그럼에도 불구하고, 바울과 그의 청중들은 이러한 전통들의 의미에 대하여 명백한 불일치가 있었다. 사실 이러한 불일치는 바울이 그의 회중들과 함께하는 계속적인 대화의 한 부분으로서 토론 되어져야만 하는 신학적인 판단에 근거하고 있다.

바울에게 있어서, 신학적 설교는 고린도전서 1-4장에서 보여주는 것 같이 전체 회중과 동떨어진 추상적인 것으로 뒷걸음질 치는 것을 의미하는 것은 아니었다. 여기서 바울은 고린도인들 앞에 전개되고 있는 구체적인 주제-1:10-17에서 언급되었던 당파적인 경쟁-에서 부터 3:1-5에 있는 주제의 요점으로 돌아오기 전에 1:18-2:16에 있는 긴 신학적인 설명으로 이동하고 있다. 다시 말해서, 당파적인 분쟁의 문제는 가족으로 존재해야 하는 교회에 대한 간략한 강의들이나, 분파적인 행동과 교만에 대하여 간단한 비난으로 국한시켜 이야기 될 수 없다. 바울은 더 깊은 주제들이 서로의 이해관계 속에 놓여 있다는 사실을 알고 있었다. 결과적으로, 1:18-2:16은 그리스도인의 연합을 위해 기초를 놓기 위한 긴 신학적인 논제들이다. 이것은 또한 고린도전서에 있는 바울의 메시지를 기억하도록 안내하는 서론 구실을 하는 것이다.

바울은 교회를 존재하도록 만드는 설교로 되돌아감으로써, 고린도전서의 첫 부분에서 그 자신을 설명하고 있다. 그의 초기의 설교를 회상하는 곳에서, 바울은 어떤 사람도 반대하지 않는 공동의 기반(common ground)으로 되돌아간다. 바울의 적대자들조차도 바울이 "십자가에 못 박히신 그리스도"(1:23)를 설교했다는 기본적인 기독교 신앙고백에 동의한다. 적대자들이 명백히 이해하지 못한 것은 고린도교회의 위기를 극복하기 위한 십자가 메시지가 갖고 있는 함의였다. 그들 자신들의 배경에 따라 그리스 영웅들을 찬양하는 용어들로써 예수님의 십자가와 부활을 해석해 왔던 헬라주의자인 청중들은, 예수님의 죽음과 부활의 이야기도 이와 유사한 용어로 쉽게 해석했다. 그들은 명백하게 시험을 통과하신 후에 경축되어진 승리한 영웅으로써 그리스도를 간주했다. 이런 유사한 이야기는 헤라클레스 영웅담에서 읽을 수 있다. 거기에서 그는 궁극적으로 승리자가 되기 전에, 수많은 위험과 고난을 견뎌 낸 한 사람으로 경축되어지고 있다.[15]

이러한 환경에서 바울의 도전은 교회가 들어왔던 기본적인 설교를 반복하는 것뿐만 아니라, 또한 교회를 분열케 했던 이슈들의 정황 가운데서 전통을 해석하는 것이기도 했다. 결과적으로, 분파적인 경쟁과 교만의 주제로 되돌아가기 전에, 바울은 1:18-2:16에 있는 케리그마를 해석하고 있다. 1:18-25에서, 그는 설교에 대한 전통적인 상세한 이야기(고전 15:3을 보라)를 넘어서서 십자가의 비하와 수치에 초점을 맞추는 방법으로 그의 설교를 설명하는 것으로 이동해 간다. 바울은 "십자가에 관한 메시지"(1:18)와 "그리스도의 십자가에 달리심"(1:23)을 설교했는데, 그 메시지는 "멸망하는 사람들에게는 미련한 것"(1:18)이고 "유대인에게는 넘어지게 하는 장애물(거리끼는 것)이며 이방인에게는 미련한 것"(1:23)이었다. 바울은 십자가가 하나님께서 인간의 기대를 완전히 뒤집은 것임을 상기케 하는 것이라고 주장 한다. 하나님의 지혜는 세상에는 어리석어 보이고, 세상이 연약한 것으로 오해하는 능력이다. 지혜로운 사람의 의표를 "뛰어 넘는" 하나님의 수단으로써 십자가를 설명함으로, 바울은 고린도의 "지혜로운" 사람들의 허세를 약화시켰다. 그러므로 십자가는 인간의 교만을 부끄럽게 하는 방법으로 세상을 구원하기 위해서 하나님께서 "선택"하신 이해하기 어려운 방법에 대한 생생한 현시(demonstration)이다.[16] 다른 실례들을 통해서 바울은 십자가의 의미에 대한 다양한 이미지를 사용함으로 십자가 사건을 설명하고 있다.[17] 그러나 그가 고린도에 있는 "현명한" 적대자들의 요구에 직면하는 이 상황에서, 십자가에 달리신 그리스도가 하나님의 능력과 지혜로 드러나고 있다고 선언하고 있다.

    1:26-28에 따르면 하나님은 세상의 사상들에 도전하는 구원의 수단을 선택하셨을 뿐 아니라, 그가 선택한 사람들 가운데서 그는 또한 정상적인 기대들에 대해 도전하신다. "인간의 기준으로(육체를 따라) 보면 지혜자가 많지 않고, 능한 자가 많지 않고, 고귀하게 태어난(문벌 좋은) 사람도" 많지 않다(1:26). 고린도 사람들은 그들의 뛰어난 지혜, 능력 또는 지위(1:26)가 아니라, 오직 하나님의 부르심에 의해서 이 복음을 받아들이게 되었다.[18] 2:1-5에 따르면, 동일한 방식 안에서, 바울은 사람들의 논리적인 기대에 걸 맞는 설교가가 아니었다. 바울은 지혜의 화려한 말들로 그들에게 다가가지 않았다(고전 2:1-5). 바울은 더 나아가 2:6-16에서 자신의 메시지는 이 세상에는 감추어져 있으나 하나님의 영을 받은 사람들만 인식할 수 있는 신비로 정의했다. 오직 성령을 받은 사람들에 의해서만 십자가의 신비를 이해할(붙잡을)수 있다고 주장함으로써 바울은 그를 반

대하는 사람들의 인식론(epistemology)에 대해 도전하였다. 그들의 이해는 그들의 문화에 의해서 형성되어 왔다. 비록 그들이 성령을 소유하고 있다고 주장한다 할지라도, 그들이 영성(spirituality)을 판단하는 바로 그 방법들이야말로 그들이 십자가의 의미를 아직 이해하지 못하고 있다는 것을 드러내고 있는 것이다.

이 상당히 긴 주장의 결과가 분파적인 경쟁과 고린도에 있는 사회적으로 저명한 사람들의 교만의 토대를 위태롭게 하였다. 이 단락은 파벌주의(factionalism)에 기인한 이해와는 다른 하나님을 아는 방법으로 독자들과 대하고 있다. 바울은 고린도전서에서 보다도 더욱 직접적인 용어로 교만과 파벌주의 이 문제를 설교할 수 있었을 것이다 바울은 1:10-17에서 문제를 진술하는 것에서 부터 3:1-5의 반응으로 직접 진행해 나가거나, 혹은 논쟁을 관리하는 몇몇 방법들을 요구할 수도 있었다. 그러나 바울은 교회가 필요로 하는 것은 새로운 신학적 전망이라는 것을 알고 있었다. 고린도 교회의 구체적인 문제들은 신학적인 응답을 요구하였다. 연설자(orators)와 인간의 지혜에 대한 강조는 이 세상에 속한 사고의 방식(way of thinking)을 반영하고 있다. 바울과 아볼로는 종에 지나지 않았고(3:1-5), 인간의 표준으로 설교자와 논쟁하는 어떤 사람도 아직 미성숙한 것이다. 우리의 설교가 단순히 우리들의 청중들에 의해서 결정되어지지 않는다는 것이 바울이 말하는 방식이었다.

두드러진 사실은 바울이 요점을 만들면서 놀랍도록 많은 여백을 남겨두었다는 것이고, 이것이 고린도 교회의 골칫거리인 특정한 문제들에 대한 그의 반응을 위한 기초가 되었다. 바울은 임시적인 방법(an ad hoc way)으로 질문들에 답하지 않고, 대신에 고린도에서의 남용을 교정하기 위하여 기독교인의 경험의 기초로 돌아갔다. 십자가는 교회 안에 있는 반공동체적인 세력을 향하여 설교할 수 있는 공동체의 새로운 비전을 창조하고 있다.[19] 자신들의 자유를 위한 기초로 뛰어난 지혜를 주장하던 고린도 사람들에 의해서 여러 번 야기 되었던 성적인 부도덕의 문제에 직면했을 때,[20] 바울은 구원론(5:7)과 인간론(6:15-17)을 포함하는 신학적인 약속에 기초해서 주장하고 있다. 소송(lawsuits)의 문제들에 대해서 설교할 때, 바울은 십자가에서 지불하신 것(6:7-9)에 근거한 이타적인 행위를 주장하고 있다. 우상의 제물을 먹는 권리를 주장하던 고린도인들의 반공동체적인 행위에 대한 반응에서, 바울은 십자가의 의미를 독자들에게 상기시키고 있다(8:11). 주의 만찬에 대한 혼란에 대한 반응에서, 바울은 전통의 의미를 상기시키고 이러한 성찰에서부터 나오는 교훈을 주장하고 있다(11:17-34). 14장에서 공동의 예배에 대한 특정한 조언을 주기 이전에, 바울은 우선 12장에서 기독교 공동체의 본질에 대해 논의하고 있다. 그리스도의 몸으로서의 교회라는 바울의 심오한 표현은 고린도에서의 반사회적인 세력에 대한 응답이었다. 오직 바울이 즉시 그 주제들의 신학적인 함의를 보여주려고 그것들을 가져오는 것에 의해서만 고린도 사람들의 상황은 적절하게 선포되어진다. "부활이 없다"(고전 15:12)고 주장하는 고린도 사람들에 대한 답변으로, 바울은 부활의 본질에 관한 긴 논의를 발전시켰다(고전 15:1-58). 신학적인 성찰이 없다면 교회는 그들 자신의 문화적 가치들의 필터를 통해서 그들의 문제들을 설명하게 될 것이다.

2) 고린도후서에서의 설교와 신학

고린도 서신이 지적한 하는 것처럼, 설교는 계속적인 대화이다. 설교자는 그 설교가 위기들을 즉시 해결하게 될 것을 희망하였지만, 고린도전서는 설교가 그 위기들을 해결하지 못하고 있음을 보여주고 있다. 새로운 위기들이 오래된 것들에서 나오고, 설교자의 설명이 새로운 의문들의 원인이 되었다. 고린도전서의 경우에, 바울의 설명은 특별히 성공적이지 못해서, 고린도후서에서는 오래된 논의가 계속될 뿐만 아니라 디모데가 고린도전서를 전달하고 바울에게 되돌아오자마자 바울이 주목한 새로운 위기들에 대해 응답해야 했다. 이 위기들은 너무 맹렬해서 고린도에서 위기를 해결하기 위해서 "고통(근심)스러운 방문"(고후 2:1)을 했고 "눈물의 편지"(고후 2:4)를 쓰게 되었다. 사실, 고린도후서는 디모데가 고린도전서를 전달하면서부터 생겨진 논의의 최종적인 기록이다. 외인들이 고린도에 와서 고린도전서에서 바울의 지도력에 도전했던 소수자들과 힘을 합하였다. 이전처럼 다시 한 번 더 공동체는 바울을 다른 설교자들과 비교하였고(고후 3:1-3; 10:12-18을 보라), 사역자와 사도로서의 그의 정당성에 문제를 제기하였다. 이번에는, 고린도에 새로 온 사람들이 사역자와 사도로서의 그들 자신의 지위를 주장함으로서 바울과 비교하게 되었다. 그들은 바울을 청중들의 환심을 사기 위해 그들이 듣기 원하는 말을 하는(비교 1:15ff) 아첨꾼으로 그리면서 바울의 진정성에 대한 의문을 던지고 있다.[21] 그들은 바울이 자신의 사역을 위해 보수 받기를 거절하는 것(11:7-11)에 대해서 의문을 제기하면서, 바울의 공개된 외모와 설교능력을 비난하였다. 그들은 "그의 육체의 모습은 연약하고, 그의 언변은 보잘 것 없다"(10:10)고 주장하였다. 설상가상으로 그들은 바울이 성령을 받지 못한 자(10:2)라고 주장하였다.[22] 이와 같이 그들은 성령의 소유를 강력한 육체적인 품행, 설교 능력, 힘 있는 행동들과 동등하게 간주하였다. 고린도전서에서처럼, 고린도 사람들의 신학은 능력, 수행 그리고 효과성에 크게 가치를 두는 헬레니즘 세계의 가치를 통하여 비춰보는 것이다.[23]

신학적인 격론을 위한 바울의 준비는 그 주장이 특별히 격렬한 10장에서 가장 명백히 보인다. 자신의 사역에 대한 비난에 대하여 응답하는 곳에서, 바울은 자신의 임무를 군사용어(military terms)로 표현하였다. 바울은 "인간의 기준을 따른"(κατὰ σάρκα)(10:3)무기로가 아니라, "견고한 진을 파"(10:4)하기 위해 영적인 무기로 무장한 전투하는 병사이다. 그는 "모든 이론과 하나님의 지식을 대항하여 일어선 모든 주장들과 교만한 장애물들을 파괴하고, 모든 생각을 붙잡아 그리스도에게 복종케 한다."(10:4-5)고 덧붙였다.[24] 바울은 철학적인 논쟁의 언어를 사용하여, 그의 설교 사역을 설명하였다. 신학적 논증은 절대적으로 필요하다. 왜냐하면, 바울이 기독교 신앙을 위태롭게 만드는 사고의 가정 (presumption)에 대항하는 전투에 참여하였기 때문이다. 고린도후서의 거의 끝부분에 있는 이러한 주장은 편지에 고루 퍼져있는 논증을 설명하는 기능을 한다. 바울은, 잘못된 사고들이 교회들을 전적인 헌신으로부터 이탈하게 하는 그러한 경기장에 들어선 신학적인 설교자이다. 그의 교회는 한쪽 손으로는 헬레니즘 세계의 일반적인 문화적 기대들에 순응하려는 매력적인 기독교를 붙잡고 있고, 다른 한쪽 손으로는 바울의 설교 사역을 붙잡고 있다.

자신의 사역에 대한 바울의 변호는 명백하게 신학적이다. 표면적으로 신학적이라기보다는 더 자서전적인 성격이 강한 서신의 첫머리 부분에서도(1:1-2:13), 사실상 바울의 행동에 대한 신학적인 변론을 제시하고 있다. 바울은 청중들이 듣기 원하는 것을 말하지 않는다는 것을 역설하는 것으로 자신을 향한 비난에 응답하면서, 자신의 진정성을 다시 확인시키기 위해(1:12-14)기록하였다. 그는 아첨꾼들처럼 "예 예" 하고 "아니 아니라"(1:17)라고 말하지 않았다. 하나님은 신실하시기 때문에(1:20), 그의 말은 항상 "예"였다. 하나님은 자신의 약속을 지키셨고, 믿음의 공동체에게 주시겠다고 약속된 성령님과 함께 그들을 인치셨다. 그러므로 바울의 사역을 가능케 하고 그의 계획들에 추진할 수 있게 한 것은 기회주의가 아니라 그리스도로 말미암는 다른 사람들에 대한 헌신이었다. 그가 처음의 약속들을 지키지 않았던 것은 그의 백성을 "아끼려 함"(1:23)이었다. 자신을 다른 사람들을 위한 염려가 동기가 되어 사역하는 한 사람으로 설명함으로써, 바울은 그 책의 중심을 형성하는 신학적인 논증을 미리 예상할 수 있게 한다(아래 고후 5:11-6:2쪽을 보라).

2:14-4:6에서 우리는 바울이 자신의 설교사역에 대한 도전에 응답하면서 자신의 사역에 대해 감동적이고 강력한 신학적인 설명을 하고 있음을 본다. 바울은 자신의 청중들을 위한 이 사역이 삶과 죽음의 문제라는 것을 확증하는 동시에 자신을 죽음을 향해 가는 도상에서 사로잡힌바 된 죄수(2:14)라고 설명하였다. 다시 말하면, 이것은 소비자들이 원하는 사역이 아니라, "사로잡힌바 된" 바울의 사역이었다. 그는 복음을 "혼잡하게"(2:17)하는 사람과 같지 않다. 자신의 요점을 설명하기 위하여 바울은 자신의 사역이 예레미야가 선포했던 새 언약의 사역(고후 3:1-6)과 동일한 사역이라고 선언하는 복잡한 논증을 통하여 자신의 청중들을 붙잡고 있다. 사실상 새 언약의 사역으로서 그것은 영광 가운데 모세의 사역을 능가하는 것이다. 왜냐하면 그의 성령을 통한 사역의 결과가 하나님의 백성의 변화를 가져오기 때문이다 (3:18).

그의 비평자들에게, 바울의 사역은 영광스럽게 보이지 않는다. 고린도후서에 있는 바울의 연약함에 대한 수많은 증거들(11:21, 29, 30; 12:5, 9, 10; 13:4)은 바울의 반대자들이 바울의 겸손함과 연약함을 혹평하였음을 암시하고 있다. 이 연약함은 그의 사역을 무가치한 것으로 받아들여지게 하는 한 증거로 여겨지고 있다. 그것은 그의 설교 사역이 명백히 실패했으며 고린도 사람들에게 인상적이지도 못했다는 것 모두를 반증해 주는 것이었다. 그러한 외적인 현상에도 불구하고 바울은 정반대로 자신의 사역은 분명한 결과를 가져왔다고 주장하고 있다. 비록 그가 불신앙에 직면하고 있지만(4:4; cf. 3:14, 15), 그는 개종자를 얻기 위하여 "하나님의 말씀을 혼잡케 하지" 않을 것이다. 왜냐하면 불신앙의 문제는 그의 메시지 탓이 아니라 "믿지 않는 자들의 마음을 어둡게 하는"(4:4) "세상신"의 탓이기 때문이다. 결과를 만들어 내는 것은 설교자의 효력에 달려 있는 것이 아니다. 바울의 설교의 결과는 응답으로 나오게 하시는 하나님의 능력에 달려있으며(비교, 살전 1:5; 2:13), 불신자들의 마음을 눈멀게 하는 사탄의 능력이다. 결과가 신통치 않음에도 불구하고, 바울은 "예수님의 주되심"(4:5)을 계속 선포할 것이다. 왜냐하면 "예수 그리스도의 얼굴에 있는 하나님의 영광을 아는 빛"(4:6)을 하나님께서 믿는 자들의 마음에 비춰주셨기 때문이다. 대적자들의 주장에도 불구하고, "질그릇"(4:7)으로서 인간의 약함과 일시적인 고통(4:17)을 가지고 있음에도 불구하고, 바울은 "믿음으로 행하고, 보는 것으로 하지 않기"(5:7)때문에 낙심하지 않는다(4:1, 16). 그들의 문화와 대적자들의 기준으로 보자면 바울은 그리스도의 사역자가 아니다.

그러한 대항문화적인 삶의 방식은 설명을 필요로 한다. 바울은 자신의 사역에 대해서 책 전체 가운데 5:12-21에서 가장 강력하게 신학적으로 논증하고 있다.[25] 여기서 바울은 신학적인 설교에 전념하고 있을 뿐만 아니라 신학적인 설교의 과제를 반영하고 있다. 5:11-12에서, 바울은 청중들에게 자신에 대해 설명함으로써 자신의 신학적인 과제를 정당화하였다. 비록 그가 설득을 위해 어떤 기교들을 사용하는 것을 거절하고 있지만(비교, 고전 2:4-지혜의 권하는 말), 그럼에도 불구하고 "사람들을 설득"하고 있다(5:11). 비록 그가 이미 하나님 앞에 알려졌지만, 만일 그가 또한 그들 앞에 있는 이슈에 대한 이해가 필요한 청중들의 양심에 알려지지 않는다면(5:11)만족하지 못하게 된다. 바울은 청중들에게

"오직 우리를 인하여 자랑할 기회를 너희에게 주어 마음으로 하지 않고 외모로 자랑하는 자들을 대하게 하려"고 하였다. 바울은 이 교회가 그에게 자랑이 되기를 바라는 소망(1:14)을 전체 편지에서 소개하는 것과 마찬가지로, 그는 이제 5:12에서 같은 주제에로 돌아오고 있다. 그러나 이 실례 가운데서 회중 앞에 놓여 있는 비평적인 이슈들을 통하여 청중들이 그의 사역을 이해할 뿐만 아니라 바울의 적대자에게 대답할 수 있기를 바라고 있다. 바울의 신학적인 진술의 목적-그리고 신학적인 설교의 목적-은 발생한 이슈들에 대하여 신학적인 용어들로 말할 수 있는 역량(capability)을 그 교회 가운데 창조하는 것이었다. 오직 자신들의 정체성을 신학적으로 성찰할 수만 있다면 교회 앞에 놓여 있는 그 위기에서 살아남을 수 있을 것이다. 그렇기 때문에 바울은 그 자신만이 신학자로서의 역할을 담당하는 것에 만족하지 않는다. 더 나아가 바울은 그 교회가 신학적인 토론에 참여할 수 있는 역량을 갖추게 되기를 기대하고 있었다.[26]

마르바 던(Marva Dawn)은 "신학자들의 공동체"로서의 교회에 대하여 언급하고 있다. 그녀는 "우리들의 설교가 신앙을 실생활에 어떻게 적용시킬지에 대한 너무도 단순한 공식들을 가지게 되는 것으로 과연 이단과 우상과 '민간 종교'에 대항할 수 있도록 그들을 준비시키는 신앙의 기초적인 교리로 신자들에게 양육할 수 있겠는가?"라고 질문하고 있다.[27] 윌리엄 헨드릭스(William Hendricks)는 왜 사람들이 교회를 떠나는지에 대해서 알기 위하여 사람들을 면담한 후에, 목회자를 향해 사람들을 신학적으로 사고하도록 가르칠 것을 독려했다. 그것으로 사람들을 "맥독트린(McDoctrine)-즉각적으로 증빙 구절(proof-text)을 내놓는 영적인 패스트푸드와 배부르게 하고 뚱뚱하게는 하지만 결코 특별하게 성장시킬 수 없는 진부한 표현-에 대하여 근본적으로 저항"할 수 있도록 해야 한다.[28]

기독교 신앙에 대한 축소할 수 없는 인지적 내용(cognitive content)이 반드시 있어야 한다. 바울은 5:15b-15에서 이러한 성찰적 차원을 자세히 설명하고 있다.[29] 만약 교회가 그들의 선생으로부터 성숙한 신학적인 성찰을 예의 주시하지 못했다면 그들의 정체성에서 신학적으로 성찰하는 능력이 없는 상태로 남아있게 된다. 결론적으로 바울은 위기의 순간에 청중들에게 안내가 되어줄 신학적인 성찰을 계속해 나갔다. 5:13에서 바울은 자신의 사역을 설명하면서 고린도 사람들에게 신학적인 대답들을 제공하기 시작하고 있다. "우리가 만일 미쳤어도 하나님을 위한 것이요; 만일 정신이 온전하여도 너희를 위한 것이다." 이러한 "하나님을 위한 것"에 심취한 사역과 "너희를 위한" 이성적인 사역(rational ministry)간의 구별이 아마도 바울과 그의 대적자들 가운데 생겨지는 토론의 요점으로 반향 되어 질 것이다. 우리가 이러한 구절들 배후에 놓여 있는 명확한 주제들은 파악할 수 없지만, 바울의 주요 요점들은 명백하다. 그는 "너희를 위한"(for you) 자신의 사역의 질을 설명하고 있는 것이다. 2:14에서처럼 바울은 자신을 그리스도의 사랑의 포로("그리스도의 사랑이 우리를 강권 하신다")로써 설명한다. 그런 후에 사역에 대한 모든 신학적 성찰을 위한 기초가 되는 "한 사람이 모든 사람을 위하여 죽으셨다"(5:14)는 처음의 신앙 고백을 상기시킨다. 이 옛 신앙고백을 아는 사람들에 의해서 그리스도의 종들은 자신들의 삶에서 십자가를 재현하고 있음을 인정받아야 한다. "모든 사람들은 죽는다." 십자가에 의해서 통제된다는 것은 이기적인 삶의 방식과 바울의 적대자들이 가치 있게 여기는 그러한 종류의 사역에 대한 종지부를 찍게 되는 것을 의미하는 것이다.

여기서 바울의 신학적인 설교는 "이해를 추구하는 신앙"이다. 그는 그의 청중들이 고려하지 않았던 함축적 의미들을 발전시켜 논의함으로써 신앙 고백적 진술에 대한 이해를 제공하고 있다.[30] 바울이 고린도후서 5:17에서 이전의 앎의 방식과 새로운 이해들을 비교할 때 더욱 이 새로운 이해를 발전시키고 있다. "그러므로 한때는 그리스도를 육체를 따라[κατὰ σάρκα] 알았었다 하더라도, 이제부터는 어떤 이도 육체를 따라[κατὰ σάρκα] 고려하지 않는다." 다시 말해서, 고린도전서 1:18-2:16에서처럼 바울은 "그리스도가 자신의 전체 앎의 방식을 변화시키셨다"는 새로운 인식론을 주장하는 것으로 부터 구체적인 주제에 대하여 대답하고 있다. 바울은 이제까지 그들의 평가에서 부족했던 부분들인 이러한 새로운 이해를 가지고 그 앞에 있는 위기를 평가하도록 교회를 초대하고 있다. 이러한 새로운 이해 없이는 교회는 직면하고 있는 도전들을 대처할 수 없다.

고린도후서 5:17에서 바울은 전체 공동체가 새로운 앎의 방식을 공유하고 있음을 설명하면서 더욱더 이러한 새로운 인식론을 위한 논증을 발전시키고 있다: "만일 누구든지 그리스도 안에 있으면, 새로운 세계가 있다"(저자의 번역). 유대인들의 소망의 목표였던(사 66:22를 보라)새로운 창조는 이제 교회 안에서 실제가 되었다. 바울과 고린도 사람들 간의 논의를 위해 제공 되어진 이슈들은 옛 창조의 수준에서는 해결되어질 수 없다. 왜냐하면, 그리스도인이 전체적으로 새로운 세계를 경험했기 때문이다.

5:18-6:2에 따르면 이 새로운 창조-그리고 대적자들이 비난하는 사역-가 하나님께로 말미암았다고 강조함으로써 조심스럽게 주장했던 신학적인 진술을 결론 맺고 있다. 하나님께서는 자기 자신을 위해서 세상을 화목케 하셨다(5:18, 19)는 거듭 반복되는 진술을 통해, 바울은 "한 사람이 모두를 위해서 죽으셨다"(5:14)는 신앙고백적 진술에 대한 대안적인 해석을 제안하였고, 하나님께서 이 사역을 시작하신 분이시라는 것을 강조하고 있다. 그리스도 예수 안에서 자기와 세상을 화목케 하신 하나님께서 바울에게 그 사역을 위탁하셨다. 그 사역에 의하여 바울은 "하나님과 화목케"(5:20; cf. 6:1-2)될 것을 호소하게 된다.

이 부분에서의 신학적인 주장은 너무나 심도 깊어서 현대의 독자들은 이 주장의 중심 요점을 쉽게 잊고 만다. 신학적 성찰의 세기들 가운데 있었던 그의 후계자들과는 달리, 바울은 속죄라는 광범위한 신학을 제안하는 추상적인 용어들(abstract terms)로 말하지는 않는다. 그의 신학적인 성찰은 학문적 영역에 몸 담고 있는 동료들을 위하여 안내하고 있는 학과목이 아니다. 그것은 복음의 잘 못된 이해로 유혹받고 있는 자신의 공동체의 상황 안에서 피할 수 없는 대답인 것이다. 바울은 자신의 공동체가 신학적인 논쟁의 상황 가운데서 자신의 주장을 따르고 또 반복하기를 기대하고 있다. 자신의 청중들이 자신들의 문화의 기준에 따라서 반응하는 대신에, 바울은 옛 세상과 새로운 세상을 보는 방식을 제시하였다. 교회의 기초가 되어 왔던 신앙고백을(단순히) 반복하는 것은 낡은 관점이지만, 이러한 신앙고백들이 교회가 하나님의 새로운 피조물임을 상기케 하여, 그것으로 가변적으로 변화하는 상황을 해석할 수 있게 하는 것은 새로운 관점이다.

2. 신학적 설교에 대한 성찰들

우리 문화 속에서 설교자가 당면하고 있는 도전들-짧은 주의집중 시간, 성경에 대한 무지, 모든 진리의 주장들에 대해서 냉담한 다원주의- 때문에, 우리는 공동체의 기대들을 충족시키지 못하는 바울의 모델을 따르는 것에 신중하게 된다. 그러나 고린도서는 신학적인 설교가 계속 유지되지 못한 대가가 어떤 것인지를 상기시킨다. 클라이드 판트(Clyde Fant)는 자신들의 문화적인 기대들을 충족시켜달라고 주장 하고 있는 "고린도 사람들이 도처에 있는 것 같다"고 쓰고 있다.[31] 신학적인 설교 없이는, "설교가 대중적인 압력들, 잘못된 구원자를 따르는 것, 두렵게 하여 입을 막는 것, 일상적인 칭찬의 따뜻한 햇살 아래를 활보하면서 멋 부리는 것 등을 가져올 수 있다."[32] 비판적인 신학적인 성찰이 없이는 교회는 지배적인 이데오르기를 위한 복음과 대중적인 특별한 흥미를 일으키는 것들에게 지배 받게 되는 잘못을 저지르게 되고, 그래서 청중들이 실제적인 문제를 생각하는 것을 실패케 만든다. 국수주의, 개인적인 행복에의 추구, 또는 자기만족을 위한 예배 가운데서 "세례를 베푸는(baptize)" 설교는 신학적인 비평을 위한 역량을 상실케 하고 있다. 그러므로 신학적 설교가 없는 곳에서는 교회의 메시지가 하찮은 것으로 전락해 버린다. 교회의 사명과 목표가 교회의 기억(memory)보다는 다수의 뜻에 의존하게 된다.

신학은 설교자와 회중에게 보다 많은 커다란 쟁점들을 촉구하고 있다. 창조, 악, 은혜, 언약, 용서, 심판, 하나님의 세계와의 화해. "우리 앞에 붙잡아야 할 궁극적인 비전이 무엇인지를 신학이 설교에 요청하는 것은 부적절한 것이 아니다."[33] 그러므로 신학적인 설교는 교회가 미래의 진로를 표시해주는 기독교 신앙의 위대한 주제들을 고려하도록 만드는데 필요하다.

바울의 모델을 채택한다는 것은 공동체가 요청하고 있는 문제들을 무시하는 것도 아니고, 교회가 설교를 위한 의제들에 고정되어야 한다는 것도 아니다. 루돌프 보렌(Rudolf Bohren)은 폴 바레리(Paul Valery)의 시에 대한 생각을 인용하면서 설교자와 시인 사이의 유사점을 설명했다. 바레리에 따르면, 청중들에 의해서 만들어지는 일들(예를 들면, 그들의 기대를 수행하는 것)과, 스스로를 청중으로 만드는 것 사이의 차이가 있다.[34] 보렌에 따르면, 교회는 하나님의 말씀에 의한 창조물이고, 설교는 청중들의 기대들과는 다른 사고방식으로 신앙공동체를 가르치는 것을 포함하고 있다.[35] 우리가 고린도전서와 후서에서 보아 왔던, 신비로서의 복음을 설명하는 것이나(고전 2:7)하나님으로 말미암는 "새로운 세계"(고후 5:17)를 설명하는 것에서, 바울의 설교는 청중들을 만들어가고 있으며 실제적인 새로운 관점을 제안하고 있다. 월터 부르그만은 이 실재에 대한 새로운 비전에 대해서 제안하고 있다. 고린도 사람들에게 "새로운 세계"를 제시한 바울과 같이, 설교자는 대안적 가치의 세계를 그려볼 수 있도록 교회를 인도해야 한다. 그러한 설교는 직접적인 결과물이 목적이 아니라, 시간이 지난 후에, "다른 행동들, 태도들, 그리고 정책들이 적절하게 보여질 수 있는 다른 세계를 가능하게 만드는 것이다."[36]

신학적인 설교에 대한 바울의 모델은 기독교 신앙의 본질에 초점을 맞추는 것이다. 바울은 교회를 존재케 하는 본질적인 복음에 초점 맞추도록 교회의 관심을 집중시키면서, 교회에 알려진 주요한 신앙 고백으로 되돌아간다. 비록 설교자들이 권위 있는 본문들로 설교한다 하더라도 복음에 대한 신학적인 성찰을 피할 수 없다. 이 신학적인 설교는 교회의 선포에 있어서 일관성을 유지시켜준다. 에드워드 파레이(Edward Farley)는 성경을 설교하는 것과 복음을 설교하는 것 사이의 중요한 차이를 구분하였다. 그는 성경을 설교하는 것이 복음을 설교하는 것을 보증하는 것은 아니라는 것을 상기시켰다. 성경의 보다 거대한 신학적인 주제들을 설교하지 않고, 매 주마다 성경 본문의 작은 단편들만을 제시하고 있다면, 우리는 성경을 설교하고 있는 것일 것이다.[37] 우리들의 임무는 그리스도 안에서 하나님의 계시라는 거대한 정황 안에서 본문을 보는 것이다. 비슷하게 리차드 리스쳐(Richard Lischer)는 복음에 대하여 성찰하지 않고 본문들을 설교하는 것의 위험성을 설명하였다.

> 설교자가 본문에서 설교로 직접 옮겨갈 수 있다는 것을 믿고 있는 한, 설교는 성경의 주장과는 일치하지도 않고 질서도 없는 것들에 휩쓸리게 될 것이다. 멜랑톤

(Melanchthon)이 말한 대로, 신학자로서 설교자는 어떻게 "복음이 전체 성경을 올바로 이해하도록 문을 열어주는지"를 발견해야만 하기 때문이다. 나는 본문의 독특성을 말 달리듯이 누빌 수 있고, 성경을 교리화 시킬 수 있는 설교자들을 위한 자격증을 발급해 줄 것을 주장하고 있는 것이 아니다. 나는 설교자들이 문장 가운데 있는 종교적인 생각을 시리즈로 재진술을 하기보다는 더 광범위하고 보다 더 심도 있는 수고를 요하는 것으로 그들의 사명을 이해하도록 초대하고 있는 것이다.[38]

바울이 보여준 것처럼, 신학은 교회의 삶과 분리되어질 수 있는 추상적인 것이 결코 아니다. 교회의 삶 속에 있는 새로운 상황들은 삶으로 우리들을 데려다 주는 복음을 지속적으로 성찰하도록 요구한다. 바울이 설교했던 것처럼 우리의 회중들도 필연적으로 자기들의 경험의 필터를 통해서 그리스도인의 경험을 판단할 것이다. 그러므로 설교는 단순히 교회가 신봉하고 있는 믿음을 상기시키는 것을 뛰어 넘어 이해를 추구하는 신앙으로 이동한다는 점에서 신학적이어야만 한다. 우리가 청중들의 요구에 의해서 유혹되어질 때, 신학이 우리의 본질적인 정체성을 반영하도록 도전하며, 하나님께서 사람들의 필요를 적응시킬 때 일시적으로 얻을 수 있는 것을 뛰어넘어 바라보고 모든 문화에 도전하는 이야기를 성찰하도록 우리를 부르셨다는 것을 깨닫게 해 준다.

기억케 하는 사역으로의 설교

"기독교의 영역에 어떠한 정보의 부족도 없다." 프레드 크레독은 소렌 키에르케고르(Soren Kierkegaad)로부터 인용한 이 표현을 그의 책 Overhearing the Gospel의 중심 주제로 다루고 있다. "우리는 마을 주민들에게 완전히 새롭게 처음 듣는 말씀을 전하기 위해 정글을 뚫고 길을 만들어내는 개척자 선교사로써 복음을 전하지 않는다."[1] 우리는 이미 복음을 들어본 경험이 있는 이들에게 설교하게 된다. 우리들이 전제해야 하는 것은 우리가 기독교적 문화에 살고 있기 때문에, 우리의 청중들은 우리들이 설교하기 이전에 이미 수없이 많은 설교자들의 설교를 들어 본적이 있다는 점이다. 게다가, 그들은 우리 자신들의 설교 역시 들어본 적이 있다. 결과적으로, 우리는 기독교 이야기를 알고 있는 사람들에게 설교를 전해야 하는 것뿐만이 아니라 매주 기독교 메시지를 듣고 있는 사람들에게 설교를 해야 하는 문제에 봉착하게 된다. 내가 속해 있는 전통에서는 설교자들이 매년 동일한 믿음의 구성원들에게 백회 이상의 설교를 하는 것에 익숙하다. 크래독의 말대로라면, 청중들은 양피지 ("palimpsests"-글자를 지우고 그 위에 글을 쓴 양피지들)이다. 다시 말하면, 쓰여 진 하나의 문장이 다른 것 위에 겹쳐지는 필사본들(manuscripts)이다.[2]

우리는 어떤 정보도 갖고 있지 않은 이들에게 무엇인가 새로운 것을 전하는 개척자 선교사들을 분명히 부러워 할 것이다. 처음 듣는 사람들에게 우리의 메시지는 분명히 말 그대로 '뉴스'(news)일 것이다. 나는 발원처를 알지는 못 하지만-로렌스(D.H Lawrence)가 "만일 그가 1세기에 살았더라면 기독교가 새롭고 생명력이 있었기 때문에 그는 기독교인이었을 것이다. 그러나 현대에는 기독교가 이미 늙고 생명력을 잃어버렸다"라고 말한 것을 들어본 적이 있다. 이러한 생각들이 수없이 많이 되풀이해서(작품 등에서) 나타나게 되면서, "기독교의 영역에 어떠한 정보의 부족도 없다"는 인상을 우리들로 하여금 품게 만들고 있다. 독창성에 큰 가치를 두는 문화에 있는 설교자들에게 있어서 이미 들어본 사람들에게 설교하는 것보다 더 커다란 도전은 없을 것이다. 우리는 라인홀드 리버(Reinhold Niebuhr)의 설교 사역에 있어서의 그의 초창기 시절에 대한 설명을 통해 이것을 확인 할 수 있다.

> 지금 내가 해온 많은 설교에서 같은 내용을 반복하는 나를 발견한다. 서로 다른 본문은 단순히 같은 것을 여러 번 반복하기 위한 핑계거리에 불과하다. 신학교에서 내가 공부했던 설교의 몇 안 되는 개념들은 이미 모두 사용되어졌다. 그러면 이제 어떻게 할 것 인가? 내가 생각하기로는 세월이 흘러감에 따라, 삶과 경험은 새로운 생각들을 독려시켜 줄 것이고 내가 그동안 성경에서 놓쳐왔던 몇몇 부분들을 발견하게 될 것이다. 사람들은 젊은 설교자가 진정한 설교를 하기 위해선 그의 두 번째 바람(혹은 기회)을 잡아야 한다고 말한다. 나는 좀 더 일찍 그것을 잡아야 할 것이라 본다.
> 그렇지 않다면 매주 주일 설교는 끔찍한 허드렛일이 되고 말 것이다. 당신은 위대한 메시지와 함께 넘치도록 채워져 회중들 앞에 서있어야 한다. 여기서 나는 매주일 새로운 메시지를 찾기 위해 노력하고 있다. 내가 분명히 확신하는 바는 그들이 매주 해산하는 수고를 겪고 있다는 것이다. 나는 이야기 할 만 한 가치가 있는 생각들을 찾기 위해 고군분투하며 새로운 안식일이 다가오는 것을 두려워한다. 난 내가 매주 정기적으로 빛과 생기를 가져다주는 사역에 내 자신을 적응시킬 수 있을지 조차도 알 수 없다.[3]

니버 (Niebuhr)는 의심할 여지없이 반복과 예측 가능함이 설교자에게 가장 큰 두려움인 회중의 지루함의 원인이라 생각했다. 무엇인가 새로운 것을 찾기 위한 필요는 새로운 것을 위해 고전적인 찬송을 버리고, 전통적인 기도는 자연스럽고 새로운 표현으로 바꿔야 하는 예배 갱신 운동이 생겨나게 만들고 있다. 궁극적으로 예측 가능성이 훌륭한 텔레비전 시리즈물을 망쳐놓는 것과 같이, 우리는 예측 가능성이 회중의 생동감을 유지시키는 우리의 역량을 감소시킨다는 것을 감지하게 된다. 결과적으로 설교자들은 어떠한 노력을 들여서라도 반복을 피하려 한다. 우리는 전통적으로 자주 설교 되는 본문을 설교하는 것과 우리 자신이나 다른 사람들이 전에 들어 본적이 있는 것들을 반복하는 것에 대해 망설이고 설교의 질을 창의성과 독창성으로 판단한다.

무엇인가 새로운 것을 말해야 하는 과제로 인해 설교자는 다양한 방법들을 사용하게 된다. 전통적으로 유서 깊은 해결책은 순차적 독서 방식(lectio continua)의 설교이다. 이를 통해 설교자는 성경 전체를 차례대로 훑어 나간다. 또 다른 전통적으로 유서 깊은 해석은 설교자의 본문이 그리스도인들의 교회력에 일치하는 미리 정해지는 순서를 따라서 성서 일과(lectionary)에 의해 진행해 가는 것이다. 두 방법에서 설교자는 주제와 본문을 정해야 하는 어려움에서 자유로울 수 있다. 니버가 묘사한 주제와 본문을 정해야 하는 고된 문제에 대한 이러한 해결책이 설교자를 자유롭게 만들 수 있지만, 그럼에도 불구하고 설교자는 목회 사역에 있는 도전들을 충족시키는 말씀을 전해야 하는 문제에 직면하게 된다. 설교자는 선택된 본문의 적실성(relevance)혹은 경우에 꼭 들어맞는 적절성(appropriateness)이 있는지를 살피게 된다.

순차적 독서 방식이나 성서 일과에 의해 구속되는 것을 원하지 않는 사람들은 청중들의 "느껴진 필요"에 맞추어 설교하는 방법을 따를 수도 있다. 이 접근법은 다른 두 방법에 비해 보다 직접적으로 설교자로 하여금 청중들의 문제에 대해 이야기 하도록 만들어주는 장점이 있다. 이러한 자유로움을 발휘하는 설교자는 그 회중으로 하여금 설교를 위한 의제를 정하도록 만들 수도 있을 것이다. 이러한 설교자들은 사람들의 마음속에 있는 사회 안에서 직면하는 이슈들을 다룰 수 있고, 그리고 최근 사건들을 반영할 수 있는 자유를 가지고 있다. 이 접근법이 자유로운 방법으로 들리지 모르지만 이 방법은 반복을 피하려는 욕구가 설교자로 하여금 무엇인가 새로운 것을 말하도록 끊임없는 조사를 하게 하는 것만큼이나 궁극적으로 리버가 표현했던 딜레마로 인도한다. 설교자들은 구성원들의 위기나 태클을 걸어야 할 새로운 이슈들이 생기기를 기다리면서 남아 있는 상태가 된다. 이러한 어려움에 직면케 된 설교자들은 보다 애매한 설교 본문을 찾는다거나 아무도 전에 이야기 한 적이 없는 주제를 찾게 된다.

반복에 대한 거부감에도 불구하고 그것은 공동체를 형성함에 있어 가치 있는 면을 가지고 있다. 나는 2장에서 바울 사도의 그리스도의 구원 사건에 관한 설교와 그의 회중에 대한 파라클레시스가 명확하게 구분되어지지 않는다고 이야기 했다. 또한 어느 사람도 결코 두 종류의 청중을 구분할 수도 없다. 오늘날의 청중들은 바울의 청중들과 마찬가지로 개인들의 복합(a mix of individuals)이다. 어떤 이들은 기독교 메시지에 친숙하지만, 다른 이들은 그렇지 않다. 회중은 우리가 생각하는 것만큼 성경 이야기를 잘 알지 못한다. 그리고 이들은 나중에 지금 보다도 더 성경을 알지 못하게 될 것이다. 설교자들과 교사들은 자신들에게 진부한 내용이라면 다른 사람들에게 역시 진부 할 것이라는 생각을 해야만 하는 직업적 위험요인에 직면해 있다. 우리는 여러 번 반복되는 내용들과 전통들이 우리들이 성장해 오는 과정에서 들어왔기 때문에, 너무도 쉽게 심지어 다른 사람들(익숙하지 않은 사람들)도 비록 그들이 반복해서 듣지 못했을 지라도 그들의 기억 속에 이러한 주제들이 남아 있을 것이라고 가정한다. 우리는 시간이 흐름에 따라 망각하게 된다는 사실을 잊고 있다. 그러므로 우리가 만일 "기독교의 영역에 어떠한 정보의 부족도 없다"고 생각한다면 실수를 범하게 되는 것일 것이다. 우리는 기독교적인 믿음에 거의 경험이 없는 문화와 마주하고 있다.

알렉 멕고웬(Alec McGowen)은 유명한 흠정 영역 성경(King James)의 영어를 사용하여 회중이 모이는 어느 곳에서든지 마가복음에 관한 훌륭한 설교를 한다. 그는 설교 후 자신을 찾아와 "당신이 그 성경을 쓰신 것인가요?" 혹은 "그 자료를 어디서 구하시나요?"라고 묻는 사람들에 대해 이야기 한다. 그러한 세계가 점차적으로 우리들이 속한 곳이 될 것이다. 윌리암 윌리몬(William Willimon)은 "오늘날 평균적인 교회 참석자들은 대부분 기독교적인 강론에 익숙하지 않다."라고 쓰고 있다.[4] 사람들은 주일날 아침에 하나님의 말씀을 들을 때 필수적으로 요구되는 기독교에 대한 지식 없이 교회에 오게 된다. 그들은 성경에 대한 몇몇의 기초적인 가정을 알지 못한 채 우리의 이야기를 듣는다. 교회는 지금 성경 속 이야기와 계명들을 알지 못하는 사람들의 기억상실증(amnesia)이라는 문제를 해결해야 하는 상황에 처해 있다. 미래의 청중들은 바울이 만났던 청중들과 많은 공통점을 가진 사람들이 될 것이다. 후 기독교 사회는 전(前) 기독교 사회를 닮게 될 것이다.

말해야 하는 새로운 무엇인가를 찾아야 하는 필요는 우리를 전에 없이 모호한 구절을 조사하거나 옛 이야기에 대한 새로운 비틂(twist)을 찾아 나서게 만들고 있다. 참으로, 다른 누구 보다 설교자들은 설교가 보여주는 새로움(novelty)의 정도에 의해 설교를 평가하게 된다. 설교를 전함에 있어 새로운 혁신적 접근법을 찾고자 하는 우리의 열정은 분명히 친근함과 예측 가능성이 궁극적으로 설교의 가장 큰 폐해라 생각하는 우리의 생각들을 반영하고 있는 것이다.

1. 로마서와 다른 성경에 대한 설교

로마서의 결론 부근에서, 바울은 기억하는 것으로의 설교의 중요성을 설명하고 있다(롬 15:15). 이 구절은 이미 바울이 앞에서 이야기한 내용들의 최종적인 요약인 셈이다. 바울은 로마인들에게 보낸 그의 편지 전체를 기억을 위한 도구로 묘사하고 있다. 그는 로마의 청중들의 선함과 지식에 대해 이미(롬 15:14) 칭찬을 하고 있다. 따라서 지금 그는 그의 서신을 "다시 기억하게 하는 것"으로 묘사하고 있다.[5] "기억나게 하는 것"(ἐπαναμιμνήσκων)에 대한 그가 사용하고 있는 용어는 전통의 반복(repetition of tradition)이라는 뜻으로 고대에 일반적으로 사용되어졌다.[6] 그러므로 바울은 그가 새로운 것을 가르치는 것이 아니라고 지적한다. 바울 사도의 말들은 그가 지금까지 그들에게 써왔던 모든 것이 그들에게 낯선 것이 아니라는 것(혹은 그래서는 안 된다는 것)을 지적하기 위한 전략적 설교처럼 보여질 수도 있다. 혹은 최소한 그것은 예수 그리스도를 믿는 모든 이들의 일반적인 결합인 믿음의 이해와 기초적 믿음을 직접적으로 따르고 있다.[7] 그러므로 바울은 로마인들을 향한 그의 설교가 그들이 이미 아는 것들의 반복이라는 것을 분명히 하고 있다. 그가 쓰고 있는 것들은 교회가 반드시 알아야 하는 교회의 가르침 그 이상도 그 이하도 아니다.[8] 따라서 그는 새로운 것을 말하지 않는다. 그는 오직 복음이 증거하는 것만을 이야기 하고 있다.

바울이 로마서에서 기억을 환기시키는 역할에 대해 묘사하는 것은 의사소통의 주요한 형식으로서 생각나게 하는 것에 대한 성경적 전통 전체를 통한 강조와 함께 맥을 유지하고 있다. 정경적인 과정은 기억의 전유(專有, appropriation), 초기의 전통들에 대해 다시 기억 하는 것을 포함한다. 이스라엘이 가지고 있는 기능상의 역할을 기반으로 하는 정경(canon)은 오랜 전통을 새로운 상황에 다시금 적실하게 만들어 가기를 계속하게 될 때, 공동체로써의 안정성과 유연성 모두를 제공해 주었다. 해석은 기억하는 것을 포함한다.

월터 브르그만은 해석을 새로운 상황이라는 문맥에서 오래된 귀중한 기억들을 불러일으키는 공동체의 행동으로 묘사하고 있다. "해석은 전통과 상황 사이의 중재를 추구 한다."[9] 해석의 이러한 과정은 시종일관 성경에서 생겨지게 된다. 브르그만에 따르면, 모세오경(Pentateuch)의 기원은 새로운 상황에 대한 반응이다. 이스라엘은 변화하는 필요를 전달하기 위해 그 이야기에 대한 새롭게 말하기(a new telling)를 짜 넣는다. 같은 방식으로 공관 복음은 초대 교회의 기억에 대한 반영이다. 유사하게 복음서 기사들은 그들의 청중들이 그 이야기를 이미 들었다고 가정한다. 구전을 글로 적는데 처음 헌신했던 사람은 이미 그 이야기에 친숙한 공동체에게 말씀을 전하였다. 내가 가정하고 있는 것 같이 만약 마가가 부활한 주님을 등장시키지 않은 채 신비롭게 16:8에서 끝내고자 했다면 그 공동체가 이미 그 구전들을 알고 있다고 인식하면서 그는 그의 복음서를 그런 식으로 끝낼 수 있었을 것이다. 누가가 그의 전임자의 조언에 따라 복음서를 썼을 때(눅 1:1-4), 그는 전통을 취하여 새로운 상황을 위해 그것을 다시 이야기 했다. 교회의 기억은 계속적인 성찰을 위한 기초가 되고 있는 것이다.

그러므로 로마서에서의 기억에 대한 호소는 더 커다란 성경적 전통에 속해 있다. 왜냐하면 "기억의 형식으로서의 권고는 기독교적 메시지의 뚜렷한 형태이기 때문이다."[10] 기억에 대한 강조는 서간체 문헌(epistolary literature)의 일반적인 특성이다. 디모데후서 1:6에 따르면 바울은 "너희와 함께하시는 하나님의 선물을 너로 하여금 다시 기억케 하기위해" 서신을 쓰고 있다. 유사하게 베드로후서 1:12에서 성경 저자는 그의 서신을 "이러므로 너희가 이것을 알고 이미 있는 진리에 섰으나 내가 항상 너희로 생각하게 하려 하노라"라고 소개하고 있다(참조, 딛 3:1). 유다서 역시 청중들이 이미 알고 있는 내용을 이야기 할 것이라 말하고 있다. "너희가 본래 범사를 알았으나 내가 너희로 다시 생각나게 하고자 하노라"(유 5). 여러 세대를 거치며 학자들은 에베소서, 골로새서, 베드로전서의 전통적인 자료의 실재(presence)에 대해 이야기해 왔다. 너무나도 공동적인 이 자료의 실재는 이러한 서신들이 대부분 새로운 개종자들을 위한 지침서로 사용되었던 교리학습 모음들이라는 것을 증거하는 것이다. 가족들을 위한 규범들을 포함해서, 윤리적 목록들은 아마도 최근에 세례를 받은 이들에 의해서 기억할 수 있도록 전달되었다. 따라서 이러한 서신들은 주로 기억을 위한 도구들이다.[11] 성경적인 설교의 일반적인 형식은 기독교 공동체가 이미 알고 있는 내용을 상기시키는 것이다.

2. 바울의 초기 서신들

바울의 서신들을 조사해 보게 되면 바울이 그의 청중들에게 기억의 중요성을 강조하기 위해 사용했던 여러 다양한 방법들을 알게 된다. 제임스 던(James Dunn)은 바울에게서 세 가지 형태의 방식으로 전통들이 분리되어질 수 있다고 주장한다: 케리그마적 전통들(kerygmatic traditions), 교회 관행적 전통들(church conduct traditions), 윤리적 전통들(ethical traditions).[12] 어떤 사람은 또한 이 리스트에 성경 지식(knowledge of scripture)에 대한 입문을 추가하는 경우도 있다. 비록 이러한 전통들이 서로 서로 명확하게 구분되어지는 것은 아니지만, 우리는 이들 사이의 특징을 구별할 수 있으며, 바울의 서신들에서 그것들이 갖고 있는 역할을 이야기 할 수 있을 것이다. 각각의 실례에서 바울은 공동체로 하여금 교회 안에 알려져 있던 교회의 관례들을 상기시킨다. 닐스 달(Nils Dahl)에 따르면 "교회의 기억은 교회의 선교적 경험으로부터 자연적으로 성장하게 되었다."[13] 우리는 바울의 가장 오래된 서신서인 데살로니가전서를 통해 교회의 기억에 대하여 지속적으로 강조하고 있는 모습을 확인할 수 있다. 편지를 시작하는 기도에서 그는 그의 회중에 대한 기억을 언급하고 있다(1:3). 그러나 그의 첫 번째 관심사는 데살로니가 사람들도 바울이 그들에게 말했던 것들을 기억하라는 것이다. 서신을 통해 우리는 "너희가 아는 바니"라는 공식을 발견한다(1:5; 2:1,5,11; 3:3,4; 4:2; 5:1). 피할 수 없는 역경에 대해 회중들을 준비시키기 위해 디모데를 보냈던 것을 바울이 회상하는 시점에서, 그는 "우리로 이것을 당하게 세우신 줄을 너희가 친히 알리라." 라고 덧붙이고 있다(3:3).

첫째로, 바울이 윤리적인 전통들을 열거할 때 그는 기억에 호소하고 있다.[14]

데살로니가전서 4:1-2에서 그는 또한 전체 윤리적 교훈 부분을 소개하기 위해 랍비식 전통에 근거한 언어를 사용하고 있다: 청중들은 바울을 통해 하나님을 기쁘시게 하는 삶을 위한 교훈을 "받았다"(παρελάβετε; 4:1). 그리고 바울은 그들이 자신이 전해준 교훈들을 기억해주기를 기대하고 있다(4:2).[15] 바울이 데살로니가 사람들에게 권고할 때, 그는 자신이 그들에게 전해준 교훈과 그가 그들에게 전달해 준 전통들과 일치되게 살아야 할 것을 이야기 할 뿐만 아니라, 또한 "너희의 행하는 바"라는 말을 덧붙인다(4:1, RSV).[16] 이러한 칭찬의 말은 물론 바울의 커뮤니케이션에 있어서 훌륭한 전략적 조치이다. 그러나 이것은 그 이상의 내용을 가지고 있다. 복음을 처음으로 받아들이는 것은 삶 전체를 의무(obligations)아래 두는 것이다. 복음을 함께 나누게 되고, 기본적인 교리학습식 교훈들을 받은 세례 받은 기독교 공동체는 이미 무엇이 행해져야만 하는지 알고 있다. 그들은 성령을 받았으며 올바른 방향으로 나아가고 있다. 이제 그들은 그들에게 처음 위탁된 것을 지속적으로 상기하는 것이 필요하다. 그의 공동체를 위한 교훈 가운데 사도가 행해야 하는 첫 번째 의무는 성도들이 받아서 이미 알고 있는-혹은 알아야만 하는 것들을 신실하게 기억하도록 만드는 것이다.[17]

4:3-5:11의 윤리적 권면의 부분에서 강조되고 있는 바는 바울이 그들이 이미 알고 있는 바를 그의 독자들에게 상기시키고 있음을 지속적으로 확인시키는 것이다. 올바른 성적 윤리에 대한 요구(4:3-8)와 형제간의 사랑(4:9), 그리고 종말에 대한 가르침(5:1-2)들은 성도들이 이미 알고 있는 사항들이다. 유사하게, 바울 사도는 갈라디아서와 고린도전서에서 도덕적 규범들이 그가 이미 전달한 전통에 속한 것이라 강조한다(갈 5:19; 고전 6:19). 그는 빌립보 교인들에게 주장한다. "너희는 내게 배우고 받고 듣고 본 바를 행하라."(빌 4:9). 고린도전서 7:10과 9:14에서 예수의 전통에 대한 바울의 호소는 교회를 위한 가이드라인으로써 예수의 어록들을 사용하고 있음을 암시해 주고 있다. 서신들 가운데 있는 예수님 말씀의 수없이 많은 반향들은(롬 12:14; 13:9; 16:19; 고전 9:4; 13:2), 바울 사도가 성도들의 공동체적인 삶을 형성하는데 예수의 가르침을 일반적으로 강조하고 있었음을 보여주고 있다.[18] 이러한 윤리적 전통들은 바울 사도가

공동체에게 전통들을 기억하라고 요구하였을 때, 데살로니가후서 2:15과 3:6에서 바울이 마음속에 품고 있는 바일 것이다.

둘째로, 바울은 케리그마적이고 신앙 고백적인 전통들(keryg- matic and confessional traditions)을 상기시킬 때, 공동체의 기억에 호소하고 있다.

내가 5장에서 이야기한 것처럼, 케리그마적인 전통들은 일반적으로 그의 청중들과 함께 하는 바울의 논점의 기초로서 역할을 담당하게 된다. 그는 케리그마 전통에 호소하여 데살로니가 사람들이 어떻게 "우상을 버리고 하나님께 돌아와서 사시고 참되신 하나님을 섬기며 또 죽은 자들 가운데서 다시 살리신 그의 아들이 하늘로부터 강림하심을 기다"(살전 1:9-10)리게 되었는지를 상기시킬 때, 케리그마 전통에 호소하고 있다. "우리는 예수께서 죽으시고 다시 사신 것을 믿기 때문에"라는 구절이 이 공동체의 미래 희망에 대한 바울이 펼치는 논증의 기초가 되었을 때, 데살로니가전서 4:14에서 바울은 다시 한 번 케리그마적인 전통들에 호소하고 있다.

유사하게, 고린도전서는 교회의 전통에 대한 기억이 계속적으로 강조된다. 처음 시작하는 도입부분에서, 공동체의 전통에 호소하여 바울이 원래 "십자가에 못 박히신 그리스도"라고 설교했던 것을 기억시킨다. 바울이 고린도전서 15장에서 미래의 부활에 대해 논할 때, 그는 "성경대로 그리스도는 우리의 죄를 위해 죽으셨으며 장사지낸바 되셨고 성경대로 사흘 만에 부활하셨다"라는 교회의 전통과 함께 시작한다(15:3-4). 바울 사도는 랍비식 관습에 따라 물려받은 전통의 언어를 사용하고 있다. 전통(paradosis)은 기독교적 의사소통에 있어서 기본적인 형태이다. 여기서 공동체의 케리그마적인 전통은 가장 중요한 것이다.[19]

셋째로, 바울은 예전 전통(liturgical tradition)에 대한 공동체의 기억에 호소한다.

고린도전서 1장에서 바울사도는 모임들을 위한 공동체적 규범들을 세우기 위해서 교회의 관행으로부터 얻어진 전통들을 강조하고 있다. 그가 고린도사람들이 전통을 잘 지킨 것에 대해 칭찬할 때(고전 11:2), 분명하게 그가 세운 교회의 일반적인 교회 실천들에 대해 말하고 있다. 주의 만찬에 대한 그들의 관례에 대하여 고린도 사람들을 책망한 후, 그는 다시 "내가 너희에게 전한 것은 주께 받은 것이니 곧 주 예수께서 잡히시던 밤에 떡을 가지사"라는 말씀과 함께 전통의 언어를 사용하고 있다(고전 11:23-25). 주께서 하신 말씀의 전통은 분명하게 고린도에서 행해지는 주님의 만찬에 관한 관습들을 통제하기 위해서 의도된 것이었다. 유사하게, 공동 집회모임에서 바울 사도가 다른 실천들을 이야기 할 때, 그는 모든 교회들에 대한 실천에 호소하고 있다(고전 4:17; 11:16; 14:33b). 교회들 가운데 있는 관습에 호소하는 것은 교회의 전통으로 이루어진 교훈의 패턴을 반영하고 있다.

3. 생각나게 하는 책으로서의 로마서

기억을 돕는 역할로 로마서의 내용을 이야기 하는 것은 두 가지 이유에서 주목할 만하다. 첫째 바울사도는 로마에서 결코 설교하지 않았다. 바울이 편지한 다른 공동체들과는 달리, 로마 교회는 바울에 의해서 세워지고 양육되어지지 않았다. 사실 서신서의 도입부에서 그는 "로마에 있는 자들에게도 복음을 선포하고자 하는" 본인의 갈망에 대해 표현하고 있다(1:15). 두 번째로 로마서의 길이와 중요성은 로마서가 공동체가 이미 알고 있는 것을 환기시키는 것 그 이상임을 제안하고 있다. 로마서를 갈라디아서에 나와 있는 유사한 주제와 비교 할 때, 로마서 논증의 철저함을 발견하게 된다. 최고조로 가열된 논쟁 가운데 쓰여진 갈라디아서에서 다뤄진 논증거리들은 보다 더 냉정하고 신중한 톤으로 로마서 안에서 보다 더 진보된 모습을 드러내고 있다. 사실 로마서는 바울의 이전의 편지들로부터의 반복이 너무 많아서, 보캄(Bornkamm)은 그것을 이전의 편지들로부터 주요한 주제들을 요약하는 "바울의 마지막 유언이자 유서"라고 묘사하였다.[20] 그러므로 우리는 원래의 청중들이 모든 바울의 메시지를 들었다고 생각하기 힘들기 때문에, 로마서가 기억나게 하는 것에 대한 우리의 이해에 딱 들어맞는 것이라고 볼 수는 없다.

그러나 우리들이 그의 설교에서 바울이 기억에 호소하는 요구에 대한 통찰력을 얻을 수 있다는 점에서 로마서가 기억을 상기시키는 책이라는 것이 사실이다. 로마서는 분명히 구체적인 상황으로부터 쓰여 지게 된다. 최근에 이루어진 대부분의 연구들은 로마서에서 바울 사도가 유대인과 이방인 기독교인들 사이에서의 경쟁적 요구에 직면하고 있다는 것을 제안하고 있다. 그리고 로마서는 그들이 함께 "하나님 그리고 우리 예수 그리스도의 아버지를 영화롭게" 하기 위해서 두 그룹을 함께 이끌기 위하여 쓰여 지게 된다(롬 15:6).[21] 그러므로 우리는 바울이 상기시키는 것이 전에 그들이 들었던 말씀에 대한 단순한 반복만이 아니라, 또한 현재 상황을 향한 기독교적 메시지의 함축된 의미에 대한 진술이라는 것을 가정할 수도 있을 것이다.

바울이 로마서 15:15에서 이야기 하는 것처럼, 그가 프레젠테이션의 기초로써 그들이 알고 있는 것으로 돌아간다. 로마서의 내용은 설교와 다시 기억케 하는 것이 쉽게 분리되어질 수 없다는 것을 말하고 있다. 네일 엘리오트(Neil Elliot)는 이러한 사실을 바울 서신서의 처음과 끝의 비교를 통해 보여주고 있다. 편지의 시작 부분에서, 바울은 로마서에 있는 공동체에게 복음을 전하고자 하는(εὐαγγελίσαθαι) 그의 열정을 표현하였다(1:15). 계속되는 구절 가운데서, 바울은 복음(εὐαγγέλιον)의 본질을 설명하고 있다. 복음은 모든 믿는 자에게 구원을 주시는 하나님의 능력이다(1:16). 하나님의 의는 복음 메시지 가운데 계시되어졌다."(1:17). 다시 말해서, 복음을 전하고자 하는 그의 목적이 선포된 후(1:15), 바울은 복음 안에 함축된 의미를 설명하는 작업을 계속하고 있다. 로마서 1:16-17은 편지의 주제 진술(thesis statement)로써의 역할을 감당하는데 여기서 바울은 로마 공동체가 직면하고 있는 사건들을 다루기 위해 하나님의 의에 관한 복음의 함축적 내용들을 풀어 설명하고 있다. 엘리오트(Elliot)가 말하고 있는 것처럼, "이러한 관찰은 바울이 로마에 보내는 이 편지를 로마인들을 복음화 시키기 위한 매개물로 사용하기 위해 썼다는 가정과 부합한다."[22] 복음에 이미 반응을 보인자들을 전도하고자 하는 바울의 바람은 실상 바울에게 있어서 기독교인의 삶은 성령의 은사를 통해 회중들에게 현재적으로 사용가능하게 주어진 하나님의 권능을 통해(1:16) 지속적으로 하나님의 부르심에 응답하는 것이라는 점을 보여주고 있다.[23]

초기 편지들에서 바울 사도는 복음의 본질을 설명하기 위해 하나님의 의(righteousness of God), 믿음에 의한 칭의(justification by faith)라는 전문용어를 사용했다. 로마서에서 새로운 것은 의(righteousness)라는 주제를 다루는 바울의 탐구의 범위이다. 이스라엘의 유산(heritage)에 주의를 기울이게 하여 하나님의 의는 그가 그의 백성을 정당하다고 입증하신 언약적 신실하심에 기인한 것임을 밝히면서, 바울은 우리의 죄를 위한 주님의 죽으심과 부활하심의 사건이 이스라엘이 간청했던 바로 그것을 입증(vindication)하는 것임을 선포하고 있다. 그러므로 그는 당면한 위기를 넘어 주제에 대한 보다 커다란 신학적 성찰에로 시선을 옮기고 있다. 레안더 케크(Leander Keck)는 로마서가 제 역할을 하도록 만드는 것은 "바울이 그가 말해야만 했던 것들을 온전히 다루기 위해 임시방편을 사용한 게 아니라, 비록 그것이 그의 원래 독자들을 어느 정도의 신학적인 과잉(theological overkill)으로 이끌게 될지라도, 내용 그 자체를 확고히 하기 위한 그의 복음에 대한 내적인 논리(inner logic)를 사용한 것이다"라고 적고 있다.[24] 원래의 상황을 넘어서 이동하면서 바울은 로마서에서의 그의 복음화가 신학적 성찰과 분리될 수 없다는 것을 설명한다. 또한 청중들이 이미 알고 있는 것을 상기시키는 역할은 그 메시지가 가지고 있는 더 깊은 함의(fuller implication)로부터 결코 분리될 수 없다. 그러므로 처음 다섯 장에서 바울 사도는 그의 복음에 관한 내용을 모든 믿는 사람들을 위한 하나님의 의의 계시로 묘사하고 있다. 그는 모든 믿는 사람들을 위한 하나님의 의에 대한 반대 논거를 보여줌으로 그의 주제를 설명 하고 있다. 모든 인간의 불순종에 임한 하나님의 진노(1:18-3:20). 바울은 하나님의 언약적 신실하심(=하나님의 의)이 유대인과 이방인에게 동일하게 베풀어진다는 것을 다시 한 번 더 선언하면서, 3:21-26에서 이 주제를 재진술하고 있다. 결과적으로 3:27-5:11에 따르면 우리의 유일한 자랑거리는 모든 인간을 구속하시는 그리스도의 구원의 메시지 안에 있는 것이다(5:12-21). 이 복음은 인간들이 가지고 있는 교만의 토대를 무너뜨리고, 유대인과 이방인이 "한 목소리로... 하나님께" 영광 돌릴 수 있는 정황을 창조하고 있다(15:6). 따라서 바울의 메시지는 공동체의 기억에 대한 성찰이다.

처음 다섯 장을 통해 바울은 그의 공동체가 신앙 고백적 진술과 그의 선포의 기초로서 역할을 담당하고 있는 성경을 생각해 내기를 기대하고 있다. 1:3-4에서 그는 육신으로는 다윗의 혈통에서 나셨고, 성결의 영으로는 죽은 가운데서 부활하여 능력으로 하나님의 아들로 인정되셨으니 곧 우리 주 예수 그리스도시니라."라는 그의 아들의 복음을 설명하고 있다. 이러한 신앙 고백적 진술에 대한 그의 인용은 그가 잘 알지 못하는 이 청중들에게 이러한 내용이 익숙해져야만 한다고 제안하는 것이다. 신조에 대한 그의 인용에서, 이 내용은 성경을 통해 "미리 약속된 것"이라 말하고 있다. 그는 성경에 기초하여 논증하는 1장에서 5장에 걸친 논거를 통해 이러한 주장을 강화하고 있다. "의인은 믿음으로 살리라"라는 하박국 2:4 말씀을 인용하면서, 그는 1:17에서 성경에 대한 공동체의 지식에 호소하고 있다. 3:9-20에서 인류의 죄 된 상태에 대해 이야기 하면서 다시 한 번 성경 말씀을 인용한다. 그는 하나님의 의에 대한 그의 복음이 "율법과 예언들을 통해 증거 된다고" 주장하고 있다(3:21). 그리고 창세기 15:6에서 인용된 아브라함의 이야기를 길게 다루면서 그의 메시지를 예증하고 있다. 성경을 통한 이러한 논증에서 바울은 그의 복음이 성경에 기록되어져 있다는 것과 그가 그의 공동체로 하여금 이미 알고 있거나 알아야만 하는 것을 다시금 기억케 하는 것이라고 가정하고 있다.

복음이 선포되는 곳에서 청중들은 세례를 통해 응답한다. 로마의 공동체는 이미 복음을 들었으며 모두 세례를 받았다. 로마서 6-8에서 바울의 메시지는 믿는 자들의 삶 안에 하나님의 의(義)의 영향력에 초점을 맞추고 있다(1:17). 하나님의 백성들은 현재 시대와 최종적인 증명을 통한 하나님의 의(1:17)의 계시 사이에서 살아가고 있다. 그리스도 안에서 세례를 받은 자들은 하나님의 진노를 야기 시키는 불순종을 극복함으로 그들 자신들의 삶을 통해 복음의 권능을 보여주게 된다(1:18-32절을 보라). 실제로, 현시대에서의 기독교인들의 실존이 새로운 삶의 가능성을 열게 한다. 이 새로운 삶 가운데서 세례 받은 사람들이 구속받지 못한 인간을 특징짓고 있는 육체의 욕망을 극복할 수 있게 된다. 기독교인들은 성령에 의해 권능을 부여 받기 때문에(8:1-11), 그들은 이제 자유롭게 해방된 자로 의의 능력을 생산해 내게 되고, 율법의 요구를 이루게 된다(8:4).

복음 메시지에 대한 그의 설명에서, 바울은 공동체의 세례에 대한 기억에 호소하고 있다. "무릇 그리스도 예수와 합하여 세례를 받은 우리는 그의 죽으심과 합하여 세례 받은 줄을 알지 못하느뇨?"(6:3). 세례에 대한 공동체의 기억을 되살리면서 바울은 동시에 그리스도의 죽으심, 장사되심, 그리고 부활하심에 대한 교회의 고백을 강조한다. 세례 받은 이들은 부활하신 분의 운명(destiny)에 동참하게 된다. 우선시 되어야 할 중요한 교훈에 대한 강조가 6장 곳곳에 산재해 있다 (6:4, 9, 16). 여기서 바울 사도는 교리학습식 교훈을 강조하고 있다. 이러한 교훈은 그것을 들어보지 못한 사람들에게 그리스도의 메시지를 전해주지 못하지만 그러나 믿는 자들에게 이미 그들이 들은 메시지를 상기시키고 있다는 점에서 선교적인 선포(missionary proclamation)와는 구별된다.[25] 선교적인 설교는 세례를 향한 부름에서 최고조에 달한다. 반면에 공동체에 대한 바울의 설교에서 바울은 이미 받은 세례에 대해 기억을 촉구하고 있다. 바울은 "너희에게 전해 준 바 교훈의 본을 마음으로 순종하여"라고 말하면서 독자들로 하여금 그들 자신의 경험을 떠올리게 한다(롬 6:17). 이러한 "교훈의 본"(τύπος διδαχῆς)은 분명히 공동체가 이미 받았던 교리학습식 교훈이다. 이러한 가르침은 로마서 1장에서 묘사된 행위로 부터 기독교인들의 존재를 구별시켜주는 구체적인 윤리적 가르침을 포함하고 있다.

하나님의 의에 대한 바울 복음의 논리는 하나님께서 우리와 함께 하시면 누가 우리에게 대적하겠는가라고 주장하도록 이끈다(8:31). 결과적으로 로마서에서의 논증은 하나님의 신실하심은 모든 창조물의 회복이라는 필연적인 결과로 나타날 것이라는 사실에 대한 확증으로 나아가고 있다(8:18-39). 사실 하나님의 언약적 신실함에 대한 논리는 필연적으로 유대인과 이방인들의 구원이라는 결과를 낳게 한다(롬 9-11). 게다가 로마서 9-11에서 바울의 논증의 힘은 그의 백성에 대한 하나님의 신실하심을 지지하는 성경적 근거에 바탕을 두고 있다. 그러므로 논증의 결론, 그것에 따르면, "모든 이스라엘 사람들은 구원 될 것이다." 이 논증의 결론은 공동체에 알려진 성경에 대한 바울의 설명으로부터 발전되어진다. 바울은 교회가 이미 알고 있어야 할 것들을 상기시키고 있다.

하나님의 의에 대한 교리는 기독교 공동체를 위한 환경을 만들어 내고 있다. 거기서 바울은 청중들이 그들 자신이 생각해야 하는 것보다 스스로를 더 높게 생각하지 말고 그 대신에 서로 서로 조화를 이루며 살아 갈 것을 권고하고 있다(12:16). 로마서 12-15에서의 윤리적 호소는 새로운 가르침이 아니라, 기독교 공동체에 널리 알려진 것들에 대한 간곡한 권고들에 대한 반복이다.

중요한 신학적인 비전을 가지고 있는 로마인들을 향한 서신서는 궁극적으로 하나님의 의에 관한 복음을 상기케 하는 공동체의 비전을 향하여 나아가고 있다. 하나님의 의에 대한 모든 내용을 들은 공동체는 한 목소리로 하나님께 영광 돌릴 수 있는 조화 속에서 살 수 있다(15:6). 바울의 모든 서신들에서처럼, 로마서에서 바울은 공동체로 하여금 상기케 하여 복음 이야기의 온전한 함의를 이해할 수 있도록 공동체를 이끌어 간다. 바울 사도는 복음을 지속적으로 설교했고, 구체적인 삶의 영역에서 그것을 다시 적절하게 만들었다.

4. 후기독교 사회에서의 기억하기

*Overhearing the Gospel*에서 프레드 크레독이 키에르케고르의 "기독교의 영역에는 어떠한 정보의 부족도 없다."라는 말을 반복하였을 때 이미 복음을 들어본 사람에게 설교하는 것에 대한 문제를 지적하는 것이었다. 1978년에 크래독의 관심은 이미 복음을 들어본 사람에게 복음을 선포하는 것이었다. 나는 오늘날 기독교 영역에서 우리가 설교의 문제에 직면해 있다는 주장에 대하여 전적으로 동의할 수 없다. 우리는 기독교 메시지에 대한 기억으로 형성되고 있는 공동체를 마주하고 있지 않다. 우리들의 공동체는 바울사도의 공동체와 마찬가지로 비기독교적 문화에서 살고 있다. 기독교 메시지를 듣고 있는 사람들은 또한 기독교 신앙, 유행하는 심리학, 그리고 우리 자신들의 문화에 대한 이야기를 섞게 하는 우리 문화 안에 있는 수 없이 많은 다른 목소리들을 경청하게 된다. 이러한 문화적 기후에서, 더 이상 기독교적이 않은 영역 안에서 기독교적인 정보가 부족하다고 가정할 수 있을 것이다. 바울 사도는 그가 청중들의 기억을 형성시킬 때, 비기독교 영역에서 복음을 위한 모델을 제안하였다.

기억케 하는 것으로써 그 자신의 설교를 묘사하면서, 바울은 설교의 유산을 기억하는데 있어서 이스라엘에 대한 초점(Israel's focus)과 함께 연속성을 확립하였고, 또한 현대 설교자를 위한 중요한 모델을 확립하였다. 바울의 설교는 우리로 하여금 이미 복음을 들은 자들에게 설교함에 있어서 매주 새로운 것을 말하도록 강요받지 않는다는 것을 명심케 한다. 한 회중에게 말하게 될 때, 우리는 다양한 청중들에게 말하게 되는 것이다. 어떤 사람들은 특별히 후 기독교 사회에 속해 있는 전에 복음에 대해 들어보지 못했을 것이다. 또 다른 사람들은 들었을지라도 주의 깊게 듣지 않았을 것이다. 다른 사람들은 그들의 기억을 되살리지 않는다면 기독교 메시지를 잊게 될 것이다. 기억해야 될 것을 호소하는 것은 기초적인 이야기를 알고 있는 공동체와 연결되며, 하나님께 반응하는 공동체에 의한 예전적인 표현(liturgical expression)들을 다시 확인 시키며, 공동체의 윤리적 규범들을 상기시킨다. 그러므로 바울의 가르침은 설교자들이 이미 했던 이야기들을 다시 하는 것에 대해서 반감을 가져서는 안 된다고 이야기한다.[26]

만일 기억에 대한 바울의 호소가 설교를 위한 모델로 쓰이게 된다면, 기억은 다양한 방면에서 사용될 것이다. 공동체는 교회의 전통에 대하여 다양한 수준의 기억력을 가진 사람들로 구성되어 있기 때문에 믿음의 기초에 대한 반복은 믿음에 있어서 지속적인 성장을 위해 필요한 기억을 만들어 낼 것이다. 다른 사람들에게 공동체의 전통에 대해 반복하는 것은 사람들에게 이미 친숙한 기억과 전통에 대해 호소하는 것이다. 또 다른 경우에, 기억에 대한 호소는 일반적인 전통을 향한 회귀를 포함하고 있다. 그리고 설교자가 공동체의 삶을 위해 전통들이 가지고 있는 함축된 의미에 대하여 말함으로서 그것들에 대한 성찰을 내포하게 되기도 하는 것이다. 로마인들에게 보내는 서신은 어떻게 교회의 전통이 공동체 안에서 생기는 변화 가운데서 미래 대화를 위한 기초를 형성하게 될 것인지를 지적해 준다. 공동체의 전통에 대한 성찰은 수천 년 동안 하나님의 백성들의 안정성과 정체성을 공급해 주는 닻의 역할을 해오고 있다. 새 천년에, 우리는 독창성을 통해서가 아니라 우리의 과거를 기억함으로서 우리의 정체성을 유지해야 할 것이다.

결 론
바울과 설교 사역에 대한 성찰들

　전산화된 커뮤니케이션, 멀티미디어 전달과 원거리 교육의 시대는 새로운 의사소통의 시장(marketplace)에서 살아남을 수 있는 설교의 수용능력(capacity)에 대한 진지한 질문이 하게 만든다. 유대교와 기독교 신앙의 구별되는 특징이 구두전달(oral address)에 있다면, 브릴리오트(Y. Briliorh)가 강조하는 것처럼,[1] 우리는 설교가 이런 변화하는 기류 속에서 장래성이 있는지 자문해보아야 할 것이다. 만일 설교에 미래가 있다고 한다면, 그것이 어떠한 형태를 선택해야 하는지를 자문해보아야 한다. 성경적인 믿음이 보는 것 보다 일종의 듣는 것에 의한 것이라면, 새로운 시대에서의 설교의 위치는 의문거리로 남게 된다.
　설교의 미래에 대한 의문에도 불구하고, 나는 "하나님께서 전도의 미련한 것으로 믿는 자들을 구원하시기를 기뻐하셨도다."(고전 1:21)라는 말씀을 확신한다. 그리고 설교가 기독교 증언의 기본이 된다는 것을 확신한다. 설교는 이전에도 심각한 도전을 받아왔다. 바울은 직업적 웅변의 분야에서 두각을 나타내지는 못했고, 그와 그의 비난자들 모두 그가 연설자로서 평범하다는 것에 동의했다. 그럼에도 불구하고 그의 설교는 궁극적인 힘을 가지고 있었고, 전 지중해 세계의 공동체 형성에 기여했다. 나는 바울의 설교사역이 설교 임무에 있어서 간과된 모델이라고 제안하고 싶다. 이 연구에서 사도바울의 설교 사역의 영역이 다른 설교자들에게 설교사명에 대한 중요한 통찰력을 제공하고 있음을 주장하였다. 바울은 그의 사명이 특별한 것이라고 생각했지만, 그리스도를 설교하는 데 있어 그가 혼자가 아니었음을 또한 알고 있었다. 바울이 실루아노(Silvanus)와 복음을 설교하는 사명을 함께 한 것처럼(고후 1:19), 그는 시대를 초월해 다른 사람들과 그의 사명을 나누고 있는 것이다. 따라서 현대의 설교자들도 그 설교 사역을 함께 공유하고 있는 것이다.

독특한 기독교 연설. 우리는 비록 바울의 설교가 그 시대의 수사학과의 접촉점을 가지고 있다는 점을 인정하지만, 바울의 설교는 그 자체로서 독특한 형태를 지니고 있다는 점을 강조할 필요가 있다. 바울의 설교가 가지고 있는 독특한 특성은 고린도전서 5:11-6:2에 나오는 그의 사역에 대한 설명 부분에서 분명히 드러나고 있다. 우선 바울의 설교는, 토마스 올브리치(Thomas Olbricht)가 주장하는 것처럼, "교회 수사학"(church rhetoric)이라는 점에서 특징적이다.[2] 바울은 재판관 모임이나 자유 시민 모임석상에서가 아닌 기독교 공동체에게 말씀을 선포하고 있다. 두 번째로, 그의 설교는 이성적 방법에 의한 설득에만 의존하는 것이 아니라 설교가 하나님의 권위에 달려있다는 점을 인정한다는 점에서 특별하다. 바울은 하나님의 "대사"로서 말한다(고후 5:20). 세 번째로, 바울의 설교는 그것이 공동체에게 행동의 변화를 지속적으로 호소한다는 점에서 특별하다.

바울의 모델은 연설자들에게 그들 자신의 세대의 수사학에서 완전히 동떨어지지 말 것을 제안하고 있다. 설교자들은 동시대의 담화의 형식에 필연적인 영향을 받는다. 그럼에도 불구하고, 그들은 기독교식 담화의 특징을 인식해야 한다. 설교자들은 하나님의 대사이고 그들의 말은 하나님의 권위에 기초하여 호소되어야 한다. 바울의 모델에서 설교는 믿음의 응답과 복음에 합당한 행위를 요구하는 것임을 상기시킨다.

하나님의 말씀에 사로잡히다. 바울에게 있어서 설교 사역은 하나님의 말씀에 사로잡히는 것으로 동기 부여되어진다. 그 이전에 예레미야(Jeremiah)가 그랬듯이 바울은 설교의 "필요성"아래 있는, 하나님의 말씀에 사로잡힌 포로이다(고전 9:16, RSV). 설교자로서 그의 역할에 대해서, 그는 사로잡힌 자로서 행진해 나아가는 승리 행렬과 관련 지어 설명하고 있다(고후 2:14). 그는 그 자신의 설교를 "하나님의 말씀"으로 설명하고 있다(빌 1:14, 살전 2:13). 이러한 묘사는 특히 "영영이 서게 될"것이며(사 40:8), "헛되이 내게로 돌아오지 아니 할 것"(사 55:11)이라는 하나님 말씀의 구약적 언어를 환기시키는데서 뚜렷하게 드러나고 있다. 바울(그리고 다른 신약성경 저자들)은 또한 구약성서에서 쓰인 단어인 로고스(λόγος)라는 용어를 사용하고 있다(롬 9:6, 9; 13:9; 고전 15:54; 갈 5:14).[3] 그러므로 바울이 그의 설교를 하나님의 말씀이라고 묘사함으로써, 그는 그의 설교를 하나님 자신의 말씀과 동일시하고 있다. 결론적으로 그는 하나님의 권위를 가지고 말하고 있는 것이다. 말씀의 봉사를 위해 선택된 자로써 바울은 하나님의 언어를 "팔아먹지도" 그렇다고 "방해하지도" 않았다.

바울 자신의 사역과 하나님의 말씀을 "팔아먹은" 자들의 사역의 차이점은 플라톤과 소피스트들 사이의 논쟁을 반향하고 있다. 소피스트들은 그들의 교훈을 위한 대가를 지불하고 나쁜 논쟁을 더 좋게 보이게 만드는 것으로 유명한 사람들로서 소크라테스에 따르면[4] 그들은 그저 "장사꾼"일 뿐이었다. 소크라테스와 (플라톤)처럼, 바울은 그의 메시지를 희석시킬 수 없는 진리로 간주하였다. 바울은 자신의 것이 아닌 메시지를 전달하기 위해 보내진 설교자였다. 바울은 단지 "하나님의 비밀을 맡은자"이다. 바울이 선포한 진리는 다름 아닌 바울 이전의 구약성경 시대에 언급되었던 "기쁜 소식"이다(사 52:7).

그리스도 안에 있는 기쁜 소식. 비록 바울이 그의 선포를 설명하기 위해서 "하나님의 말씀"과 "기쁜 소식"에 대한 구약성경의 언어를 사용하고 있지만, 특별히 그는 하나님의 말씀을 예수그리스도의 죽음, 장사지냄, 그리고 부활과 동일시했다. 사도행전과 바울 서신은 바울의 선교적 설교(missionary preaching)가 나사렛 예수의 죽음과 부활에 초점이 맞추어져 있음에 동의하고 있다. 그러나 이 선포는 선교적 설교가 겨냥하고 있는 청중들에게 국한되지 않는다. 바울은 일관되게 그의 공동체들에게 그리스도의 죽음, 장사지냄, 그리고 부활에 대한 그의 이전의 설교 내용을 상기시킨다(고전 15:3-5; 고후 5:14; 8:9; 살전 4:14; 5:10). 이러한 신조 형식은 모든 미래의 토론을 위한 기초가 되는 일반적 근거를 상기시키고 있다. 교회의 고백에 대한 이러한 상기는 의심의 여지없이 한 가지 목적 이상으로 기여하게 되었다. 바울의 원래 개종자들에게, 복음의 사실들에 대한 반복은 다양한 그룹의 사람들을 하나의 공동체로 묶어주는 확신을 위해 요구되어진 기억으로서의 역할을 감당하게 되었다. 외부인과 새로운 개종자들에게, 신조의 반복은 복음의 첫 번째 선언이었다. 바울 시대의 가정교회에서 결코 선교적 설교가 목회 설교와 분리될 수 있는 독립된 범주들로 명확히 구분되어지지 않았기 때문에, 바울의 설교는 어떤 사람들에게는 재확인시켜주기 위한 것이었고, 다른 어떤 사람들에게는 전도하기 위한 것이었다. 복음전도는 바울의 편지낭독을 듣기 위해 모인 사람들을 위한 복음(εὐαγγέλιον)의 명료성을 포함하고 있다. 복음전도의 이러한 형태는 수세기 동안 기독교 선포의 모델로 남게 되었고, 이것은 현대 설교자들에게 살아 있는 모델로 남아 있다.

복음과 설교자의 인격. 가르침이 오로지 팔아먹을 상품으로 여기고 있는 "장사꾼들"과 달리, 바울은 복음에로 그가 사로잡히는 것이 그의 정체성을 결정하고, 그의 인격을 형성한다는 사실을 알고 있었다. 그의 시대의 다른 연설자들처럼, 바울은 종종 그의 주장의 진실성에 대한 증거로써 그 자신의 행위에 호소했다. 안드르 레스너(André Resner)가 보여주었듯이,[5] 에토스에 대한 그의 호소는 '뒤바뀐 에토스'(reverse ethos)가 된다. 뒤바뀐 에토스에 의해서, 그는 십자가의 어리석음이 그의 행동을 결정짓게 되는 정도(extent)에 대하여 논증하고 있다. 고린도전서와 후서에서 그가 그의 행위에 호소할 때, 그는 그의 개인적 삶에 십자가가 미친 영향을 증명하는 환란들을 열거했다. 그는 "항상" 예수 죽음을 몸에 짊어지고 있다(고후 4:10). 그의 수많은 고난에 대한 목록들은(고전 4:8-12; 고후 6:3-10; 11:23-29) 또한 십자가의 메시지가 설교자의 인격을 결정짓고 있음을 증명하는 것이다. 하나님의 말씀의 포로로서, 그가 수많은 반대자들 가운데에서 설교 하였을 때, 복음을 위해 고통을 당하게 되었다(살전 2:2). 그리고 그는 그의 청중들도 또한 그 복음으로 고난 받을 것임을 기정사실화 하였다(빌 1:29; 살전 3:3). 바울의 십자가 이야기와의 총체적 동일시-그의 개인적 행위(cf. 고후 6:3)로 인해 복음이 훼방 받지 않게 해야 한다는 결심-는 그의 명예를 훼손한자들에도 불구하고, 궁극적으로 그의 복음을 위한 강력한 논증이 되고 있다. 바울의 사역은 설교의 내용이 설교자의 인격에서 분리될 수 없음을 상기시켜 준다. 설교가 의사소통의 혁명적 변화와 경쟁할 수 없는 시대에, 설교에 독특한 본질적 자질(essential quality)은 설교자의 진정성(authenticity)이다. 그들의 메시지를 위해 기꺼이 그들 자신을 희생하는 설교자들은 복음을 위한 강력한 논증으로 남아 있게 된다.

"하나님의 말씀을 받는 것", 복음을 설교하는 것은 듣는 자들에게 믿음과 회개로 응답할 것과 믿음의 공동체 속에 동참할 것을 요구한다. 바울의 서신과 사도행전 모두가 증명하듯이, 복음전도적인 증언은 응답을 요구한다. 데살로니가 사람들은 "우상에서 여호와에게로 돌아갔고"(살전 1:9), 하나님의 말씀을 "받았다."(살전 1:6). 기독교적인 응답은 오직 개종의 순간에만 연관되어 있는 것은 아니었다. 설교의 사명은 "자기 나라와 영광에 이르게 하시는 하나님께 합당히 행하게" 하는 삶으로 공동체가 나아가도록 격려하고(살전 2:12), 기독교 공동체에게 "하나님과 화해" 할 것을 호소하는 것이다(고후 5:20). 이렇게 설교자들에게 계속되는 임무는 하나님의 구원행위를 선포하는 것이고, 공동체로 하여금 "복음에 합당한" 삶을 살아 갈 것을 요구하는 것이다(빌 1:27).

"내가 약할 때 나는 강하다." 바울이 전문적인 웅변가들과 효과적으로 경쟁하는 것에 대한 그의 실패를 변호하는 때에, 그는 자신이 "말의 지혜로 하지 아니함은 그리스도의 십자가가 헛되지 않게 하려 함이라"고 말하고 있다(고전 1:17). 바울은 자신이 "나약함과 두려움과 떨림"가운데 거하였고, 그의 말과 설교는 "지혜의 아름다운 것으로가 아니라 …나타남과 능력으로" 전하였다고 선언하고 있다(고전 2:3-4). 공적 의사 소통분야의 달갑지 않은 경쟁자로서, 바울은 그의 유효성이 그 자신의 능력이 아니라 하나님의 능력에서 온다는 것을 알고 있다(살전. 1:5; cf. 롬 1:16). 설교는 하나님의 능력이 동반되는 것이기 때문에, 설교의 결과도 인간의 응답도 설교자의 손에 있는 것이 아니다. "이 세계의 신"은 믿지 않는 자들의 마음을 어둡게 하거나(고후 4:3-4), 혹은 믿는 자들 가운데 믿음의 응답을 만들어 내고 유지시킨다(cf. 살전 1:5). 설교사건 가운데 활동하는 하나님의 말씀은 계속해서 믿는 자들의 삶에서 역사하게 된다(살전 2:13). 설교사건 가운데 하나님의 능력에 대한 이러한 의존에 의해서, 바울은 그의 설교의 효과가 하나님께 있다는 것을 인정하고 있다. 결론적으로, 설교자는 설교의 성공에 대한 궁극적인 책임이 하나님에게 있음을 확신한다. 그러므로 설교자의 사명은 성공적이 되는데 있는 것이 아니라 선포에 있어서 신실하게 되는 것에 있다.

"그리스도가 당신 안에 형성 되어질 때까지." 설교의 궁극적 목표에 대한 바울의 지속적인 성찰은 우리에게 설교자가 그것의 필요에 대한 공동체 자신의 인식을 넘어서 설교의 목표에 대한 보다 더 커다란 비전을 바라보는 것임을 기억하게 한다. 바울은 설교의 목적이 개인의 변화뿐만 아니라 주의 강림하시는 때에 바울이 예수님께 바쳐드려야 하는 공동체의 변화를 나타내기 위해 매우 풍부한 은유를 사용하고 있다(빌 2:16; 살전 2:19). 어머니로서(갈 4:19), 아버지로서(살전 2:11-12), 신부의 아버지로서(고후 11:1-4), 건축가로서(고전 3:10-17), 바울은 그의 교회가 끝나지 않은 비즈니스이고, 그의 사역적 임무가 공동체를 그리스도에게 바치는 것임을 인정하고 있다. 종말론적 지평은 교회의 본질적 필요를 정의하면서, 전체 설교사역에 방향을 제시하고 있다.

바울은 설교가 항상 교회론적이라는 것을 증거하고 있다. 복음 전도 설교는 기독교 공동체의 건설로 이어지고, 목회적 설교는 전체 교회의 변화를 목표로 두고 있다. 비록 현대 교회가 지중해 세계의 교회로부터 시대와 문화에 있어서 분리되어 있지만, 공동체의 인격 형성에 대한 많은 도전들은 일치하고 있다. 모든 시대의 설교자들은 공동으로 일치된 기억을 형성하고, 기독교 정체성을 위협하는 이데올로기에 맞서서 직면하고, 공동으로 일치된 에토스를 형성하는 사명과 마주하고 있다. 만일 바울이 기초를 굳게 세운 현명한 건축가(wise architect)라면(고전 3:10), 우리들 중의 많은 이들은 다른 사람이 건설한 기초 위에서 건설하고 있는 것이다. 우리는 그의 사역에 근거하여 세워야 함으로, 바울은 우리를 위한 모델을 제시해 주고 있다.

부 록

계속해서 이어지는 이번 장에서, 나는 나의 해석적인 성찰을 목회적이고, 그리고 신학적인 임무로 함께 이어가고자 한다. 이탤리체로 강조된 부분은 내가 설교에서 발전시키려고 의도한 주해적이고 해석학적인 관찰을 제시하는 부분이다. 왼쪽에 있는 숫자로 매겨진 움직임 안에서, 나는 설교가 진행되어지는 순서를 통해 설교의 기본 플롯을 제안하고 있다. 내가 설교를 위한 의사소통의 초점을 결정한 후에, 나는 첫 번째 움직임을 기록하였다. 볼드체의 문서는 생각의 진보를 지도화 하기 위한 나의 첫 번째 시도이다. 내가 이 기본 플롯을 더 풍부한 텍스트로 보충한 후에 나는 서론을 추가했다. 서론을 통하여 나는 우리 자신의 공동체적인 관심을 교차시킴으로서 텍스트의 주요한 관심에 대한 청중들의 관심에 초점을 두고자 한다. 문단의 첫 행을 약간 안으로 들어가도록 단락을 짠 것은 잠재적 반론과 오해에 대하여 대답하거나 그렇지 않으면 실례를 도입하고 상세하게 설명함으로써 텍스트 안에서의 움직임을 명확하게 하기 위한 시도이다.

거룩해 지는 것인가 아니면 거룩해 지는 체 하는 것인가?
(살전 4:3-8)

공동체 형성(*community formation*)으로서의 목회적 설교는 기독교인의 삶의 구체적이 요구 가운데 있는 교훈과 동일한 규범에 대한 공동체적인 헌신들을 수반하고 있다. 무게의 중심(*center of gravity*): 하나님의 부르심은 성적 행위의 문제에 있어서 우리들의 자기절제를 요구한다. 공동의식을 형성하기 위해서는 새로운 단어를 배우는 것을 수반하기 때문에, 나는 섹슈얼리티(*sexuality*)라는 용어와 관련하여 성화를 정의한 텍스트의 방식을 따를 것이다. 해석학적인 오리엔테이션: 전(前) 기독교 사회에서 이것의 대응물처럼, 후기독교 사회 안에 있는 공동체는 기독교적인 삶의 분명한 요구에 귀 기울여야 한다. 4:3, 8에서의 같은 주제의 반복("이것은 하나님의 뜻이다.", "이것을 거부하는 자는 사람을 거부하는 것이 아닌 하나님을 거부하는 것이다.")은 토론의 계획과, 설교의 지속적인 논쟁에 있어서 중요하다. 도입부는 초점을 제안하고, 섹슈얼리티라는 주제에 대한 회중의 반응을 예상하고, 마지막 움직임을 향한 진전을 확고하게 한다.

나다니엘 호슨(Nathaniel Hawthorne)이 뉴잉글랜드 공동체를 젊은 여성의 불명예에 대해 독실한 체 하고, 정죄적 태도를 취하는 것으로 특징지은 이래로, 교회는 섹슈얼리티 문제에 있어서 나쁜 비평을 받아왔다. 공동체에 알려지지 않은 연인에 의한 성적 유혹 때문에, 헤스터 프린(Hester Prynne)은 주홍글자를 새겨야만 했다. 그 이후로 기독교는, 적어도 어떤 모임에서는, 섹스를 죄와 동일시하는 것으로, 우리의 기초적 욕구를 억압하는 것으로, 성적 자유를 제한하는 것으로, 교회의 규칙에 도전하는 누구에게나 독선적 태도를 취하는 것으로 비난 받아왔다. 나는 우리가 교회에 대한 최악의 의심(worst suspicions)을 승인하는 것에 대한 두려움 때문에 섹슈얼리티에 대해 언급하는 것을 불편해하는 이 문제에 대해 이러한 나쁜 비평으로 인해 고생해 왔다고 생각한다. 우리는 데살로니가전서로부터 이렇게 동요를 일으키는 단어를 어떻게 다루어야 하는가? "하나님의 뜻은 이것이니, 너희의 거룩함이라. 곧 음란을 버리고."

1. [하나님은 우리를 성화로 부르신다] 물론, 우리는 독실한 체하거나 독선적이고 싶어 하지 않는다. 그런 말들은 아주 좋은 말들의 과장된 표현일 수 있다. 우리는 거리에서 "성화"(sanctification)나 "거룩"(holiness)같은 말들을 많이 듣지 못하지만, 이것들은 매우 좋은 말들-우리의 말들이다. 사실, 같은 생각-기독교인이 그들 주변의 세계에서 실제로 분리되어있다는 생각-을 표현하는 데는 두 가지 다른 방법이 있다. 그렇다, 우리는 우리문화의 가치로부터 우리 자신을 분리하는데 일반적으로 마음을 쏟아 왔다. 우리가 만일 "분리되어"있다면, 우리는 나쁜 평가를 받게 되기 쉽다.

> 나는 어떤 사람이 성화(sanctification)를 명목으로 나쁜 일을 행할 수 있다는 것을 인정한다. 그들은 그것을 독실한 체 하는 것으로 돌릴 수도 있다. 그러나 그

럼에도 불구하고 그것은 좋은 단어이다. 그것은 그들이 하나님에게 헌신되기 위해, 하나님이 세상으로부터 분리해낸 사람들, 즉 고대 이스라엘인들을 위한 말이었다. 분리(separation)는 그들이 그들 주변과 충분히 다르고, 그래서 그 주변 사람들과 섞이지 못하고, 주변 사람들의 관점을 공유하지 못함을 의미하는 것이다.

최근 Blast from the Past라는 영화는 핵 재난이 시작된 것으로 생각되는 1960대에 지하로 잠입한 한 가족에 관해 이야기한다. 30년 후에 그들은 그들의 아들인 아담을 아내를 찾게 하기 위해 땅위로 보내게 되었다. 아담은 1990년대의 세상을 몰랐다. 그는 1990년대의 음악이 아닌 1960년대의 사랑노래를 알았다. 그는 사랑과 결혼의 이상을 알았다. 그것은 1990년대의 이상은 아니었다. 이것이 성화(sanctification)가 존재하는 방식이다. 하나님은 우리와 더불어 교제하기 위해서 부르셨다. 그 교제 안에서 하나님은 대안적 존재로 드러나라고 우리를 도전하신다.

2. [하나님의 사람들은 성적 윤리에 대한 공유된 헌신으로 그들의 성화를 표시하게 된다] 이제 기독교인들이 섹스에 관하여 얘기하는 것 없이 죄에 관하여 얘기할 수 없다는 것이나 또는 섹슈얼리티의 문제에 대해 영원히 독실한 체 하는 것은 절대로 진실이 아니다. 그러나 우리는 섹슈얼리티에 대한 문제에서 우리의 거룩함을 표현해야 한다. 우리는 우리에게 안 좋은 비판을 줄지도 모르는 가치를 공유하게 된다. 나는 "하나님의 뜻은 이것이니, 너희의 거룩함이라: 곧 음란을 버리고"라는 바울의 말이 이교도적 환경에서 환영받지 못했을 것이라고 생각한다. 그러나 성화는 어떤 형태의 성적 표현에 대해 아니라고 말하는 것을 포함한다. 그것은 여전히 오늘날에도 그러하다. 만일 섹슈얼리티를 포함한 우리의 전 존재가 하나님에게 속해있는 것이라면, 우리는 헌신으로부터 분리된 성적 표현에 대하여 아니라고 말해야 하고, 다른 사람들을 상품으로 대하는 관계에 대해서 아니라고 말해야 하고, 우리의 이기적 욕구만 만족시키는 관계에 대해서도 아니라고 말해야 한다.

그러나 만일 성화가 파괴적이고 이기적인 관계에 대하여 아니라고 말하는 것이라면, 그것은 남편과 아내의 계약 관계에 대하여는 찬성하는 것이고, 육체뿐 아니라 모든 존재를 공유하는 두 사람 사이의 성적 관계에 찬성하는 것이다.

3. [이것은 하나님의 뜻이다] 나는 그 말씀이 우리가 미디어로 여러 방식들을 통해 받아들이고 있는 메시지에 대한 도전이라는 것을 깨닫는다. 그러나 그것들은 나의 말이 아니고 바울의 말도 아니고, 책임 있는 교회의 말도 아니다. "이것은 하나님의 뜻이다." 하나님은 우리를 이런 종류의 공동체로 부르시고 있다. 성령을 통해 우리에게 능력을 부여하시는 분은 바로 하나님이시다.

그 날의 자녀들 (살전 5:1-11)

목회적 설교(*pastoral preaching*)는 교회가 기독교 공동체와 그것의 문화 사이에 경계선을 정한다는 점에서 대안 문화를 창조하는 것을 포함한다. 본문은 그리스도인의 소망에 관한 공동체의 관심에 초점을 맞추고 있다.

해석학적 오리엔테이션: 나의 청중들은 거의 현재의 묵시론적 토의를 심각하게 받아들이지 않는다. 그러므로 그들은 이 언어를 잊어버리기 쉽다. 나의 임무는 그 본문의 중심적인 부담을 의사소통 하는 것이다. 종말에 대한 인식(*eschatological consciousness*)은 우리를 윤리적 헌신으로 몰아가는 힘이다. 사고의 진전 가운데서, 나는 종말론적 인식에 대한 우리 자신의 부족을 인정하는 것으로부터 종말론에 기초한 바울의 도전을 듣기 원하는 결론을 향해 이동해 갈 것이다.

10년 전 걸프전이 벌어지는 동안 나는 이라크에서의 전투 소식에 흥분된 반응을 보이는 한 학생과 이야기했다. 그는 아마겟돈(Armageddon)이 일어났는지 보기를 원했기 때문에, 그 소식이 특별하다고 지적했다. 그는 그때가 왔다고 진술하였다. 아마겟돈-계시록에서 묘사된 선과 악의 세력 간의 최후의 우주 전쟁-은 많은 사람들에 의해 심각하게 받아들여졌다. 텔레비전 복음 전도자들은 우주전쟁이 일어날 장소와 예수가 재림할 때에 대하여 보여 주면서 한 손에 성경을, 다른 한 손에는 지도를 가지고 말하는 뉴스 해설가가 되었다. 그들은 마지막 때 (time)를 상세히 묘사하였다.

1. [세상 끝 날(end-time)에 대한 이야기는 우리에게 최우선 순위가 아니다] 나는 데살로니가 사람들에 대한 바울의 말에서 아주 편안해지는 나 자신을 발

견했다. 바울은 교회가 세상의 끝 날을 추측하는 것으로 시간을 낭비하기를 원하지 않았다. 우리들 대부분은 바울의 바람을 기꺼이 따르고 있고, 이 주제를 광신자들의 몫으로 떠넘겨 버린다. 우리는 심지어 그들의 예상이 어리석었다는 것에 대해 기뻐한다. 그것은 항상 잘못이라는 것이 입증되고 있다.

나는 경건한 어머니와 믿음 없는 아버지 사이에서 영향을 받은 가족에 관한 피터 디브리스(Peter DeVries)의 이야기를 떠올렸다. 그 무신론자 아버지는 불꽃 공장에서 폭발이 일어났을 때-아주 짧은 기간-갑자기 신자가 되었다. 그는 그것이 재림이라고 확신했고 그래서 그는 거기서 회심을 경험했다. 그 당시 그는 정말로 일어났던 무엇에 대해 확실히 깨달았고 그가 옛 방식으로 돌아간다면 완전히 체면을 잃게 되리란 것을 알았다. 재림은 유머를 위한 주제가 되어버렸다.

2. [우리가 하나님의 미래를 무시했을 때 부정적인 결말에 직면하게 된다]

그러나 아마도 우리가 종말에 대한 관심을 너무 쉽게 잊어버린다면 실수를 하는 것이다. 종말에 대한 우리의 이해에 따라서, 현재 우리들의 우선순위에 있어서 중요한 차이가 생겨질 수 있다. 오래 전에 우리의 문화는 하나님께서 세상의 결국을 가져온다는 생각을 망각해 버리게 되었다.

우리는 강박감에 사로잡힌 소비와 한 순간의 만족 안에서 미래에 대한 이러한 포기의 결과가 무엇인지를 경험하게 된다. 크리스토포 라쉬(Christopher Lasch)는 *The Culture of Narcissism*에서 우리 문화의 차원(dimension)을 연대순으로 기록하고 있다. 종말에 대한 자각의 감소와 더불어 문화는 개인의 만족, 물질의 소비, 미래 건설에 대한 무능력에 초점을 맞추어 발전한다. 어니스트 헤밍웨이(Ernest Hemingway)는 그가 내린 결정들과 그가 취한 선택들을 회상하며 죽어가는 남자의 이야기인 "킬로만자로의 눈"(The snow of Kilimanjaro)을 썼다. 그는 마치 영원히 살 것처럼 맹목적으로 살아왔기 때문에 아주 후회스럽게 회상한다. 이제 죽음의 긴박함은 새로운 시각에서 삶의 결정들(decisions)을 배치시키게 된다.

바울은 그 순간이 지나면 볼 수 없는 사람들에 대해 말하고 있고, 그리고 그는 그들을 어둠의 사람들이라고 묘사하고 있다. "자는 자들은 밤에 자고 취하는 자들은 밤에 취하되." 미래가 없다면 우리는 쾌락으로 시간을 낭비할 것이다.

3. [종말에 대한 자각은 오늘 우리를 행동하도록 자극한다] 그러나 우리는 미래와 함께 하는 사람들이다. 우리는 "그 날의 자녀들"이다. 사실, 우리가 세상에 대하여 뚜렷이 구별 되어지는 점은 우리들이 하나님의 궁극적 승리를 믿는다는데 있다. 소망이 없는 문화 속에서 우리는 미래를 믿는다. 하나님의 승리에 대한 이러한 믿음은 공론(空論)의 문제는 아니다. 그것은 오늘날 우리가 어떻게 살아야 하는지를 변화 시킨다. 바울은 심지어 하나의 전투로서 우리의 응답을 묘사하고 있다. 싸워야 할 전투가 있고 만들어져야 하는 준비가 있다.

나는 그리스도인의 삶을 묘사하는데 있어서 호전적인 이미지를 사용하는 것에 관해 어떤 사람들이 어려워하고 있다는 것을 알고 있다. 어떤 이들은 찬송가집에서 전투의 모습을 제거하기도 한다. 그러나 사실 전투의 모습은 우리의 헌신이 아주 중요하다는 것을 깨닫도록 도와준다. 우리의 믿음은 단지 우리가 필요를 만났을 때 가지게 되는 것이 아니고, 오후의 소풍도 아니며, 여가 활동으로서의 종교를 의미하는 것도 아니다.

우리는 미래를 알기 때문에 배고픔과 가난과 싸울 것을 선포한다. 우리는 방심할 수 없는 이기주의에 대해 전쟁을 선포하고 믿음, 소망, 사랑의 무기로 옷 입는다.

더 나은 길(고전 13장)

이 고전적인 본문은 바울이 고린도에서 반공동체 세력에 맞서고 있는 보다 광범위한 대화의 영역에 속한다. 이 실례에서, 바울은 더 놀랄만한 은사에 대한 어떤 이들의 강조 때문에 생긴 무질서(chaos)를 이야기한다. 고린도전서 12-14장에서 예배와 은사에 대한 토론 가운데 있는 여담(digression)으로서, 이 본문은 고린도에 있는 공동체를 회복시킬 수 있는 하나의 사실에 대한 강조를 다시 되찾기를 요구한다. 해석학적 오리엔테이션: 비록 내가 속한 공동체는 은사의 이슈에 대한 긴장을 경험하지 않았지만, 우리는 경쟁적인 목회사역들로 인한 도전에 직면해 있다. 친숙함이 오히려 장애를 초래케 하였기 때문에, 나는 서론에서 친숙함이 이 구절의 날(edge)을 둔하게 만들었다는 것을 제안하면서 이 장애물을 극복하고자 한다. 개요(sketch)는 고린도전서 13장 가운데 있는 논증의 전진(progression of argumentation)되는 방식을 따르고 있다.

"내가 사랑의 방언과 천사의 말을 할지라도 사랑이 없으면 소리 나는 구리와 울리는 꽹과리가 되고…"(나는 전체 구절을 인용하고 있다)

오늘날 고전 13장의 말씀은 공적인 소유물(public property)이 되었다. 우리는 거의 모든 종류의 결혼식에서 이 구절의 말씀들을 찾을 수 있다. 그것들은 내가 가지고 있는 *Bartlett's Familar Quotations*에 나타나 있다. 그것들은 셀 수 없이 많은 작가들의 선집에 끊임없이 등장하고 있다. 이 말씀들은 사랑에 관한 고전이 되어 버렸다.

그러나 이것이 바로 문제이다. 이와 같이 아름다운 말들이 공적인 영역에 들어가게 되었을 때, 그것들은 너무 친숙해져서 우리들이 그것을 결코 알아들을 수 없게 만들어 버린다는 점이다. 그 말들은 진부한 상투어와 다를 바 없어진다. 만약 우리가 그 말들이 처음 전해졌을 때 듣게 되었다면, 우리는 그것을 아름답다고 생각하지 않았을지도 모른다. 사실 그 말들은 그리스도인들이 행동하는 방식을 비난하는 것으로 사용되어진 것이었다.

1. [우리는 더 나은 길을 찾는다] 이 말씀들은 성령의 은사에 대하여 경쟁 가운데로 빠져든 그리스도인들에게 쓰여 진 것이었다. 모든 사람들은 누가 더 나은 길을 찾았는지에 대한 질문에 지나치게 몰두하는 것처럼 보였다. 그와 같은 경쟁은 공동체를 분열시키기에 충분해 보인다. 우리는 그것에 공감할 수 있다. 그렇지 않은가? 고린도에서 함께 교회를 지켜 나가기가 쉽지 않았다. 그리고 특별히 너무 많은 다양성이 공존하는 가운데 공동체를 함께 지켜 나가기는 어려운 것이었다. 경쟁은 선한 목회사역들 사이에도 나타나게 된다. 한 가지 특별한 목회사역에 대한 우리의 사랑 안에서, 우리는 단순히 우리가 더 나은 길을 발견하고 있다고 느끼게 된다.

전통적 예배인가 아니면 동시대적인 현대적 예배인가? 우리는 더 나은 길을 찾고 있다! 사회 정의에 대한 약속인가 아니면 복음 전도인가? 우리는 더 나은 길을 찾고 있다! 성경 연구인가 아니면 행동인가? 우리는 더 나은 길을 찾고 있다!

2. [중요한 것은 사랑이다] 우리들의 경쟁적 삶의 한 복판에서, 바울은 "만일 내가 바른 예배를 드린다 할지라도 사랑이 없으면 아무 것도 아니요"와 같은 무엇인가를 말하고 있다. "만약 내가 복음 전도 또는 사회 정의에 나 자신을 다 써 버린다고 해도 사랑이 없으면 아무 것도 아니다."

그들은 바울에게 더 나은 길을 설명해 달라고 요청했고 그는 그들에게 과거에 대해 이야기했다. 그들이 그에게 더 나은 길에 대한 논의를 해결해 주기를 원했을 때 바울은 사랑에 대해 이야기 했다.

3. [사랑이란 무엇인가?] 물론 아무도 정말로 사랑에 반대하지는 않는다. 그러나 사랑은 연습되어져야만 한다. "사랑은 오래 참고 친절하다. 사랑은 시기하거나 자랑하지 않으며…" 사랑은 진부한 것이 아니다. 그것은 삶의 현장 가운데 필수적으로 있어야만 하는 것이다.

사랑은 알츠하이머병으로 고통당하는 아내를 돌보느라 힘을 다 소진한 그리스도의 한 늙은 종이다. 사랑은 루게릭병으로 상처받아 한 구성원들 가운데 한 사람을 에워싸고 있는 교회 공동체이다. 사랑은 학대당하는 아이를 양자 삼아서 엄청난 부담을 안게 된 부부이다. 사랑은 부랑아들의 권리를 지키기 위해 봉사하는 대리인이다.

4. [사랑은 영원히 견디어 낸다.] 사랑은 소진되는 것이다. 그러나 그것은 영원히 지속되는 단 하나의 것이다. "사랑은 결코 끝나지 않는다. 그러나 예언은 끝이 나고, 방언은 멈추어질 것이다…" 우리는 영원히 지속될 단 하나의 것에 우리 자신을 헌신하게 된다.

우리가 더 작은 목표들을 궁극적 목표들로서 취급하여 삶의 균형을 쉽게 잃어버리게 된다. 1970년대에 달라스 카우보이를 위해 뒤에서 달린 스타, 두안 토마스

(Duane Thomas)는 마지막 경기에서 경기하는 것 같은 느낌에 받지 않았느냐는 질문을 받았다. 그는 "만약 이것이 최후의 경기라면, 그들이 왜 내년에 경기하겠습니까?"라고 대답했다.

하나의 좋은 프로그램 또는 또 다른 프로그램에 대한 우리의 열정 가운데서 우리는 영원히 지속될 단 한 가지에 대한 견해를 잃어버렸다. "그 중에 제일은 사랑이라."

지켜야 할 약속들 (고후 1:15-23)

이 본문은 목회에 대한 바울의 변호가 처음 시작되는 부분이다. 고린도 사람들은 바울이 여행 계획을 변경한 것을 그가 말만 앞세우는 아첨꾼-그들이 듣기 원했던 것을 항상 그의 청중에게 말했던 옛날의 진부한 인물-이라는 표시로서 해석하고 있다. 바울은 하나님의 신실하심이 그의 목회 사역을 위한 모델이라고 지적하면서, 신학적 대답으로 그의 진정성을 변론하고 있다.

해석학적 오리엔테이션: 자기실현(*self-realization*)을 위한 열심 속에서, 우리는 공동체를 유지하는 것이 우리들의 기독교인의 자기 이해에 기초가 된다는 점을 인정하는 것에 실패하게 된다. (나는 *Abilene Christian University*에 신학교 대학원의 채플에서 이 설교를 전했다.)

내가 처음 히브리어를 배우게 된 시기를 정확하게 확신할 순 없지만, 나는 그것이 어려서 부터였다는 사실을 기억한다. 사실 나는 '아멘'이라는 말을 몰랐던 때를 기억할 수 없다. 나는 그것이 기도를 끝내기 위한 방법이라는 것을 알았다. 나는 '아멘'-우리가 e-mail 메시지를 보낼 때 "send" 버튼을 누르는 것과 같은 종류-이라고 말하지 않는 것은 기도라고 확신할 수 없었다. 그 당시 누군가가 나에게 아멘이 정말로 "그렇게 될 것이다"라는 뜻이라고 말해 주었다. 몇 해 동안 나는 많은 컨텍스트 속에서 그 말을 듣게 되었다. 나는 예배 시간 내내 내가 알아들을 수 있는 유일한 말이 아멘 밖에 없는 외국에서 그것을 듣게 되었다. 그 말은 우리의 대중적 어휘가 되었다. 그것은 너무 친숙해져서 그것이 어떤 것을 의미하는지 거의 기억할 수 없는 단어의 일종이 되었다. 그것은 우리들의 말이다. 오늘 우리가 읽은 성경에서 그것은 역시 중요한 단어이다. 바울은 고린도에 있는 그리스어로 말하는 회중들이 예배 때에 히브리어인 '아멘'이라고 말하는 그 순간에 대해 생각했다. 그것은 단지 예배를 끝내는 방법만은 아니다. 그것 이상의 것이다.

1. [우리는 우리의 인격과 서약을 지키는 데 있어서 피할 수 없는 질문에 직면해 있다] 나는 바울이 그것에 대해 설명하지 않았다면 이 단어에 대해 많은 생각을 하지 않았을 것이다. 그는 비난받고 있었기 때문에 그 단어에 대해 설명했다. 그는 모든 목회자들과 교회 지도자들이 직면한 냉소적 비난에 직면하고 있다. 그 비난의 골자는 바울이 단지 그 자신에 대해서만 생각하는 기회주의자로서 그의 계획들을 만들고 있다는 것이다. 그는 고린도 사람들에게 그들을 방문할 것이라고 말했다. 그리고는 겨울을 지내게 되었고, 그는 가지 않았다. 그것은 마치 누군가가 아주 작은 어떤 것으로 아주 큰 소란을 피우는 것처럼 들린다. 약속을 지키는데 실패한 것으로부터 그들은 그의 인격에 관한 중요한 결론을 이끌어 낸다. 그러나 한편으로 보면 우리의 작은 결정들은 우리가 누구인지에 대한 합성물(composite)을 형성케 한다. 우리 모두는 매일 우리가 누구인가에 대한 표시들(indices)로서 여겨질 수 있는 작은 결정들을 내리게 된다.

모든 약속들을 지키는 것은 쉽지 않다. 약속을 하는 것은 우리의 자유를 제한한다. 우리는 새로운 목회를 시작하고 그것이 우리가 생각했던 이상적 자리가 아니라는 것을 발견한다. 우리는 서약을 하게 되지만, 그러나 그 때 생애 가운데 가장 좋은 기회가 찾아온다. 우리는 잘못된 사람과 결혼한 것을 발견한다. 우리는 아이를 낳게 되었는데 그 아이는 문제가 있는 아이이다. 어떤 서약은 간단하게 지키기 어렵다.

2. [인간의 신실함은 하나님의 신실함에 근거를 두고 있다] 여행 계획에 관한 대화 도중에 바울은 '아멘'이 뜻하는 것을 설명하기 시작한다. 그것은 하나님의 신실함에 대한 우리의 응답이다. 사실 하나님은 신실하시다. 하나님은 그의 약속을 지키신다. 우리가 '아멘'이라고 말할 때 우리는 하나님에 대한 믿음을 고백하게 되는 것이다. 이것이 그와 같은 하나님에 대한 서약이다.

이 서약은 우리가 어떤 종류의 사람인가 하는 것을 결정한다. 하나님을 예배하고 그의 약속을 지키는 우리는 우리의 서약을 가볍게 여기지 않는다. 심지어 작은 서약들도 무엇인가를 의미한다. 우리는 친구를 사귈 때, 은연중에 친구가 되기로 약속한다. 우리는 친구들과 더불어 책임있는 그룹의 일부분이 된다. 그리고 우리는 그 그룹에 대한 서약에 충실할 것이라고 말한다. 교직원과 학생들은 계약을 맺는다. 한 학기를 시작할 때 우리는 교육하고 교육받는 것에 대해 재계약을 하고 우리의 임무를 진지하게 수행한다.

더 큰 서약들도 또한 약속이다. 우리는 교회를 설립한다. 우리는 이 믿는 자들의 공동체가 우리의 일부분이 될 것이라고 서약한다.

우리는 믿는 자들의 회중에 대해 서약한다. 그들은 좋은 시간과 나쁜 시간을 가지게 된다. 그러나 우리는 우리가 한 가지 약속을 했다는 것을 알고 있다.

3. [그의 약속들이 지켜지지 않은 것에 대해 바울은 또 다른 신학적 기초에 호소한다: 우리를 위한 그리스도의 희생] 이제 나는 바울이 그의 약속을 지키지 않았다는 것을 인정해야만 한다. 그러나 거기엔 더 큰 이유가 있었다. 그것은 그들의 유익을 위한 것이었다. 우리의 인격을 형성시켜주는 또 다른 이야기가 존재하는 것이다. 다른 사람을 위해 그의 생명을 주셨던 한 분이 계시다. 우리의 결정을 만들게 하는 것은 기회주의(opportunism)가 아니라 다른 사람을 위한 이타적인 염려이다. 지금은 한 학기가 시작하는 시점이다. 우리는 우리의 이야기를 회상하게 된다. 그리고 그것은 우리가 내리는 작은 결정들을 구체화 할 수 있게 만든다. 아멘.

주(Lord)로서 예수 그리스도(고후 4:1-6)

신학적 설교는 지나친 단순함(oversimplications)과 회중의 사명을 다시 고치게 하는 나쁜 생각들에 대해 대답한다. 고린도후서 4:1-6절에서 바울은 공격당하고 있는 사역에 대하여 변론하고 있다. 그의 적대자들은 바울의 수고를 쓸모 없는 것이라고 지적한다. 여기서 나는 그 구절의 논리(logic of passage)를 따라 가려고 시도했다. 서론적인 실례는 바울이 직면한 낙담(discouragement)에 대해 초점을 맞추려고 한다. 그것은 우리 자신의 경험에 대한 내러티브 안에 이슈를 두게 하고, 우리 자신의 낙담을 토론하기 위한 출발점 공급해 준다. 그 설교는 바울 사상의 논리적 순서를 따른다.

처칠의 "우리는 결코 포기하지 않을 것이다"라는 유명한 말은 영국의 가장 어두웠던 절망의 시기에 말해진 것이다. 물론 그의 말은 포기하는 것이 하나의 분명한 가능성으로 틀림없이 제기 되고 있었음을 암시하고 있는 것이다. 왜 그 외로운 민족은 실패한 주의(lost cause)를 계속유지 해야만 했을까? 이 외로운 섬 민족은 그 나라를 대항하여 정렬된 세력들에 의해 압도당하는 것처럼 보였다. 우리는 또한 우리 기독교적인 믿음이 실패한 주의가 아닌지 생각하게 된다. 무엇이 믿음의 사람들에 대한 기대일까? 믿음의 상태에 대한 보고서들은 용기를 돋우어 주지 못하고 있다.

1. [우리는 모든 종류의 낙심에 직면해 있다] 그 보고서들은 결코 용기를 돋워주지 못했다. 바울이 "우리는 마음을 잃지 않았다."라고 거듭 말할 때 나는 그가 지나치게 힘겨운 저항을 하고 있는 것이 분명하다고 확신할 수 있다. 결과가 그의 요구대로 이뤄지지 않게 되었다. 우리는 그의 낙심을 이해할 수 있다. 그는 4:1절에서 그것을 말한다. 그는 4:16절에서 그것을 반복했다. 사실 전체 논의가 낙심에 대한 문맥 속에 있다.

우리는 우리가 경험 것과 하나가 된다. 왜 교회가 노령화를 경험케 되는 이유는 무엇인가? 레슬레뉴비킨(Lesslie Newbigin)은 서방세계를 새로운 전도지로서 묘사하고 있다. 교회는 지역 사회에서 그 탁월한 위치를 잃어 버렸다.

2. [아마 지금은 우리가 전하고 있는 메시지를 다시 생각할 시간일 것이다] 우리의 실망은 우리가 그 결과들을 결정지을 수 있다는 것을 암시하고 있는 것이다. 왜 약간의 시장 조사를 하지 않는가? 아마 만약 우리가 그룹에 초점 맞추고, 아이디어가 얻어지는 것을 깨닫기 위해 귀 기울인다면, 우리는 숫자가 감소

해 가는 것에 대한 답을 발견할 수 있을 것이다. 그것들은 우리가 더 많은 다수의 인원들에게 호소하기 위해 바쳐야 할 것을 말해 줄지도 모른다. 약간의 현명한 재주와 프로그램을 우리가 원하는 결과를 위해 사용하는 것은 어떤가? 바울의 교회는 틀림없이 왜 그가 더 효과적이지 못했는지에 대해 물었을 것이다. 그는 "하나님 말씀의 작은 조각 하나라도 함부로 변경"할 수 없었을까? 바울의 목회가 쇠퇴하는 동안 다른 이들은 널리 보급된 문화에 맞춘 기독교인의 믿음을 적응시켰다. 그리고 그들은 성공적으로 보였다.

3. [우리는 우리 자신이 아니라 우리 주로서의 예수 그리스도를 설교한다] 바울은 자신보다 더 성공한 적대자들과 마주했을 때 그 문제를 보았다. 그 문제는 우리가 "예수 그리스도는 주다"라는 단순한 메시지에 의해 존재할 수 있도록 부름 받게 되었다 것을 아는 것이다. 그것이 성공할까? 하나님은 우리를 성공적이 되도록 부르신 것이 아니라 신실하게 되도록 부르신 것이다.

우리는 이 메시지가 우리 삶을 변화시켰다는 것을 알고 있다. 바울은 본문에서 "어두운데서 빛이 비취리라 하시던 그 하나님께서 예수 그리스도의 얼굴에 있는 하나님의 영광을 아는 빛을 우리 마음에 비취셨느니라."

4. [결코 우리는 낙담하지 않는다] 궁극적인 결과를 결정짓는 것은 우리의 현명함이 아니라 하나님이시다.

새로운 세상 (고후 5:11-20)

바울의 청중들은 목회에 대한 두 가지 관점, 즉 사도 바울의 입장과 그 대적자의 입장에 말려들게 되었다. 대적자들은 능력과 수사학적 설득력으로 특징지워지는 사역 실례를 제시하고 있다. 그들은 연약하고 외형적인 실패로 특징지워지는 목회를 천거하는 사도 바울과 길을 달리했다. 일반적인 판단 기준에 따르면, 반대자들은 좋은 실례를 제시하고 있다. 바울의 임무는 표면적으로 천거할 만한 거의 어떤 것도 가지지 못한 목회에 대한 이해로서 그의 대적들로부터 승리를 되찾는 것이다. 설교는 사역에 있어서 "새로운 세상"에 대한 전망을 위한 바울이 주장하는 논리를 따르게 된다.

해석학적인 오리엔테이션: 고린도서들처럼, 우리는 존재하는 교회의 두 다른 모델들 사이에 휘말려 있다.

본문은 사용할 수 있는 교차 대구법 구조로 구성되어 있다. 인용구의 처음과 끝에서 바울은 그의 사명에 대해 설명한다. 논의의 중심에서 그는 그의 사역을 결정하는 "새로운 세상"에 대한 설명으로 그의 사명을 방어한다. 시작과 끝에서는 사역에 대하여 성찰하고 있다. 그 중심에는 바울의 사역을 정의하는 새로운 창조물에 대한 성찰이 있다.

작은 방에 살고 있는 만화 주인공인 딜버트(Dilbert)는 최근에 그의 사장이 그가 하고 있는 모든 일을 멈추고 그의 목표와 그의 목표를 가늠하는 기대치를 완성하는 사명에 대한 진술을 준비하라고 요구했음을 사무실에 있는 스텝들에게 분명하게 말하였다. 책임에 대한 이러한 요구가 어떤 기관에도 영향을 미치지 않도록 그대로 남겨져 있는 곳은 없다. 우리 중 일부는 우리의 실제 과업을 수행하는 것보다 사명의 진술을 적고 우리의 활동을 설명하는데 더 많은 시간을 보내게 되는 그러한 상황 가운데서 일하고 있는지도 모른다! 더 이상 모든 그들의 활동들을 위한 기초인 사명 선언을 세우지 않고서는 평소처럼 많은 기관들이 비즈니스를 계속할 수 없다.

1. [우리 스스로를 설명해야만 할 때가 온다] 심지어 교회조차도 책임을 위한 요구에서부터 면제되지 않는다. 교회의 모든 경쟁적인 비전과 함께, 우리는 우리의 사명과 우리가 성공적으로 우리의 직무를 이행하는 것에 대하여 한 번 더 생각하는 것을 피할 수 없다.

어떻게 우리가 교회의 성공을 측정할 수 있는가? 그리고 우리는 그것을 이룩하기 위하여 어떤 노력을 해야 하는가? 만약 우리가 최근에 우리들이 이루고자 하는 목적의 성취를 측정하는 것에 대하여 배우게 된다면, 우리는 우리의 목표에 대한 성취를 판단할 수 있을 것이다. 우리는 멤버십 안에 있는 성장과 교회 재산의 가치를 측정할 수 있다. 우리는 교회 소유물에 대한 가치를 측정할 수 있다. 우리가 예산을 세우고 목사를 임명하고 시설을 짓고 어떤 종류의 결정을 내릴 때마다, 우리는 우리의 사명에 대하여 진술하게 된다. 그러나 우리는 교회의 사명에 대하여 질문들을 가지고 있다. 때때로 우리는 다른 방법들로 사명을 정의하기 때문에 질문들은 긴장 속에 넘쳐흐르게 된다. 그것은 사도 바울이 고린도후서를 쓸 때와 같은 방법이다. 만약 우리가 사도 바울과 고린도인들의 대화를 엿듣는다면, 우리는 우리 자신들의 대화를 엿듣는 것과 같을 것이다. 어떤 때는 멈춰 서서 우리에게 주어진 사명을 수행할 수 있을지 없을지에 대하여 물어봐야만 한다. 우리가 나아갈 수 있는 잠재적인 방향에 대하여 생각해보라.

바울의 대적자들은 확실히 많은 의견을 만들었다. 그들은 바울을 몰아세워 그가 그 스스로를 설명해야 될 것을 요구하였다. 그 결과는 미약하였고 그는 그의 고단한 사역 때문에 거의 보여주어야 할 것을 가지고 있지 못했다. 그를 비방하는 자들은 책임을 요구하였고 그는 그것을 제시하였다.

2. [우리의 이야기는 우리의 사명을 결정 한다: "한 사람이 우리 모두를 위하여 죽으셨다."] 그는 "한 사람이 우리 모두를 위하여 죽으셨다."는 간단한 말로 그의 전체 사역을 설명한다. 그것을 상상해 보라! 교회의 사명에 대한 열띤 논의 가운데, 바울은 이렇게 말한다. "한 사람이 우리 모두를 위하여 죽으셨다." 다음 해의 예산이나 패밀리 라이프 건축에 몰두하고 있는 교회를 상상해 보라. 그리고 누군가가 "그리스도께서 우리를 위하여 죽으셨다는 것을 기억하라."고 말한다. 이러한 신념이 탁아시설의 개업이나 가족센터의 건축, 또는 환자서비스의 시작과 무슨 관계가 있는가? 사도 바울은 설명하기를 요구받았을 때 "한 사람이 우리 모두를 위하여 죽으셨다."고 말하였다. 그가 그보다 더 나은 대답을 할 수 있었겠는가? 이 말씀을 찬송가들 안에 가사로서 남기지 않았겠는가?

3. [이것이 만물을 바라보는 "새로운 세상"의 방식이다] "한 사람이 우리 모두를 위하여 죽으셨다." 우리가 매주 암송하는 말이다. 그리스도인의 믿음을 요약하는 더 이상의 간결한 방법을 찾을 수 없다. 그러나 우리는 그것이 단순히

회상하는 것 이상이라는 점을 주목해 보아야 하지 않을까? 이 말씀이 우리의 존재를 정의한다. "한 사람이 모든 사람을 대신하여 죽었은즉 모든 사람이 죽은 것이라. 저가 모든 사람을 대신하여 죽으심은 산 자들로 하여금 다시는 저희 자신을 위하여 살지 않고 오직 저희를 대신하여 죽었다가 다시 사신 자를 위하여 살게 하려 함이니라." 즉 "누구든지 그리스도 안에 있으면 새로운 세계(world)이다."

나는 그 번역들이 때때로 "만약 누군가가 그리스도 안에서 있다면 그는 새로운 피조물이다"라고 읽혀지고 있음을 안다. 그러나 이것에 대한 올바른 해석은 "만약 누구든지 그리스도 안에 있으면 새로운 세계이다"라는 것이다. 우리는 새로운 세상으로 들어간 사람들이다. 우리에게 일전에 의미 없이 만들어진 만물들이 이제는 의미 있게 된다. 우리 모두를 위하여 죽는 것은 나르시시즘의 문화에서는 이해가 되지 않는 일이다. 우리 모두를 위하여 죽는 것은 경쟁과 야망의 우리 문화와는 거의 맞지 않는다. "한 사람이 우리 모두를 대신하여 죽었은즉, 모든 사람이 죽은 것이라." 그것이 상상이 되는가!

우리를 뚫고 지나 계속 이어지는 새로운 세계의 질(quality)이 있다. 그것이 이치에 맞지 않다는 것을 나도 안다. 자신을 위해 무엇인가를 만들 수 있었음에도 불구하고, 어느 한 여성이 캘커타의 슬럼가에서 그녀의 삶을 보냈다. 어느 교회는 재정적으로 부족함에도 이웃을 도와주기로 결심했다. 어느 가족은 노부모와 함께 시간을 보내기 위하여 삶의 수준과 직장에서 일하는 시간을 줄였다.

우리가 누구인가는 어떻게 정의하는가에 따라 "새로운 세계"가 존재하게 된다.

4. [이 낯선 세계는 하나님으로부터 온다. 그리고 하나님은 세상을 자신과 화해시키고, 화해의 말씀을 우리에게 위탁하셨다] 이 세계가 낯설다는 것을 나는 알고 있다. 그러나 그것은 하나님으로부터 온다. 즉, "그리스도로 말미암아 우리를 자기와 화목하게 하셨다." 동일한 하나님께서 화목의 말씀을 주고 계신다. 그리고 그는 우리에게 화목케 하는 직책을 주셨다. 그러므로 우리의 사명은 하나님을 위해 말하는 것이다. 아마 우리가 만약 그 이야기를 들었다면 우리의 계획과 사역들은 어떤 다른 의견을 만들지 않게 될 것이다. 우리는 단지 우리가 들은 것이 가능성이 있는지 모를 때에도 이렇게 말할 수 있다. "하나님과 화목

하라." 우리가 말 하고 있는 이야기를 기억하기로 하자. 그것은 우리가 원하는 교회의 종류를 결정지을 것이다.

하나님의 끝나지 않은 비지니스 (롬 6:1-11)

하나님의 백성 안에 유대인들과 이방인들을 포함하는 실례를 제시 하면서, 바울은 하나님의 의에 호소한다. 하나님의 의는 모든 인간들의 사역을 제외시킨다. 로마서 6장부터 11장에서 그는 이 교리에 대한 반대의견을 예상하고 있다. 6장 1절부터 11절에서는 하나님의 의가 도덕적 책임감을 손상시킨다는 주장에 직면하게 된다. 그의 도전은 어떻게 이 교리가 윤리적 행동을 위한 부르심을 포함하는가를 설명하는 것이다.

해석학적 오리엔테이션: 북미 기독교인들은 바울의 은혜의 교리에 대한 널리 보급된 버전에 영향 받아왔다. 어떤 청중들은 이러한 관점이 윤리를 손상시킨다는 고대의 반대(*ancient objection*)에 뜻을 같이하면서, 이 은혜의 교리에 대하여 신중함을 취하게 될 수도 있다. 청중들 가운데 많은 이들은 값싼 은혜(*cheap grace*)로 바뀌게 되는 그런 차원의 은혜를 발견하게 될 것이다.

나는 언제나 해피엔딩으로 끝나는 이야기에 당황하게 된다. 해피 엔딩이 시종일관 마지막에 오는 것을 볼 때, 나는 미심쩍어 진다. 나는 내일 무슨 일이 일어날지 알고 싶다. 나는 "*Into the Woods*"라는 뮤지컬을 좋아한다. 그 뮤지컬은 감히 그 질문을 던지기 때문이다. 이 작품은 아마도 "이 후에 행복하게 살았다"고 할 수 있는 인물들-"잭와 콩나무", "작은 빨간 모자", "신데렐라"-의 이야기들로 우리를 인도한다. 그리고 감히 그들의 계속된 실존을 상상하게 한다. 그것은 유쾌한 장면은 아니다. 삶은 변화하기 때문에 우리는 행복한 순간을 고정시킬 수 없다.

나는 성경의 행복한 장면들을 사랑한다. 거기서 이야기들은 하나님의 은혜에 대한 경축으로 끝을 맺는다. 방탕한 아들이 그가 받기에 과분한 파티의 자리에로 환영받는다. 단 한 시간 일한 사람이 하루 종일 일한 사람과 똑같은 돈을 받는다. 이것이 하나님의 은혜이다. 그러나 나는 내일 무슨 일이 일어날지 물어보아야만 한다. 하나님의 은혜를 발견했던 기독교인들에게 무슨 일이 일어날까? 이것은 사도 바울이 로마인들에게 대답하는 질문이다.

1. [하나님 은혜의 교리는 문제를 일으킨다] 우리 중 많은 이들은 로마서의 첫 부분에서 우리가 발견(discovery)한 것을 기억하게 된다. 구원을 효력 있게 만드는 것이 우리의 의가 아니라 하나님의 의라는 것을 읽게 되는 순간 무거운 짐으로부터 자유롭게 되었다. 이것은 우리가 실패하게 될 것을 알게 되는 순간, 하나님의 기준에 도달하려고 시도하는 것으로 부터 자유롭게 되는 것을 의미한다.

그러나 그 교리는 또한 위험하다. 그것은 심지어 공정하지 않다. 이 하나님 은혜에 대한 이 교리는 용서를 기대하게 하는 멘탈리티를 만들어 낼 수 있다. 엘리자베트 악트마이어(Eliza- beth Achtemeier)는 다른 여자와 살기 위해서 그녀의 엄마를 떠날 것이라고 그의 성인 딸에게 이야기하는 한 아버지에 대하여 이야기한다. "나를 용서해주겠니?"라고 아버지는 딸에게 말한다, 결국, 용서는 쉽게 되는 것으로 생각하고 있는 것이다. "은혜를 더하게 하려고 죄에 거하겠느뇨?" 이것이 뭘 의미하는지 이해하실 수 있습니까?[1]

2. [우리는 죄에 대하여 죽었다] 어떤 면에서 그것은 이해가 된다. 만약 우리가 우리의 세례가 의미하는 것을 생각하지 않는다면 말이다. 사도 바울은 "무릇 그리스도 예수와 합하여 세례를 받은 우리는 그의 죽으심과 합하여 세례를 받은 줄을 알지 못하느뇨. 그러므로 우리가 그의 죽으심과 합하여 세례를 받음으로 그와 함께 장사되었나니 이는 아버지의 영광으로 말미암아 그리스도를 죽은 자 가운데서 살리심과 같이 우리로 또한 새생명 가운데서 행하게 하려 함이니라."고 말한다. 하나님의 은혜는 열한 번째 시간으로의 초대가 아니라 남은 전 생애를 뒤에 남겨 두고 떠나라는 부름이다.

우리의 삶에는 우리의 존재를 영원히 결정지어 주는 순간들이 있다. 잊고 싶지 않은 순간들이 있다. 우리가 결혼하게 되었다. 그리고 우리는 그 순간을 결코 원상태로 돌리기를 원치 않는다. 우리는 그 날을 기억한다. 그리고 그것을 정규적으로 구분하여 지킨다. 왜냐하면 그것이 우리가 누구인가의 한 부분이기 때문이다. 우리는 한 아이를 받아들이게 되었다. 그리고 우리의 삶은 영원히 변화되고 있다. 피난민들은 전쟁으로 폐허가 된 나라를 남겨 두고 떠나 새로운 삶을 건설한다. 그들은 되돌아가기를 원치 않는다.

바울은 세례를 한 존재에서 다른 존재로 교차되는 순간으로 묘사한다. 우리가 재앙으로부터 구조될 때 우리는 돌아가기를 원치 않게 된다.

3. [우리는 하나님의 끝나지 않은 비즈니스 이다] 내 생각에는 하나님의 의나 하나님의 은혜는 그와 같은 위험한 메시지이다. 왜냐하면 우리는 이 기쁜 소식이 이야기의 마침이라고 생각하면서 우리 자신을 속이기 때문이다. 우리는 해피엔딩 이야기를 좋아한다. 사도행전은 개종자들의 새로운 삶으로 결론 맺는 놀랍고도, 극적인 이야기다. 초대교회가 시작되는 시점에 수천 명이 개종하였다. 그리고 우리는 다시 그것들을 들을 수 없다. 에티오피아의 내시(The Ethiopian eunuch)는 개종하였고, 그리고 나서 석양으로 사라져 버렸다. 여기서 그 이야기가 끝난다. 고넬료와 그의 가족은 그들의 개종을 위해서 장애물을 극복해야 한다. 그러나 마지막 장면에서, 그들은 모두가 개종되었다. 여기서 그 이야기가 끝난다.

그러나 하나님의 의는 이야기의 끝이 아니다. 하나님은 아직 우리와의 관계를 끝내지 않으셨다. 하나님의 의는 섬김을 위해 우리를 징모하는 능력이다. 우리가 하나님의 은혜를 이해하였을 때 우리는 분별 할 수 있다. 이것은 우리가 하나님의 능력에 우리의 삶을 열었을 때이고, 그분을 위한 봉사 안에서 우리 자신을 두게할 때 가능해 진다.

아무 것도 이치에 맞지 않을 때 (롬 9-11)

로마서 9장에서 11장은 심도 있는 신학적 논증이 펼쳐지는 부분이다. 여기서 바울은 로마서의 1-4장의 논증에 대한 잠재적인 반대의견에 대답하면서 하나님의 의의 중요성을 설명한다. 원래의 문맥 안에서 사도 바울의 논증은 이스라엘에 대한 하나님의 신실하심에 대한 질문을 던진다. 그는 이스라엘에 대한 번민에서 부터 이스라엘 구원의 기념과 하나님의 비밀스러운 방법들에 대한 송영으로 옮겨가게 되었다.

해석학적 오리엔테이션: 우리는 우리의 질문들의 정황 가운데서 하나님의 신비로운 방식을 위한 바울의 논증을 듣게 된다. 나는 광범위한 설명으로 회중들에게 부담을 주기를 원하지 않는다. 그러나 나는 사도 바울의 논증의 중요한 관점을 따를 것을 시도해 보았다. 나의 배열은 바울의 논증 결과를 따르고 있다.

Roger's Version이라는 소설에서 존 업다이크(John Updike)는 영리한 젊은 물리학을 전공하는 학생에 대하여 이야기한다. 그 학생은 교수님을 찾아와 자랑스럽게 전에는 한 번도 물리학으로 해결된 적이 없는 컴퓨터 모델의 문제점들을 해결했다고 선언했다. 그는 그의 계산이 멀리 하나님의 마음에 까지 나아갈 수 있을 것 같은 자신감에 차 있었다. "하나님은 더 이상 숨을 수가 없어."라고 그가 말했다. 그는 창조의 시작으로 되돌아갔다. 그는 어떻게 우주가 생겨났으며 어떻게 활동하게 되었는지를 이해하게 되었다. 이제 과학적 정신을 통하여, 그는 하나님의 마음을 이해하게 되었다. 그는 하나님의 비밀을 파헤쳤다.

우리는 하나님의 비밀을 파헤치고 하나님이 세상에서 어떤 일을 하셨는지 알아내고 싶지 않은가? 사실 우리들 가운데 많은 이들이 우리들의 믿음에 관하여 질문을 던지게 된다. 만약 하나님이 세상에서 역사하신다면, 왜 우리는 그 진보(progress)를 추적해 볼 수 없는가? 만약 하나님이 세상을 구속하시기 위해 역사하신다면, 왜 나는 그것을 볼 수 없단 말인가?

1. [우리는 결과가 우리의 주장과 맞지 않는 문제에 직면하게 된다.] 사도 바울을 상상해 보라! 그 앞에서 일어난 그가 본 모든 일들이 하나님이 세상에 행하신 위대한 일들과는 모순되는 것처럼 보였다. 그는 로마서 8장에서 "우리는 이러한 일들에 대하여 어떻게 이야기해야 하는가?"라며 묻는다. "만약 하나님이 우리 편이라면, 누가 우리에게 대항할 것인가? 누가 우리를 그리스도의 사랑으로부터 끊을 수 있을 것인가?" 곧 이어 다음 순간 그는 말한다. "내게 큰 근심이 있는 것과 마음에 그치지 않는 고통이 있는 것을 내 양심이 성령 안에서

나로 더불어 증거 하노니 나의 형제 곧 골육의 친척을 위하여 내 자신이 저주를 받아 그리스도에게 끊어질 찌라도 원하는 바니라." 우리는 그의 감정과 동일시 될 수 있다. 그렇지 않은가? 세상은 점점 더 커지는 반면에 우리 믿음의 사람들은 점점 더 작아지지 않는가? 만물이 이치에 맞지 않다. 우리들의 자연스러운 대답은, 특별히 인간의 노하우(know-how)안에서 자신감으로 충만한 시대 가운데서, 무엇인가를 행하는 것이다.

2. [하나님은 언제나 이상한 방식들로 일하신다.] 그러나 우리는 무엇을 할 수 있는가? 하나님이 언제나 이상한 방식들로 일 하신다는 것이 사실이다. 바울이 이야기 한 것처럼, 하나님은 이스마엘이 아닌 이삭을 선택하셨다. 에서가 아닌 야곱을 선택하셨다. 심지어 그는 파라오의 마음을 강팍하게 하실 수도 있었다. 나에게 왜냐고 묻지 마라. 어떠한 컴퓨터 기종으로도 하나님의 방법을 밝혀낼 수 없다. 실제로, 심지어 엘리야까지도 그가 홀로 남겨져 있다고 생각했다. 그리고 어떤 사람도 하나님께서 세상에 무슨 일을 하시고 계셨는지 밝혀낼 수 없다. 우리의 믿음은 오래 동안 실패한 주의(a lost cause)처럼 보인다. 성경적인 믿음은 우리의 계산을 뛰어 넘는 신비이다.

3. [만약 하나님의 방법이 신비라면 미래도 우리의 계산을 뛰어 넘는 것이다.] 사도 바울이 "모든 이스라엘은 구원을 받을 것이다."라고 말한 것은 이제 정말 수수께끼이다. 그는 이스라엘에 대한 번민으로 이 부분의 대화를 시작하였다. 그리고 이제 그는 다시 말한다. "그리하여 온 이스라엘이 구원을 얻으리라." 다시 한 번 말하지만, 나에게 그때가 언제인지 어떻게 그 일이 일어날 것인지에 대하여 묻지 마라. 우리는 "모든 이스라엘"이 정확히 누구를 의미하는지 알 수 없다. 학자들은 오래 동안 그 질문에 대하여 토론하게 될 것이다. 사실 하나님의 방법들은 우리의 계산을 뛰어 넘는 것이다. 우리의 실패한 주의(a lost cause)에 대한 번민 속에서 우리는 한 가지를 잊었다. 우리는 하나님의 방법들이 비밀이라는 것을 잊고 있다.

4. [하나님의 방법에 대한 깊은 묵상이 송영을 낳게 한다.] 우리는 하나님의 비밀에 대한 이러한 확언(affirmation)에 대해 무엇이라고 말할 수 있는가? 우리는 단지 이렇게 말할 수 있다. "깊도다 하나님의 지혜와 지식의 부요함이여." 하나님의 방법들을 이해하는데 있어서 절망 가운데서, 우리는 사도 바울과 이야기하게 된다. "그의 판단은 측량하지 못할 것이며." 심지어 낙담의 한 가운데에서조차 우리는 이렇게 말한다. "만물이 주에게서 나오고 주로 말미암고 주에게로 돌아감이니라."

참고문헌

서론: 후기독교 문화 안에 바울의 복음

1) David M. Greenhaw, "As One with Authority," in *Intersections: Post-Critical Studies in Preaching*, ed.. Richard Eslinger (Grand Rapids: Eerdmans, 1994), 106.
2) David Buttrick, *A Captive Voice* (Louisville, Ky.: Westminster John Knox, 1994), 81쪽을 보라.
3) John Broadus, *On the Preparation and Delivery of Sermons*, 4th ed. (New York: Harper & Row, 1979), 78-198. Cf. Ilion T. Jones, *Principle and Practice of Preaching* (New York: Abingdon, 1956), 87-102.
4) Clyde Fant, *Preaching for Today*, rev. ed. (San Francisco: Harper & Row, 1987), 159-64; Richard Jensen, *Telling the Story* (Minneapolis: Augsburg, 1980), 26ff.; Richard Jensen, *Thinking in Story: Preaching in a Post-literate Age* (Lima, Ohio: CSS, 1993).
5) Buttrick, *A Captive Voice*, 81.
6) Thomas Troeger, *Imagining a Sermon* (Nashville: Abingdon, 1990), 29; Paul Scott Wilson, *The Practice of Preaching* (Nashville: Abingdon, 1995), 205; Fred Craddock, *As One without Authority* (Nashville: Abingdon, 1971), 54.
7) Don M. Wardlaw, "The Need for New Shapes," in *Preaching Biblically*, ed. Don M. Wardlaw (Philadelphia: Westminster, 1983), 11.
8) Thomas Long, "And How Shall They Hear?" In *Listening to the Word*, Fs. Fred B. Craddock, ed. Gail R. O' Day and Thomas G. Long (Nashville: Abingdon, 1993), 173.
9) Fred Craddock, *As One without Authority*, 52쪽을 보라. 새로운 해석학에 있어서의 "신설교학"의 기원에 대하여는 Wilson, *The Practice of Preaching*, 24쪽을 보라. 또한 Richard Eslinger, *Narrative and Imagination* (Minneapolis: Fortress, 1995), 7쪽을 보라.
10) Troeger, "A Poetics of the Pulpit for Post-Modern Times," in *Intersections*, ed. Richard L. Eslinger (Grand Rapids: Eerdmans, 1994), 52.
11) Craddock, As *One without Authority*, 58.
12) Paul Ricoeur, "Toward a Hermeneutic of the Idea of Revelation," in *Essays on Biblical Interpretation*, ed. Lewis S. Mudge (Philadelphia: Fortress, 1980), 91. 또한 Mark I. Wallace, *The Second Naiveté*, Studies in American Biblical Hermeneutics 6 (Macon, Ga.:Mercer Univ. Press, 1990), 36쪽을 보라.
13) Amos Wilder, *The Language of the Gospel: Early Christian Rhetoric* (New York: Harper & Row, 1964), 13: "초기 기독교 연설의 형태가 가지고 있는 특징

은 기독교에 대한 우리들의 이해와 오늘날 그에 대한 커뮤니케이션에 대하여 많은 것을 교훈해 주어야만 한다." 와일더 (Wilder)는 설교자가 설교 가운데서, 마치 두 가지를 분간할 수 있는 것인 양, 성경의 형식과 내용 사이를 구분할 수 없다고 보았다. "우리는 기독교인 연설의 적절한 전략과 도구들에 관한 사려 깊은 연구로부터 많은 것을 배울 수 있고, 후에 그것들을 우리 자신의 정황에 적용할 수 있다."
14) Eugene L. Lowry, "The Revolution in Sermonic Shape," in *Listening to the Word*, 93-112. 또한 Eugene L. Lowry, *The Sermon: Dancing the Edge of Mystery* (Nachville: Abingdon, 1997), 11쪽을 보라.
15) H. Grady Davis, *Design for Preaching* (Philadelphia: Fortress, 1958), 15. 데이비스(Davis)는 설교 형식은 유기적 전체로 고려되어야 하며, 뿌리 조직과 여러 가지들을 가지고 있는 나무에 비유하면서, 상당한 관심을 설교의 형식에 두고 있다.
16) Craddock, As One *without Authority*, 14.
17) Ibid., 53-58.
18) Eugene Lowry, *The Homiletic Plot* (Atlanta: John Knox, 1980), 15.
19) Ibid. *The Sermon: Dancing the Edge of Mystery*, 22-28쪽에서 로우리는 여섯 가지의 동일함을 분별할 수 있는 형태의 모델들을 다음과 같이 열거하고 있다. 귀납적 설교, 스토리 설교, 내러티브 설교, 초 의식적인 아프리카계 미국인 설교, 현상적인 설교, 그리고 대화적-삽화적 설교. 나는 이 형태들은 모든 문학적 장르들로부터 설교할 때 사용할 수 있는 선택들이 될 것이라고 생각한다.
20) David Buttrick, *Homiletic* (Philadelphia: Fortress, 1987), xii.
21) 설교학 이론에 있어서 청중에 대한 관심이 다시 부활하게 된 점에 대하여는 Beverly Zink-Sawer, 'The Word Purely Preached and Heard' : The Listeners and the Homiletic Endeavor," *Interpretation* 51 (1997): 342-57 쪽을 보라.
22) 계시록에 대한 설교에 관한 유용한 자료를 위해서는 David Schnasa Jacobsen, *Preaching in the New Creation: The Promise of New Testament Apocalyptic Texts* (Louisville, Kr.: Westminster John Knox, 1999)를 보라.
23) Hand Frei, "Apologetics, Criticism, and the Loss of Narrative Interpretation," in Stanley Hauerwas and L. Gregory Jones, *Why Narrative?* (Grand Rapids: Eerdmans, 1989), 50.
24) *The Word of God and the Word of Man* (reprint, New York: Harper & Row, 1957)이라는 제목의 책 안에 있는 Karl Barth's 고전적인 글을 보라.
25) David Buttrick, "On Doing Homiletics Today," *in Intersection*, 90. 성경 연구와 설교와의 관계에 대해서는 또한 Stephen Farris, "Limping Away with a Blessing: Biblical Studies and Preaching at the End of the Second Millennium," *Interpretation* 51 (1997):358-70쪽을 보라.
26) Frei, "Apologetics, Criticism, and the Loss of Narrative Interpretation," 50.
27) 기본적인 세계관과 도덕적 질문들을 대답하는데 있어서 현대 사상 가운데 내러티브의 중요성에 대하여는 J. Richard Middleton and Brian J. Walsh, *Truth is Stranger Than It Used to Be* (Downers Grove, Ill.: InterVarsity, 1995), 63-66쪽을 보라.
28) Ronald J. Allen, Barbara Shires Blaisdell, and Scott Black Johnston, *Theology for Preaching: Authority, Truth and Knowledge of God in a Postmodern Ethos*

(Nashville: Abingdon Press, 1997), 169쪽에서 Ronald Allen은 "homiletical smorgasbord in the postmodern ethos"에 대하여 말하고 있다. Troeger, "A Poetics of the Pulpit for Post-Modern Times," 42-64쪽을 보라.

29) *Theology for Preaching* 52쪽 에서 Scott Black Johnston's 관점을 보라: "비록 크래독의 책이 청중을 향해 권위의 이동에 대하여 촉구하고 있지만, As One without Authority를 포스트모던 설교학을 표명하는 것으로 결론짓는 것은 명확하지 않다. 왜냐하면 크래독은 인간학(즉, 모든 사람이 귀납적으로 듣게 된다)에 대한 광범위한 이해에 기초하여 설교의 건강함을 위한 처방을 내리고 있기 때문이다. 포스트모던 학자들은 그러한 보편적인 주장들을 거절하고 모든 사람들 사이에 있는 가정된 유사성들에 대하여 의문을 제기하고 있다."

30) David Buttrick, "On Doing Homiletics Today," in *Intersections*, 90.

31) Averil Cameron, *Christianity and the Rhetoric of Empire* (Berkeley, Calif.: Univ. of California Press, 1991), 89.

32) Leander Keck, *The Bible in the Pulpit* (Nashville: Abingdon, 1978), 105-24쪽을 보라.

33) Fred Craddock, *Overhearing the Gospel* (Nashville: Abingdon, 1978), 91. *Preaching Jesus: New Directions for Homiletics in Hans Frei's Postliberal Theology* (Grand Rapids: Eerdmans, 1997)이라는 책에서 Charles L. Campbell에 의해 제시된 뛰어난 논증을 보라.

34) N. T. Wright, *What Saint Paul Really Said* (Grand Rapids: Eerdmans, 1997), 94쪽을 보라.

35) Robert Bellah et al., *Habits of the Heart* (Berkley: Univ. of California Press, 1985)를 보라. 이 그룹은 미국인의 경향을 개인적인 자유, 선택, 그리고 개인적 행복을 추구하는 것으로 연대순으로 기록하고 있다. 이러한 추구는 도덕적 요구에 대한 중요성 혹은 공동선(common good)에 대한 토론에 대하여 빛을 잃게 만든다.

36) 포로 됨의 이미지를 위해서는, Walter Brueggemann, *Cadences of Home: Preaching among Exiles* (Louisville, Kr.: Westminster John Knox, 1997)를 보라. 또한 James Thompson, *The Church in Exile* (Abilene, Tex.: Abilene Christian Univ, Press, 1990); 그리고 Christopher Lasch, *The Culture of Narcissism* (New York: W. W. Norton & Co., 1979)를 보라.

37) Bellah et al., *Habits of the Heart*, 6: 심지어 가장 심도 있는 윤리적 미덕들도 개인적인 기호의 문제로 여겨지고 있다. 참으로, 절대적인 윤리적 규칙은 오로지 개인들이 무엇이든지 자신들에게 득이 된다고 생각되는 것을 추구할 수 있어야 한다는 것이다. 그것은 오로지 다른 사람들의 '가치 체계'를 방해하지 않는 범위 안에서 요구할 수 있는 것으로 제한되어진다. 또한 우리 시대 문화의 경합하는 도덕적 비전들에 대하여는 James Davison Hunter, *Culture Wars: The Struggle to Defend America* (New York: Basic Books, 1991), 107-32쪽을 보라.

38) Thomas Long, "When the Preacher Is a Teacher," *Journal for Preachers* 16 (1992): 24쪽을 보라.

39) Mark Ellingsen, *The Integrity of Biblical Narrative* (Minneapolis: Fortress, 1990), 29쪽을 보라.

40) Campbell, *Preaching Jesus*, 174.
41) Eugene Lowry, ed., *How to Preach a Parable* (Nashville: Abingdon, 1989). Campbell (Preaching Jesus, 174-75)은 설교학 발전에 분명한 영향을 끼친 신해석학(new hermeneutic)은 비유를 해석하는 것에 초점을 맞추고 있음을 강조하고 있다. "실존적이고 경험적인 사건들로서"의 비유에 대한 신해석학의 강조는 현대 설교학 이론에 영향을 끼쳐오고 있다.
42) Richard Lischer, "The Limitation of Story," *Interpretation* 38 (1984): 26.
43) Arthur Van Seters, "Dilemmas in Preaching Doctrine: Theology's Public Voice," *Journal for Preachers* 20 (1997): 34쪽을 보라. 또한 Alister E. McGrath, *The Genesis of Doctrine: A Study of Doctrinal Criticism* (Oxford: Balckwell, 1990), 7-11쪽을 보라. 내러티브는 근원적인 것이지만, 교리는 부차적인 해석이라는 견해는 Van Seters, 34에서 인용되었다.
44) Richard B. Hays, *The Faith of Jesus Christ*, SBLDS 56 (Chico, Calif.: Scholars Press, 1983), 20-23. Cf. Richard Hays, "$ΠΙΣΤΙΣ$ and Pauline Christology," in E. Elizabeth Johnson and David M. Hays, ed., *Pauline Theology* (Atlanta: Scholars Press, 1997), 4.37. 또한 Northrop Frye, *Fables of Identity: Studies in Poetic Mythology* (New York: Harcourt, Brace & World, 1963)를 보라.
45) Pheme Perkins, "Philippians: Theology for the Heavenly Politeuma," in J. Bassler, *Pauline Theology* (Minneapolis: Fortress, 1991), 1. 95-98쪽을 보라. 퍼킨스은 찬양(hymn)이 "빌립보서의 지배적인 메타포"라고 주장한다.
46) Daniel Patte, *Preaching Paul* (Philadelphia: Fortress, 1984), 32쪽을 보라. 또한 Richard Hays, "Crucified with Christ," in *Pauline Theology*, 1.234쪽을 보라. 해이는 바울 서신의 이야기 라인 안에 있는 여섯 가지 사건들을 개관하고 있다. (1) 하나님이 모든 민족을 축복하기 위해서 아브라함을 축복하셨다 (갈 3:6-9); (2) 하나님이 백성들을 자유케 하기 위해서 그의 아들을 보내셨다 (갈 4:1-7); (3) 예수님이 십자가에서의 죽음을 통해 하나님의 목적을 성취하셨다 (갈 3:1); (4) 예수님이 죽은 자들 가운데서 부활하셨다 (살전 1:10; 4:14); (5) 그리스도 예수께 속하는 사람들은 시대의 전환점에서 그들 스스로를 발견하게 된다 (cf. 갈. 6:14-15); (6) 공동체의 희망은 그리스도의 재림에 있다. 또한 Norman Petersen, *Rediscovering Paul: Philemon and the Sociology of Paul's Narrative World* (Philadelphia: Fortress, 1985), 43쪽을 보라; N. T. Wright, *The New Testament and the People of God* (Minneapolis: Fortress, 1992), 403-10.
47) Paul Ricoeur, The Symbolism of Evil (Boston: Beacon Press, 1967), 347-57. David M. Greenhaw, "As One with Authority," in *Intersections*, 114-15쪽을 보라.
48) Ricoeur, "Toward a Hermeneutic of the Idea of Revelation," 73-95쪽을 보라.
49) Craddock, *As One without Authority*, 67.
50) Campbell, *Preaching Jesus*, 140.
51) Ibid.
52) Robert Jewett, *Paul: The Apostle to America* (Louisville, Kr.: Westminster John Knox, 1994), 14.
53) Cf. Charles Cousar, "Preaching on Paul," *Journal for Preachers* 18 (1995):9.

54) 설교자로서의 바울의 역할에 대하여 조사한 여러 권의 저술들이 있다. Raymond Bailey, *Paul the Preacher* (Nashville: Broadman, 1991); Jerome Murphy-O' Connor, *Paul on Preaching* (New York: Sheed & Ward, 1963); Fred Craddock, "Preaching to Corinthians," *Interpretation* 44 (1990): 158-68쪽을 보라.
55) David Bartlett, "Texts Shaping Sermons," in *Listening to the Word,* 160.

제 1장 설교의 모델로서 바울

1) C. H. Dodd, *The Apostolic Preaching and Its Developments* (New York: Harper & Row, 1964).
2) K. Donfried, *The Setting of Second Clement in Early Christianity* (Leiden: E. J. Brill, 1974), 26: "호밀리"(homily)라는 용어는 너무 막연하고 모호해서 그것의 문학적인 기원의 합법성이 제시되어질 때까지 이 용어는 사용이 중지되어야 한다. 문제의 핵심은 "호밀리"라는 용어의 정의에 있다. 이 용어는 다양한 유형의 그리스 문헌, 유대교 미드라쉬, 신약성경 히브리서, 유사-클레멘트타인식 문헌 그리고 유월절에 대한 멜리토의 소책자(Melito's tract)등에 사용되어지고 있다. 아마도 현재 용법 가운데 가장 커다란 모호함은 한편으로 그리스식 비방의 형태에 의해 영향 받은 어떤 헬라파 유대인 문헌들을 설명하기 위해서 사용되었을 때와 또 다른 한편으로, 어떤 전형적인 유대인의 미드라쉬 패턴을 정의하기 위해 사용되어질 때에 생기게 된다. 이것들이 절대적으로 이곳에서만 발견할 수 있는 정의들은 아니지만 그것들을 충분히 보다 커다란 정확도를 보장 하는 데는 차이가 있다.
3) Justin, *Apol.* 1.67.
4) F. Siegert, *Drei hellenistisch-jüdische Predigten* (Tübingen: J. C. B. Mohr, 1992), 3. 클라우스 버거 (Klaus Berger) ("Hellenistische Gattungen im Neuen Testament," *ANRW* 2.25.1363)는 신화화된 개념의 설교에 대하여 말하고 있다. 그것은 마틴 루터 (Martin Luther)에게서 처음 시작 되었고, 마틴 디벨리우스(Martin Dibelius)와 루돌프 불트만(Rudolf Bultmann)의 저술 속에서 계속적으로 언급되어졌다. 설교에 대한 분명한 정의를 제시하는 것 없이 디벨리우스와 불트만은 자주 설교가 전통의 보존과 성장을 위한 고정된 요소라고 제안하였다.
5) 오리겐의 설교에 대한 토의를 위해서는 Éric Junod, "Wodurch unterscheiden sich die Homilien des Origenes von seinen Kommentaren?" in H. Muhlenberg and J. van Oort, *Predigt* in der *alten Kirche* (kampen: Pharos, 1994)를 보라. 오리겐의 초기 형태의 설교들과 함께 시작하게 될 때, 우리는 속기로 기록된 기독교 공동체의 첫 번째 구전 설교의 실례들을 가지게 되는 것이다. 오리겐은 각 구절-구절을 설명해 나가는 강해로서의 설교를 전수했다. 그것은 초기 교회의 적절했던 한 설교의 모델이었다. 후에 기독교 설교자들은 그리스 수사학적 전통 안에서 설교를 위한 모델을 발견하였다. 그 당시에 수사학으로 훈련된 설교자들에 의해서 기독교 설교가 형성되었다. 또한 Hughes Oliphant Old, *The Reading and Preaching of the Scriptures in the Worship of the Christian Church* (Grand Rapids: Eerdmans, 1998), 1. 252쪽을 보라.

6) *Phaedr.* 248-76. Dorothea Frede, "Mündlichkeit und Schriftlichkeit: von Platon zu Plotin," in *Logos und Buchstabe: Mündlichkeit und Schriftlichkeit im Judentum und Christentum der Antike*, ed. Gerhard Sellin and François Vouga (Tübingen: Francke, 1997), 33.
7) Tony Lentz, *Orality and Literacy in Hellenic Greece* (Carbondale, Ill.: Southern Illinois Univ. Press, 1989), 15.
8) Ibid.
9) Ibid.
10) Peter Müller, "Der Glaube aus dem Hören: Über das gesprochene und das geschriebene Wort bei Paulus," in Religious Propaganda and Missionary Competition in the New Testament World, Fs. Dieter Georgi, ed. Lukas Bormann, Kelly Dei Tredici, and Angela Standhartinger, NovTSup 14 (Leiden: E. J. Brill, 1994), 407.
11) Amos Wilder, *The Language of the Gospel: Early Christian Rhetoric* (New York: Harper & Row, 1964), 18.
12) Ina Willi-Plein, "Spuren der Unterscheidung von mündlichem und schriftlichem Wort im Alten Testment," in *Logos und Buchstabe*, 77쪽을 보라. 윌리 플레인(Willi Plein)은 예레미야 36장에 소개된 예레미야의 선포에 대해 바룩이 필사한 이야기를 "예언자적 말씀을 기록하기 위해 기록된 말씀을 사용하는 성경 안에서 최초로 등장하는 명백한 언급이라"고 묘사하고 있다.
13) Peter Müller, "Der Glaube," 421.
14) Ibid., 435.
15) Duane Litfin, St. *Paul's Theology of Proclamation*, SNTSMS 70 (Cambridge: Cambridge Univ. Press, 1994), 257.
16) Ibid.
17) Reinhold Reck, *Kommunikation und Gemeindeaufbau*, SbB (Stuttgart: Katholisches Bibelwerk, 1991), 203.
18) David Barlett, "Texts Shaping Sermons," in *Listening to the Word*, Fs. Fred Craddock, ed. Gail R. O'Day and Thomas G. Long (Nashville: Abingdon, 1993), 157.
19) Quintilian, Inst. 10.3.3. Cited in Casey Wayne Davis, *Oral Biblical Criticism: The Influence of the Principles of Orality on the Literary Structure of Paul's Epistle to the Philippians*, JSNT172 (Sheffield: JSOT, 1999), 28.
20) Peter Müller, "Der Glaube," 422.
21) E. Randolph Richards, *The Secretary in the Letters of Paul*, WUNT 42 (Tübingen: J. C. B. Mohr, 1991), 169-87쪽을 보라. 또한 Gordon J. Bahr, "Paul and Letter Writing in the First Century," *CBQ* 28 (1966): 465-77쪽을 보라. 로마서 16:22절은 바울이 로마 교회에 그의 서신을 받아쓰게 한 것을 알게 한다. 고린도전서 16:21, 갈 6:11 그리고 빌레몬서 19절에 있는 바울의 언급들은 그의 다른 서신들이 또한 받아쓰게 하고 바울이 최종적 문안을 첨가한 것으로 설명하고 있다. 이를 위해서 또한 Paul Achtemeier, "*Omne verbum sonat*: The New Testament and the Oral Environment of Late Western Antiquity," JBL109 (1990): 12-15쪽을 보라. 악트마이어 (15p)는

"그러나 우리가 가지고 있는 목적들을 위한 중요한 요점은 구전 환경이 너무나 널리 퍼져 있어서 목소리로 말하지 않는 채 생겨지는 어떤 글도 없다"고 설명하고 있다. 또한 John D. Harvey, *Listening to the Text: Oral Patterning in Paul's Letters*, ETG Studies (Grand Rapids: Baker, 1998), 52쪽을 보라.

22) Harvey, *Listening to the Text*, 18.
23) William Barclay, "A Comparison of Paul's Missionary Preaching and Preaching to the Church," in *Apostolic History and the Gospel*, ed. W. Ward Gasque and R. P. Martin (Exeter: Paternoster, 1970): "바울의 서신들은 신학적 논문들이라기 보다는 훨씬 더 설교들에 가깝다. 바울의 서신들이 다루고 있는 것은 구체적인 상황들과 함께하는 것들이다. 그것들은 심지어 쓰여 진 것이라기보다는 선포되어진 것이라는 의미에서 설교들이다. 그것들은 어느 사람이 책상에 앉아서 주도면밀하게 기록한 글이 아니다. 그것들은 그가 글을 받아쓰게 할 때, 분주하게 방 위아래를 오가며, 항상 그 편지가 전달될 사람들을 그의 마음의 눈에 그리는 어떤 사람에 의해서 토해진 글이다."
24) E. P. Sanders, *Paul* (Oxford: Oxford Univ. Press, 1991), 54.
25) Robert Funk, "The Apostolic Parousia: Form and Significance," in *Christian History and Interpretation*, Fs. John Knox, ed. W. R. Farmer, C. F. D. Moule, and R. R. Niebuhr (Cambridge: Cambridge Univ. Press, 1967), 249.
26) Funk, "Parousia," 264.
27) David Bartlett, "Texts Shaping Sermons," 157.
28) Pieter Botha, "The Verbal Art of the Pauline Letters," in *Rhetoric and the New Testament*, ed.. Thomas H. Olbricht and Stanley Porter, JSNTSS 90 (Sheffield: JSOT, 1992), 413.
29) Raymond F. Collins, "1 Thes and the Liturgy of the Early Church," *BTB* 10 (1979): 51.
30) Walter Ong, *Orality and Literacy: The Technologizing of the Word* (New York and London: Routledge, 1982), 115. 서구의 전통적인 생활 유산에서 어떤 소중하게 기록된 텍스트들은 크게 읽혀지도록 의도되었고, 또한 그럴만한 가치가 있었다. 그리고 텍스트들을 크게 소리 내어 읽는 관습은 많은 변화를 거치기는 했지만 아주 일반적으로 19세기 동안 계속되었다. 이러한 관습은 강력히 고대로부터 아주 최근의 시대까지 문학적 스타일에 영향을 끼치게 되었다.
31) Claude Cox, "The Reading of the Personal Letter as the Background for the Reading of the Scriptures in the Early Church," in *The Early Church in Its Context: Essays in Honor of Everett Ferguson*, ed. Abraham J. Malherbe, Frederick W. Norris, and James W. Thompson, NovTSup 90 (Leiden: E. J. Brill, 1998), 82.
32) Cf. Martin Cobin, "An Oral Interpreter's Index to Quintilian," *Quarterly Journal of Speech* 44 (1958): 61-66. 퀸틸리안은 전달(delivery)에 대한 그의 광범위한 교훈들을 텍스트 읽기에 적용하였다. 그는 독자들은 철저하게 그의 텍스트에 익숙해져야 할 필요가 있음을 지적하였다. "또한 우리의 배우(actor)는 어떻게 내러티브가 전달되어져야 하는지를 보여주는 것과 분노가 상승하고 있는 것을 표시하는 권위적인 음성과 파토스의 특색을 드러내는 음성의 변화를 표현할 것이 요구되어진다."

(*Inst.* 1.11.12). 또 다른 곳에서, 퀸틸리안에 따르면, "읽기를 위해 선택되어진 연설과 연관되어져 있는 케이스는 설명되어져야 한다. 왜냐하면, 만약 그렇게 될 때, 독자들은 읽혀져야 할 것에 대한 보다 분명한 이해를 가지게 될 것이기 때문이다. 읽기가 시작되어질 때, 어떤 중요한 요점도 풍성한 자료에 대하여 말하는 것이든지 아니면 주제를 다루는데 있어서 나타나는 스타일에 대하여 말하는 것이든지 간에, 인식되지 않은 채 지나가는 것이 허용되지 않아야만 한다." 퀸틸리안은 어떻게 독자들이 다른 표제들 속에서 서두와 연설의 각 영역을 이해해야만 하는지를 알려주기 위해 논의를 계속 한다. "논점의 핵심들은 얼마나 풍성하고 얼마나 빈번히 등장하는지, 어떤 활력이 마음을 동요시키는지, 어떤 우아함이 문장을 부드럽게 하는지, 독설은 얼마나 맹렬한지, 얼마나 위트로 가득 차 있는지, 그리고 결론에서 어떻게 연설자가 그의 청중의 감정을 움직여 연설자의 의도를 청중들의 마음속으로 밀어 넣을 수 있는지, 그리고 배심원(jury)의 감정에 연설자가 쓰는 표현으로 완벽한 동정심을 불러일으킬 수 있을지를 고려해야 한다"(*Inst*, 2.5.8).
33) Quintilian, *Inst.* 1.11.2-14쪽을 보라.
34) Martin McGuire, "Letters and Letter Carriers in Ancient Antiquity," *Classical World* 53 (1960): 148. cited in Richard Ward, "Pauline Voice and Presence as Strategic Communication," *SBLSP* 29 (1990):289.
35) Ward, "Pauline Voice and Presence," 289.
36) Ibid., 290.
37) Ibid.
37) Botha, *The Verbal Art of the Pauline Letters,* 417. "또한 바울이 자신의 서신을 받아 적게 한 것은 십중팔구 서신 전달자와 최종적인 독자를 코치하기 위한 것이었다. 서신의 전달자는 바울이 그 서신이 읽혀지기를 원하는 것처럼 읽혀지고 있는지를 가장 잘 알 수 있었을 것이 분명하다.
39) Ward, "Pauline Voice and Presence," 289.
40) Ong, "*Maranatha*: Death and Life in the Text of the Book," *JAAR* 45 (1977):437. cited in Botha, 418.
41) Richard Longenecker, Galatians, WBC(Dallas: Word, 1990), 258.
42) J. Louis Martyn, :Events in Galatia," *Pauline Theology*, ed. Jouette M. Bassler (Minneapolis: Fortress, 1991), 1.161, 179.
43) 반복적인 행동을 설명하는 προελέγομεν의 미완료 시제에 주목하라. Traugott Holtz, *Der erste Brief an die Thessalonicher*, EKK (Neukirchen: Benziger, 1988), 128쪽을 보라.
44) M. Luther Stirewalt Jr., "Paul's Evaluation of Letter-Writing," in *Search the Scriptures*, FS, Raymond T. Stamm, ed. J. M. Myers, O. Reimherr, and H. N. Bream (Leiden: E. J. Brill, 1969), 192.
45) Leander Keck, "Toward a Theology of Rhetoric/Preaching," *Practical Theology*, ed. Don Browning (San Francisco: Harper & Row, 1983), 130.
46) Raymond Bailey, *Paul the Preacher* (Nashville: Broadman, 1991), 18.
47) R. Bultmann, *Der Stil der paulinischen Predigt und die kynisch-stoische Diatribe*, FRLANT 13 (Göttingen: Vandenhoeck & Ruprecht, 1910), 3.

48) Werner Kelber, *The Oral and Written Gospel: The Hermeneutics of Speaking and Writing in the Synoptic Tradition, Mark, Paul, and Q* (Philadelphia: Fortress, 1983), 168.
49) Ong, *Orality and Literacy*, 75.
50) Stirewalt, "Paul's Evaluation of Letter-Writing," 192.
51) Harvey, *Listening to the Text*, 97-118.
52) Davis, Oral Biblical Criticism, 64쪽을 보라. 나는 바울 담화의 대화적 특성에 대해서 2장과 4장에서 보다 자세히 다룰 것이다.
53) R. Dean Anderson Jr., *Ancient Rhetorical Theory and Paul*, rev. ed. (Leuven: Peeters, 1999), 119쪽을 보라. Cf. Hans Hübner, "Der Galaterbrief und das Verhältnis von antiker Rhetorik und Epistolographie," *TLZ* 109 (1984): 245; Bo Reicke, "A Synopsis of Early Christian Preaching," in *The Root of the Vine*, ed. A. Fridrichsen (Westminster: Dacre Press, 1953).
54) Walter Ong, *The Presence of the Word* (New Haven: Yale Univ. Press, 1967), 21.
55) Achtemeier, "Omne verbum sonat," 27.
56) Ibid., 고린도후서와 빌립보서에 있는 논증의 흐름을 따르기가 어렵기 때문에, 일반적으로 가장 유용한 해결점은 서신들을 복합적인 작품으로 보는 것이다. 악트마이어는 빌립보서가 청중의 유익을 위해서 3:1과 4:1에서 분명히 한계가 정해진 영역에 속하는 주제들에 대한 커뮤니케이션의 한 예가 될 수도 있다고 제안하고 있다. 빌립보서의 수사학적인 통일성에 대하여, 또한 Duane Watson, "A Rhetorical Analysis of Philippians and Its Implications for the Unity Question," *NovT* 30 (1988)를 보라. Cf. Davis, *Oral Biblical Criticism*, 141-61.
57) Abraham J. Malherbe, Paul and the *Thessalonians* (Philadelphia: Fortress, 1987), 69.
58) Ibid.
59) David E. Aune, *The New Testament in Its Literary Environment* (Philadelphia: Westminster, 1987), 197.
60) George Kennedy, *New Testament Interpretation through Rhetorical Criticism* (Chapel Hill: Univ. of North Carolina Press, 1984), 86-87.
61) J. Classen, "St. Paul's Epistles and Ancient Greek and Roman Rhetoric," in *Rhetoric and the New Testament*, ed. Stanley E. Porter and Thomas H. Olbricht, JSNTSS 90 (Sheffield: JSOT Press, 1993); Anderson, *Ancient Rhetorical Theory and Paul*, 118.
62) Stanley Stowers, *Letter Writing in Greco-Roman Antiquity*, LEC (Philadelphia: Westminster, 1986), 23. 또한 Jeffrey T. Reed, "The Epistle, in *Handbook of Classical Rhetoric in the Hellenistic Period*, ed. Stanley Porter (Leiden: E. J. Brill, 1997), 174-75. 리드(Reed)는 수사학의 종류들과 서신의 분류들 사이의 중복이 나타나는 것을 수사학적 핸드북에 대해 저술가들이 의존하고 있다고 보기 보다는 문화적으로 공유된 논증의 수단이 갖는 현존(presence)을 표시하는 것이라고 주장하였다.
63) Anderson, *Ancient Rhetorical Theory and Paul*, 121.
64) *Ep.* 3. 35, cited in Anderson, *Ancient Rhetorical Theory and Paul*, 123.
65) Frank W. Huges, *Early Christian Rhetoric and 2 Thessalonians*, JSOTSup 30 (Sheffield: JSOT, 1989), 47.

66) Kennedy, *New Testament Interpretation*, 87.
67) J. Christian Beker, *Paul the Apostle: The Triumph of God in Life and Thought* (Philadelphia: Fortress, 1980), 23-93.

제 2장 바울의 복음전도 설교와 목회 설교

1) C. H. Dodd, *The Apostolic Preaching and Its Developments* (1936; reprint, New York: Harper & Row, 1964), 7-9.
2) Ibid., 7.
3) Ibid., 7-8.
4) 다음 크래독 책의 부제를 유념해 보라. Fred Craddock's *Overhearing the Gospel: Preaching and Teaching the Faith to Persons Who Have Already Heard* (Nashville: Abingdon, 1978).
5) 예를 들어, J. Randall Nicholas, *The Restoring Word: Preaching as Pastoral Communication* (San Francisco: Harper & Row, 1987)를 보라. 또한 시리즈에 "주제별 설교" (preaching about) (Westminster/John Knox) 가운데 있는 재목 목록을 보라. David H. C. Read, *Preaching about the Needs of Real People* (1988); William H. Willimon, *Preaching about Conflict in the Local Church* (1987); Elizabeth Achtemeier, *Preaching about Family Relationships* (1987).
6) Ben Witherington, *Paul's Narrative Thought World: The Tapestry of Tragedy and Triumph* (Louisville, Ky.: Westminster John Knox, 1994); Norman Petersen, *Rediscovering Paul: Philemon and the Sociology of Paul's Narrative World* (Philadelphia: Fortress, 1985), 43-53쪽을 보라. Richard B. Hays, *The Faith of Jesus Christ*, SBLDS 56 (Chico, Calif.: Scholars Press, 1983), 20-23쪽을 참조하라. Richard Hays, " ΠΙΣΤΙΣ and Pauline Christology," in E. Elizabeth Johnson and David M. Hay, eds., *Pauline Theology* (Atlanta: Scholars Press, 1997), 4-37쪽을 참조하라.
7) witherington, *Paul's Narrative Thought World*, 340.
8) Ἀνάγκη 는 "은혜의 능력," 하나님이 인간의 봉사를 위한 그의 도구로 만든 신적인 작정에 대하여 언급하는 것이다. 혹자는 구약에 있는 예언자의 활동으로 강권하는 신적인 필요성을 비교하기도 한다. 모세, 아모스, 그리고 예레미야 신적 필요성에 의해 강권되어지고 있다. 출애굽기 3:11ff; 4:10ff; 아모스 3:8; 예레미야 1:5f.; 20:9; 에스겔 3:17f.; 요나서 1:2ff쪽을 보라. W. Schrage, Der *erste Brief an die Korinther*, EKK (Neukirchen: Benziger, 1995), 323-23쪽을 보라. K. O. Sandnes, *Paul-One of the Prophets? A Contribution to the Apostle's Self-Understanding*, WUNT 2/43 (Tübingen: J. C. B Mohr, 1991), 125-20쪽을 참조하라. 또한 Seyon, Kim, *The Origin of Paul's Gospel* (Grand Rapids: Eerdmans, 1981), 289-90; Carey C. Newman, *Paul's Glory Christology: Tradition and Rhetoric*, SNTSMS 69 (Leiden: E. J. Brill, 1992), 165-67쪽을 보라.
9) 바울이 승리의 행렬 기운데 있는 하나님의 포로라는 견해를 위해서는, Gerhard Barth, "Die Eignung des Verkündigers in 2 Kor 2,14-3,6," in *Kirche*, Fs. G. Bornkamm,

ed. D. Lühmann and G. Strecker (Tübingen:J. C. B. Mohr, 1980), 261쪽을 보라. 바울의 대적자들은 바울의 고난을 그가 사도가 아니라는 표시로 보고 있다. 그러나 반대로 바울은 승리의 행렬에 참여하고 있는 것이라고 주장하고 있다. Cf. Scott Hafemann, *Suffering and Ministry in the Spirit, an Exegetical Study of II Cor. 2:14-3:3 within the Context of the Corinthian Correspondence*, WUNT 2.19 (Tübingen: J. C. B. Mohr, 1986), 25. 해프먼은 고린도 후서 2:14에 있는 바울의 자기 묘사를 개선 행진과 연관되어 있는 고대 본문들과 비교하고 있다. 플르타치(Plutarch)는 어떻게 왕, 왕의 가족, 그리고 그들의 친구들과 개인적 수행원들이 항복한 사람들의 대표들로서 그들이 앞으로 당하게 될 처형을 위한 전조가 되는 행위로서 거리로 끌려가게 되었는지를 묘사하고 있다. 심지어 아이들도 조차도 이러한 행렬이 끝난 후에 그들을 기다리고 있던 운명을 알지 못한 채 노예로 끌려가게 되었다. Cf. Plutarch, *Rom.* xxx.4-xxxiv. Cf. 또한 Plutarch, Vit. Ant. xxvi: 클레오파트라 (Cleopatra)는 마크 안토니 (Mark Anthony)의 마네스 (*번역자 주, 고대 로마에서 조상 혹은 죽은자의 영혼*)에게 다음과 같이 절규한다: "만약 로마의 신들에게 능력과 자비가 남겨져 있다면...그들이 나를 괴롭혀 의기양양하게 당신이 경험한 치욕스러움 가운데로 나를 이끌어 가지 못하도록 도와주십시오." 또한 Frances Young and David F. Ford, *Meaning and Truth in 2 Corinthians* (Grand Rapids: Eerdmans, 1987), 19쪽을 보라.

10) 고린도후서 2:17절에 바울에 의해 사용된 Καπηλεύοντες(이익을 위해 파는)는 소피스트들의 철학적 전통 가운데서 사용된 일반적인 용어이다. 소피스트들은 그들의 교훈을 상품으로 판 사람들이다. Cf. Plato, Protag. 314c, d. Gerhard Barth, "Eignung," 263쪽을 보라.

11) Κήρυγμα라는 용어는 바울 문헌 가운데 오로지 로마서 16:25; 고전 1:21; 2:4; 15:14; 딤후 4:17; 그리고 딛 1:3 그리고 다른 신약 성경 안에서는 오로지 마 12:41; 눅 11:32에만 등장한다.

12) R. H. Mounce, "Preaching, Kerygma," in *A Dictionary of Paul and His Letters*, ed. Gerald Hawthorne, R. P. Martin, and Daniel Reid (Downers Grove: InterVarsity, 1993)를 보라.

13) N. T, Wright, *The New Testament and the People of God* (Minneapolis: Fortress, 1992), 407.

14) 바울이 Κατὰ σάρκα 그리스도(고후 5:16)에 관심을 갖지 않았다는 불트만(Bultmann)의 주장과는 달리, 바울의 이야기는 예수님에 대한 내러티브들을 포함시켰다.

15) 또한 예를 들어 Richard Hays, "Crucified with Christ," in *Pauline Theology*, ed. Jouette Bassler (Minneapolis: Fortress, 1991), 1.234; Dodd, *Apostolic Preaching*, 17쪽을 보라. 또한 John M. G. Barclay, "Conflict in Thessalonica," *CBQ* 55 (1993):516-17쪽을 보라.

16) N. T. Wright, *What Saint Paul Really Said* (Grand Rapids: Eerdmans, 1997), 89쪽을 보라.

17) Ibid.,90.

18) 비시디아 안디옥(Antioch of Pisidia)에서의 바울의 설교를 설명하면서, 로렌스 윌 (Lawrence Wills)은 "권하는 말" (행 13:15)이 "많은 초기 기독교적이며 헬레니즘적 저술들안에 발견되어지는 내용을 분명히 확인할 수 있는 세 부분으로 나누워진

패턴을 드러내는" 교훈 설교 (homily)라고 주장한다. 첫 번째 부분에 있는 구원 역사에 대한 설교의 시연(試演)(행 13:16-37)은 두 번째 부분에서 (행 13:38-39, "그러므로 형제들아 너희가 알 것은 이 사람을 힘입어 죄사함을 너희에게 전하는 이것이며")그려지고 있는 결론을 위한 기초를 진술하는 권위적인 실례들을 제공해 준다. 세 번째 부분에서 설교는 권면(행 13:40-41)과 함께 종결 되어 진다. 그 권면은 분명한 권고적인 톤을 담고 있다. 그의 독자들에 대한 바울의 도전은("그런즉 너희는 선지자들이 말씀하신 것이 너희에게 미칠까 조심하라") 결단을 위한 부르심이다.

또한 아레오바고(Areopagus)에서 설교는 권위 있는 옛 시인의 말을 인용하는 것을 포함하는 신학적 논증의 형태 (행 17:22-28)가운데 있는 실례들로부터 회개에로의 권면이 뒤 따라오는 결론("이와 같이 신의소생이 되었은즉")으로 이동해 가는 세 부분으로 구성된 배열(triadic arrangement)을 담고 있다(Lowrence Wills, "The Form of the Sermon in Hellenistic Judaism and Early Christianity," *HTR* 77 [1984]:278-80. C. Clifton Black은 윌 (WIlls)에 의해서 밝혀진 논증의 패턴은 유대교 회당집회에 모인 사람들에 충고를 주는데 목적이 있는 정치적 목적이 있는 그리스 전통의 수사학과 일치한다고 주장한다("The Rhetorical Form of the Hellenistic Jewish and Early Christian Sermon: A Response to Lawrence Wills," *HTR* 81 [1988]:1-18).

19) N. T. Wright, *What Saint Paul Really Said*, 94.
20) γίνομαι은 과거의 실례에 초점을 집중시키면서, 각 경우에 과거 시제로 나타난다.
21) K. Runia, "What Is Preaching According to the New Testament?" *Tyndale Bulletin* 29 (1978): 23.
22) 데살로니가전서 1:9-10이 바울의 원래의 선교적 설교를 다시 진술하고 있다는 견해에 대하여는 J. Munck, "1 Thess. 1.9-10 and the Missionary Preaching of Paul," *NTS* 9 (1963):95-110쪽에 있는 논의를 보라. 바울서신에 나타난 고백적 진술들에 대한 형식을 위해서는, Vernon H. Neufeld, *The Earliest Christian Confessions* (Grand Rapids: Eerdmans, 1963), 42-51쪽을 보라.
23) 복음의 수용을 위한 기술적인 용어로서 δέχομαι에 대하여는, 예를 들어 눅 8:13; 행 8:14; 11:1; 17:11; 약 1:21을 보라. Cf. G. Petzke, δέχομαι, *EDNT*, 1.293.
24) O. Hofius, "Wort Gottes und Glaube bei Paulus," *Paulusstudien*, WUNT 51 (Tübingen: J. C. B. Mohr, 1989), 170.
25) Richard Osmer, *A Teachable Spirit* (Louisville, Kr.: Westminster/John Knox, 1990), 31쪽을 보라.
26) John Beaudean, *Paul's Theology of Preaching*, NABPR Dissertation Series 6 (Macon, Ga.: Mercer Univ. Press, 1988), 42쪽을 보라.
27) 고전 12:6, 11; 고후 1:6; 4:12; 갈 2:8; 3:5; 빌 2:3에 있는 ἐνεργέω에 주목하라.
28) Runia, "What Is Preaching According to the New Testament?" 15.
29) Stanley Marrow, *Speaking the Word Fearlessly: Boldness in the New Testament* (New York: Paulist, 1982), 6. Cf. J. Thomas, Παρακαλέω, EDNT, 3.23: 오직 통계에 기초하여 보면, Παρακαλέω/παράκλησις는 신약 성경에서 말하는 것과 영향을 미치는 것을 나타내는 가장 중요한 용어들 가운데 있다. Christian Möller, Seelsorglich Predigen, 2n ed. (Göttingen: Vandenhoeck & Ruprecht, 1990), 72-73.

30) Anton Grabner-Haider, *Parakese und Eschtologie bei Paulus* (Münster: Aschendorff, 1985), 7.
13) Ibid., 11.
32) Ibid., 12. 또한 Peter Stuhlmacher, ed., "The Pauline Gospel," in Stuhlmacher, ed., *The Gospel and the Gospels* (Grand Rapids: Eerdmans, 1991), 159쪽을 보라.
33) Grabner-Haider, *Paraklese und Eschatologie bei Paulus*, 12.
34) Ibid.
35) Marrow, *Speaking the Word Fearlessly*, 8.
36) Reinhold Reck, *Kommunikation und Gemeindeaufbau*, SbB (Stuttgart: Katholisches Bibelwerk, 1991), 199.
37) Grabner-Haider, *Paraklesis und Eschatologie bei Paulus*, 4.
38) Lesslie Newbigin, *Foolishness to the Greeks: The Gospel and Western Cultures* (Grand Rapids: Eerdmans, 1986), 20.
39) William Willimon, *Peculiar Speech* (Grand Rapids: Eerdmans, 1992), 75.

제 3장 바울 설교의 형성

1) Neil Postman, *Amusing Ourselves to Death* (New York: Penguin Books, 1986).
2) Amos Wilder, *The language of the Gospel: Early Christian Rhetoric* (New York: Harper & Row, 1964), 13.
3) Ibid., 15.
4) Cicero, Inv. 1.7.9; De or. 1.31.142; Her.1.2.3; Quintilian, *Inst.* 3.3.1.
5) Heinrich Lausberg, *Handbook of Literary Rhetoric*, Eng. trans., ed. David E. Orton and R. Dean Anderson (Leiden: E. J. Brill, 1998). 260-442. 또한 Malcome Heath, "Invention," in Stanley Porter, ed., *Handbook of Classical Rhetoric in the Hellenistic Period* (Leiden: E. J. Brill, 1997), 89-120쪽을 보라. 또한 George Kennedy, *New Testament Interpretation through Rhetorical Criticism* (Chapel Hill, N. C.: Univ. of North Carolina Press, 1984), 14쪽을 보라.
6) Wilhelm Wuellner, "Greek Rhetoric and Pauline Argumentation," in *Early Christian Literature and the Classical Intellectual Tradition*, Fs. Robert Grand, ed. W. R. Schoedel and R. L. Wilken, TH 54 (Paris: Beauchesne, 1979), 51-87쪽을 보라.
7) Galen O. Rowe, "Style," in Stanley Porter, ed., *Handbook of Classical Rhetoric*, 121-58.
8) 바울 설교의 형태를 위해서는 William G. Doty, *Letters in Primitive Christianity* (Philadelphia: Fortress, 1973), 43쪽을 보라.
9) Heikki Koskenniemi, *Studien zur Idee und Phraseologie des griechischen Briefes bis 400 n. Chr.* (Helsinki: Akateeminen Kirjakaupa, 1956)를 보라.
10) Adolf Deissmann, *Light from the Ancient East* (1922; reprint, Grand Rapids: Eerdmans, 1965), 227.

11) John White, *The Body of the Greek Letter*, SBLDS 2 (Missoula, Mont.:Scholars, 1972); John White, *Light from Ancient Letters* (Philadelphia: Fortress, 1986).
12) E. Randolph Richards, *The Secretary in the Letters of Paul*, WUNT 42 (Tübingen: J. C. B. Mohr, 1991), 213: "그리스-로마 유적에 있는 대략적으로 14,000개의 사적 편지들 가운데, 평균적인 분량은 87단어를 사용하고 있는데, 대략적으로 18에서 209단어로 분포되어져 있다...바울의 이름을 가지고 있는 13개의 서신들은 평균 2,495단어를 쓰고 있는데, 335단어로부터 (빌레몬서) 7,114 (로마서)까지 분포되어 있다.
13) Klaus Berger, "Apostelbrief und apostolische Rede," *ZNW* 65 (1974):199. 아래 18쪽을 보라.
14) Ibid., 219. 또한 Peter Arzt, "The Epistolary Introductory Thanksgiving' in the Papyri and in Paul," *NovT* 36 (1994):32쪽을 보라.
15) Abraham Malherbe, *Moral Exhortation*, LEC (Philadelphia: Westminster, 1989), 80-81. Stanley Stowers, *Letter-Writing in Greco-Roman Antiquity*, LEC (Philadelphia: Westminster, 1986), 39-40, on Epicurus and Plato.
16) Stowers, *Letter-Writing*, 114-18.
17) H. Cancik, *Untersuchungen Zu Senecas Epistulae morales* (Hildesheim:Olms, 1967), 16.
18) Frank Huges, *Early Christian Rhetoric and 2 Thessalonians*, JSNTSS 30 (Sheffield: JSOT, 1989), 19쪽을 보라. 바울 서신들에 대한 수사학적 연구는 꽤 오래전에 아주 일반적인 논의가 진행되었다. 가장 뛰어난 주석가들 가운데 어거스틴이 있다. 그의 작품 *Doctr. chr.* bk. 4에서, 어거스틴은 바울의 편지들을 기독교 웅변의 가장 뛰어난 실례들로 인용하였다. 바울 서신들에 대한 수사학적 분석은 *Eduard Norden's Die antike Kunstprosa* (Reprint, Darmstadt: Wissenschaftliche Buchgesellschaft, 1958)이후에 약화되었다. 노덴(Norden)은 바울의 수사학이 웅변술에 있어서 부족을 드러낸다고 주장하였다: 바울 서신들에 대한 수사학적 연구는 Hans Dieter Betz, *A Commentary on Paul's Letter to the Churches of Galatia*, Hermeneia (Philadelphia: Fortress, 1979)를 시작으로 1970년대에 다시 등장하게 되었다. 아리스토텔레스 수사학적 분석이 바울에게 적절히 적용될 수 있는 정도에 대한 의견들은 다양하다. 예를 들면, 베츠의 제자인 마가렛 미셸(Margaret Mitchell)은 고린도 전서에 대한 철저한 수사학적 분석을 제시하였다 (*Paul and the Rhetoric of Reconciliation* [Louisville: Westminster/ John Knox, 1992]. 다른 사람들은 바울수사학적 이론들을 알지 못했지만, 여러 그의 서신들과 수사학의 범주들 사이에 기능적인 동등함이 존재한다고 주장하고 있다. Stanley Porter, "Paul of Tarsus and His Letters," in Stanley Porter, ed., *Handbook of Classical Rhetoric in the Hellenistic Period*, 533-85.
19) Aristotle, *Rhet.* 1.3.1
20) Thomas H. Olbricht, "An Aristotelian Rhetorical Analysis of 1 Thessalonians," in *Greeks, Romans, and Christians*, ed. David Blach, Everett Ferguson, and Wayne Meeks (Minneapolis: Fortress, 1990), 225.
21) Bets, *A Commentary on Paul's Letter to the Churches of Galatia*, 24. 다른 저술가들은 미래 행동을 위한 부르심 (5-6장)과 함께 갈라디아서가 심의적인 수사학을

쓰고 있다는 보다 설득적인 실례를 제시하고 있다. J. Smit, "The Letter of Paul to the Galatians: A Deliberative Speech," *NTS* 35 (1989):1-26.
22) 심의적 수사학에서의 Παρακαλῶ에 대한 사용에 대해서, Mitchell, *Paul and the Rhetoric of Reconciliation*, 50-55쪽을 보라.
23) Aristotle, *Rhet.* 2.1.2-3: "어떻게 연설 그 자체에서 감정을 분명히 드러내게 하고, 설득력 있게 만들 수 있을지를 고려하는 것이 필요할 뿐만 아니라, 연설자는 또한 그 자신이 어떤 인격의 사람인지와 또한 어떻게 판단하는 사람들을 어떤 사고 체계 속으로 인도해 가고 있는지를 보여 주어야만 한다. 왜냐하면 연설자 그 자신이 연설자로서 어떤 자질을 소유하고 있는지 하는 것과, 그의 청중들로 하여금 연설자가 그의 청중들을 어떤 방향으로 인도해가고 있는지를 생각하게 하는 것, 그리고 더 나아가 청중들이 스스로 연설자를 쫓아서 어떤 방향을 따라가야 할 것인지를 결정하게 하는 확신을 만들어 내는데 있어서 커다란 차이를 만들기 때문이다." George Lyons, *Pauline Autobiography: Toward a New Understanding*, SBLDS 73 (Atlanta: Scholars, 1985), 27쪽을 보라.
24) Lyons, 27.
25) B. Fiore, *The Function of Personal Example in the Socratic and Pastoral Epistles*, AnBib 105 (Rome: Biblical Institute, 1986), 177쪽을 보라.
26) André Resner, *Preacher and Cross* (Grand Rapids:Eerdmans, 1999)를 보라.
27) Frances Young and David F. Ford, *Meaning and Truth in 2 Corinthians* (Grand Rapids: Eerdmans, 1987), 37-39.
28) Mitchell, *Paul and the Rhetoric of Reconciliation*, 25-39. 적절함에 대한 논의에 대하여는 또한 Aristotle, *Rhet.* 1.3, 1358b, 22; Quintilian, *Inst.* 3.8.22; 3.8.33. Cf. Lausberg, *Handbook of Literary Rhetoric*, 61.2; 196.1쪽을 보라.
29) Aristotle, *Rhet.* 1.2.13; Quintilian, *Inst.* 5.11.1
30) 아리스토텔레스는 *Rhet*, 1.2.5에서 에토스의 중요성을 논하고 있다: 연설자의 목적은 실질적으로 그의 청중들에게 주어진 상황과 환경에 있는 구체적인 사람들을 위해서(사법적 송사에 있는 그의 고객들을 위해서) 어떤 것을 연설자가 의도하는 방식으로 느끼게 하는 것과, 사람들의 판단을 지도하고 영향을 끼치기 위해서 감정을 사용하는데 있다. 아리스토텔레스에 따르면, 파토스가 필요하다. 왜냐하면, 사물들(things)이 어떤 사람이 어떤 감정의 자리에 있는지에 따라 다르게 나타나기 때문이다. 그 결과로, 설득은 "청중들이 연설에 의해서 감정을 느끼게 되도록 이끌리게 하는 과정에서 청중들을 통해 발생하게 된다. 왜냐하면, 우리들이 슬플 때와 기쁠 때, 또는 우호적이 될 때와 적의적이 될 때에 동일한 판단을 하지 않기 때문이다."
31) Cicero, *De or.* 2. 80. 아리스토텔레스는 오직 연설에 있어서 오직 두 개의 부분만을 열거하고 있다 (*Rhet.* 3.13).
32) 연설의 각 부분에 대한 기능에 대하여는, Lausberg, *Handbook of Literary Rhetoric*, 262-442쪽을 보라.
33) Casey Wayne Davis, *Oral Biblical Criticism: The Influence of the Principles of Orality on the Literary Structure of Paul's Epistle to the Philippians*, JSNTSS 172 (Sheffield: JSOT, 1999), 19쪽을 보라.
34) Wuellner, "Greek Rhetoric and Pauline Argumentation," 185-87.

35) R. Dean Anderson Jr. (*Ancient Rhetorical Theory and Paul* [Leuven: Peeters, 1999], 184)는 미사(美辭)에 대하여 한정된 정의를 다음과 같이 내리고 있다. 미사란 "적어도 두 개의 종속절을 가지고 있는 문장을 의미하는데, 거기서 주부에 속하는 절(main clause)은 종속절에 의해서 중단되어 미정 (suspense)가운데 남겨지게 되고, 오직 전체 문장 가운데 마지막 몇 단어들의 의해서만 완성되어진다." 그는 누가복음 1:1-4를 이 미사의 실례로 인용하고 있다.
36) Porter, "Paul of Tarsus and His Letters," 577.
37) Ibid. 어거스틴 (*Doctr, chr.* 4)은 바울의 담화를 조사하여, 수사학적 교훈을 위한 표준들을 제시할 수 있는 상당한 수사학적 파워가 존재하고 있다는 증거를 제시하였다. 어거스틴은 주로 바울 서신들의 문체적인 특성을 위해 기술적인 수사학적 용어들을 제시하면서 바울의 스타일에 초점을 맞추고 있다. 예를 들어, 그는 로마서 5장 3절("환난은 인내를, 인내는 연단을, 연단은 소망을 이루는 줄을 앎이로다.")에 있는 바울의 표현들은 그리스 사람들이 κλίμαζ로 부르는 위로 상승해 가는 순서 (ascending order)로 배열되어져 있다. 그는 고후 11.16-12:10의 "어리석은 자의 담화"를 연구하여, "바울이 전하고 있는 말씀이 얼마나 지혜롭고, 웅변적인가!"에 대하여 결론을 내린다.
38) Rudolf Bultmann, *Der Stil der paulinischen Predigt und die kynisch-stoische Diatribe*, FRLANT (Göttingen: Vandenhoeck & Ruprecht, 1910).
39) Stanley K. Stowers, *The Diatribe and Paul's Letter to the Romans*, SBLDS 57 (Chico, Calf.: Scholars Press, 1981).
40) Porter, "Paul of Tarsus and His Letters." 포터는 바울에 의해 사용된 수사적 용법 (tropes)과 비유들에 대한 철저한 목록을 제시하였다.
41) Anders Eriksson, *Traditions as Rhetorical Proof: Pauline Argumentation in 1 Corinthians*, CB 29 (Stockholm: Almqvist & Wiksell, 1998).
42) Kennedy, *New Testament Interpretation*, 17.
43) Ibid.
44) Mitchell, *Paul and the Rhetoric of Reconciliation*, 38.
45) Cf. 고린도 전서 5:6; 6:2, 3, 9, 15,16 안에 있는 οὐκ οἴδατε를 참조하라.
46) 공동체가 이미 알고 있는 것에 기초한 논증에서 뿐만 아니라, 또한 바울은 공동체에서 사용할 수 있는 전통들에 기초해서 논의하고 있다. Cf. 8:6; 11:2, 23-25; 12:2; 15:1-3. 또한 Eriksson, *Tradition as Rhetorical Proof*, 73-137쪽을 보라.
47) Eriksson, *Traditions as Rhetorical Proof*, 31쪽을 보라. 수사학에서 논의된 진리는 만약에 그것이 대담자들에 의해서 인정되어지고, 그 진리가 두 파트너들에 의해서 받아들여질 수 있는 것으로 한정될 수 있다면, 설득적인 것일 수 있다. "그러므로 그의 청중을 설득하려는 화자는 그자신과 그의 청중에 의해 공유된 입장들에 대해서 의존해야 한다. 아리스토텔레스는 이러한 견해들을 ἐνδόξαι라고 부른다. 그리고 그는 그것들을 모든 사람들에게나 대다수의 사람들에게, 또는 현명한 사람들-즉, 현명한 사람들이거나 대다수 또는 그들 가운데 가장 유명하거나 뛰어난 사람들-에게 추천할 수 있는 견해들이라고 생각하고 있다." (Top. 1.1.100b). 동일한 통찰력이 펄만(Perlman)과 올브리취-티테카 (Olbrechts-Tyteca)에 의한 "신수사학"에서 발전된

형태로 논의 되었다. 그들은 청중에 의해 지지된 전제가 논의를 위한 출발점으로 필요하다는 것을 강조한다. C. Perelman and L. Olbrechts-Tyteca, *The New Rhetoric: A Treatise on Argumentation* (North Dame: Univ. of Notre Dame Press, 1969), 65-74쪽을 보라. cited in Eriksson, *Traditions as Rhetorical Proof*, 32.

48) Cf. Kennedy, *New Testament Interpretation through Rhetorical Criticism*, 8: 그의 유대인 선구자처럼 기독교 연설가 (바울-역자주)는 하나님의 뜻을 전달하는 도구이다. 그에게 하나님은 필요한 말씀을 공급해 주실 것이다. 그의 청중은 설득되어지거나 또는 설득되지 않을 수도 있는데, 그것은 그 메시지를 이해하는 그들의 지성적 능력 때문이 아니라, 그들의 마음을 움직이게도 하고, 그 은혜를 유지시키시는 그들을 향한 하나님 사랑 때문이다.

49) Olbricht, "An Aristotelian Rhetorical Analysis of 1 Thessalonians," 225.

50) Reinhold Reck, *Kommunikation und Gemeindeaufbau*, SbB (Stuttgart: Katholisches Bibelwerk, 1991), 212.

51) 롬 1:7; 고전 1:3; 고후 1:2; 갈 1:3; 엡 1:2; 빌 1:2; 몬 3; cf. 골 1:2; 살전 1:1.

52) 데살로니가전서에 나오는 예전적인 패턴에 대하여는 Raymond Collins, "1 Thes and Liturgy of the Early Church," *BTB* 10 (1980):53쪽을 보라. 만약 "은혜와 평강이 너희에게 있을 찌어다"라는 표현이 바울 이전의 예배의식적인 형식 패턴으로서 사도가 그의 편지를 쓸 때 취해 온 것이라는 주장이 타당한 것이라면, 또한 예배의식적인 패턴의 요소들이 서신의 종결부분에서 사용되는 것이 가능할 것이다. 은혜-키스-평화의 공식적인 문구는 말씀의 예식에 대한 결론에 해당한다. 이러한 제안은 23-24절에서 발견되는 기도("평강의 하나님이 친히 너희로 거룩하게 하시고")를 분석해 보면 알게 될 것이다." Cf. G. Wiles, *Paul's Intercessory Prayers*, SNTSMS 24 (Cambridge: Cambridge Univ. Press, 1974), 28-40.

53) Terence Y. Mullins, "Benediction as a NT Form," *AUSS* (1977): 61-62.

54) Berger, "Apostelbrief und apostolsche Rede," 99.

55) Ibid.

56) James M. Robinson, "Die Hodajot-Formel in Gebet und Hymnus des Frühchristentums," *Apophoreta*, Fs. E. Haenchen, ed. W. Eltester and F. H. Kettler (Berlin: Töpelmann, 1964).

57) 일반적으로 형식은 축복받는 (εὐλόγητος)과 하나님의 사역을 묘사하는 관계 절에 의해 뒤 따라오는 하나님을 향한 찬양과 함께 시작한다. Cf. 창 9:26; 14:20; 24:27; 출 18:10; 룻 2:20; 삼상 25;32, 39; 삼하 18:28; 왕상 1:48; 5:7을 참조하라.

58) R. Jewett, "Form and Function of the Homiletic Benediction," *ATR* 51 (1969); 18-34.

제 4장 목회적(pastoral preaching) 설교란 무엇인가?

1) Harry M. Byne, O. P., "Preaching and Pastoral Care," in *In the Company of Preachers*, ed. Regina Siegfried and Edward Ruane (Collegeville, Minn.: Liturgical Press, 1993), 165. 또한 교부시대를 위해서, Huges Oliphant Old, *The Reading and Preaching of the Scriptures in the Worship of the Christian Church* (Grand Rapids: Eerdmans, 1998), 2.5-18쪽을 보라.
2) Christian Möller, *Seelsorglich Predigen*, 2d ed. (Göttingen: Vandenhoeck & Ruprecht, 1990), 9쪽을 보라.
3) Ronald Allen, "The Relationship between the Pastoral and the Prophetic in Preaching," *Encounter* 49 (1988):174.
4) Thomas Long, *The Witness of Preaching* (Louisville: Westminster/ John Knox, 1989), 33.
5) Ibid.
6) Harry Emerson Fosdick, "What Is the Matter with Preaching?" *Harper's* 107 (July 1928): 134.
7) Gray D. Stratman, *Pastoral Preaching* (Nashville: Abingdon, 1983), 9.
8) Ibid.,16.
9) Möller (*Seelsorglich Predigen*, 103)는 값싼 은혜가 대세가 되고 있는 현대 목회적 돌봄(pastoral care)의 "율법 폐기론적인 경향"("antinomian trend")에 대하여 이야기하고 있다. 마치 예수님이 간음한 여인에게 "가서 다시는 죄를 짓지 마라"고 말씀하셨던 것처럼, 하나님의 계명을 어긴 것으로 인하여 어려움에 처해 있는 자들은 누구든지 용서를 받을 것이다.
10) Long, *The Witness of Preaching*, 31.
11) Richard Hays, *The Moral Vision of the New Testament* (San Francisco: Harper San Francisco, 1996), 32.
12) 세우는 것과 심는 것의 이미지는 예레미야의 예언자적 임무를 반향(echoes)하고 있다 (cf. 렘 1:10).
13) Charles Campbell, *Preaching Jesus* (Grand Rapids: Eerdmans, 1997), 222쪽을 보라. 개인의 교화와 공동체의 교화에 대한 캠벨의 구분은 개인의 경험에 대한 포스트모던적인 강조점을 토론하기 위한 기준이 되고 있다: "개인들의 중대한 변화를 가능케 하는 것이 주요한 기능이 되고 있는 개인의 경험적 사건에 초점을 맞추고 있는 설교는 여전히 자유로운 미국인의 틀에서는 말할 것도 없고, 기본적으로 현대적인 틀 안에서도 영향력을 행사하고 있다."
14) Thomas Long, "Preaching God's Future: The Eschatological Context of Christian Proclamation," in *Sharing Heaven's Music: The Heart of Christian Preaching, Essays in Honor of James Earl Massey*, ed. Barry L. Gallen (Nashville: Abingdon, 1995), 195.

15) Ibid. 롱(Long)은 종말론을 접근하는 현대적 태도들에 있어서 가지게 되는 세 가지 기본적인 왜곡들을 지적하고 있다. 첫째는 종말에 대한 징조들을 경계로 삼기 위해서 차트와 숫자 계산 그리고 현대적 사건을 연대화 하는 근본주의자들의 설교이다. 두 번째는 개인적 종말을 배타적으로 강조하는 종말론이다. 세 번째는 종말론적인 언어를 쓰는 것에 당혹감을 갖는 주류에 속하는 분파들이나 자유주의자들의 종말론이다.
16) 바울은 그의 공동체의 정체성을 이스라엘의 신분으로부터 가져 온 용어로 확증하고 있다. "거룩한" (롬 1:7; 16:2, 15; 고전 1:2; 6:12; 14:33; 16:15; 고후 1:1; 13:12; 빌 1:1; 4:21-22), "하나님의 자녀" (빌 2:15; 신 32:5); "선택된" (롬 8:33; 살전 1:4), "사랑을 입은" (살전 1:4); "부르심을 받은" (살전 2:12; 5:24); "아시는 바" (고전 8:3; 갈 4:9). 이 언어는 우리가 살고 있는 문화와는 예리하게 대조를 이루고 있는 공동체의 정체성을 정해 주고 있는 것이다.
17) 이것은 모든 바울 서신들의 일관적인 특징이다. "외인들"(οἱ ἔξω, 고전 5:12,13)과 ἄπιστοι, ἄδικοι에 대한 언급에 주목하라. 소수 그룹의 문화는 대조적으로 하늘에 있는 πολίτευμα을 소유하게 된다. (빌 3:20). 그들은 "하나님의 성전" (고전 3:16)이고 "구원받은 자들"이다. (σωζόμενοι, 고전 1:18; 고후 2:15). Cf. Michael Wolter, "Ethos und Identität in paulinischen Gemeinden," NTS 43 (1997):434.
18) 부정(ἀκαθαρσία, 2:3)하게 행동하지 않았다는 바울의 주장은 4:7절에 있는 데살로니가 교인들을 부정(ἀκαθαρσία)하게 행동하지 않도록 당부하게 될 것을 기대하게 한다. 탐욕(πλεονεξία)으로 다른 사람의 이익을 취하지 않았다는 그의 주장은 4:6절에 나타나는 회중들 가운데 있는 믿는 자들에게 다른 이들(πλεονέκτειν)을 해하지 못하게 하는 그의 교훈을 기대하게 한다. 그가 손으로 일했다는 것을 상기시키는 것(2:9-12)은 4:9-12절에 있는 그의 교훈을 기대하게 한다. Abraham J. Malherbe, *Paul and the Thessalonians* (Philadelphia: Fortress, 1987), 75.
19) Arthur Van Seters, "The Problematic of Preaching in the Third Millennium," *Interpretation* 45 (1991):271.
20) Walter Brueggemann, "The Social Nature of the Biblical Text for Preaching," in *Preaching as a Social Act*, ed. Arthur Van Seters (Nashville: Abingdon, 1988), 139.
21) Richard Lischer, "The Interrupted Sermon," *Interpretation* 50 (1996):177.
22) Van Seters, "The Problematic of Preaching in the Third Millennium," 270.
23) Ibid.
24) William Willimon, "Turning an Audience into a Church," *Leadership* 15 (1994):28.
25) Robert N. Bellah et al., in *Habits of the Heart* (Berkeley: Univ. of California Press, 1985)는 전반적인 미국인의 삶에 가운데 이 개인주의가 편만해 있다고 주장하고 있다. 미국인의 개인주의는 구성원에 대한 시민으로서의 헌신과 그리고 종교적인 헌신 양자 모두를 상실케 하는 결과를 야기 시켰다.
26) Marva Dawn, *Reaching Out without Dumbing Down* (Grand Rapids: Eerdmans, 1995), 212.
27) William Willmon, *Peculiar Speech* (Grand Rapids: Eerdmans, 1992), 6.
28) George Lindbeck, *The Nature of Doctrine* (Philadelphia: Westminster, 1984), 34.
29) Ibid.,33.

30) Ronald Allen, "The Social Function of Language in Preaching," in *Preaching as a Social Act*, 169.
31) Lischer, "The Interrupted Sermon,"171.
32) Hays, *Moral Vision*, 197.
33) 바울이 말하는 구체적인 윤리적 요구가 헬레니즘적이고 유대주의적인 윤리적인 기대들과 접촉점을 가지고 있다는 사실은 바울이 그의 교회들에게 요구한 윤리의 탁월성에 대한 질문들을 야기시킨다. 그러나, 바울이 제시하는 윤리의 대안 문화적 본성(countercultural nature)은 그가 기독교 이야기로부터 가져온 신학적 논증과 더불어 구체적인 요구들을 연결시키는 방식으로 존재하고 있다. 교회는 종말론적인 공동체로서 하나님의 화해적 사역을 위한 증인이 되도록 부르심 받고 있다. 그리스도의 십자가는 공유된 도덕적 비전의 한계를 정해 주고 있다. Hays, *Moral Vision*, 41쪽을 보라.
34) 윤리적 교훈의 형식 가운데 있는 교리 학습식 설교의 전통에 대하여는 Hughes Oliphant Old, *The Reading and Preaching of the Scriptures in the Worship of the Christian Church*, vol. 1, *The Biblical Period*, and vol. 2, The Patristic Age를 보라. 올드(Old)에 따르면, 가장 초기의 기독교적 교리 학습식 자료는 윤리적 교훈에 관한 것이었다. 우리는 논쟁되어진 바울의 서신들 안에서 보다 구체적인 교훈들을 향한 경향을 주목할 수 있다. 거기에서 구체적인 윤리적 교훈이 가족 구성원들을 위해 주어지게 되었다. 이러한 경향은 베드로전서와 교부 시대의 저작 안에 계속되어지고 있다(Old, *Reading and Preaching of the Scriptures*, 1. 257).
35) 살전 4:4에 대한 해석에 대해서는 O. Larry Yarbrough, *Not Like the Gentiles: Marriage Rules in the Letter of Paul*, SBLDS 80 (Atlanta: Scholars Press, 1985), 68-87쪽을 보라.
36) Ibid.,76-77.
37) Ibid., 31-63. 텍스트들을 위해서는 또한 Abraham J. Malherbe, *Moral Exhortation: A Greco-Roman Sourcebook*, LEC (Philadelphia: Westminster, 1986), 152-61쪽을 보라.
38) 1:4; 2:1, 9, 14, 17; 3:7; 4:1, 10, 13; 5:1, 4, 12, 14, 15. 친족 관계의 언어에 대한 바울의 사용을 위해서는 Malherbe, Paul and the *Thessalonians*, 47-52쪽을 보라.
39) Abraham J. Malherbe, " 'Pastoral Care' in the Thessalonian Church," *NTS* 36 (1990): 388-91쪽을 보라.
40) Lindbeck, *The Nature of Doctrine*, 77.
41) Cf. Peter Berger and Thomas Luckmann, *The Social Construction of Reality: A Treatise in the Sociology of Knowledge* (New York: Anchor Books, 1991), 107.
42) 현대 교회를 위한 신약 성경의 윤리적 기준을 사용하는 것에 대한 해석학적 도전에 대해서는 Hays, *Moral Vision*, 291-312쪽을 보라.

제 5장 우리 자신을 설명하기: 설교와 신학

1) *Leadership* 15 (1994):29.
2) Richard Jensen, *Thinking in Story: Preaching in a Post-literate Age* (Lima, Ohio: CSS, 1993), 45-58쪽을 보라.
3) Robert G. Hughes and Robert Kysar, *Preaching Doctrine in the Twenty-first Century* (Minneapolis: Fortress, 1997), 3. 또한 Robert N. Bellah et al., *The Good Society* (New York: Knopf, 1992), 183 쪽을 보라.
4) 주류를 형성하는 교회들 안에 있는 신앙 고백을 무시하는 경향에 대하여는, Huges and Kysar, *Preaching Doctrine*, 3. Bellah et al., *The Good Society*, 202-4쪽을 보라. 저자들은 신학적 대화와 교육을 축소하고 있는 "간부회의를 하는 것 같은 교회"가 생겨지게 하는 "신학적 다원주의"(theological pluralism)에 대하여 기술하고 있다.
5) Harry Emerson Fosdick, "What Is the Matter with Preaching?" *Harper's* 107 (July 1928):135.
6) Ian Ramsey, *Models for Divine Activity* (London: SCM, 1973), 1: cited in David Wells, *No Place for Truth* (Grand Rapids: Eerdmans, 1993), 97.
7) 바울 사상에 있어서 일관성과 후에 있을 지도 모를 우발성(contingency)의 범주들을 위해서는, J. Christian Beker, *Paul the Apostle: The Triumph of God in Life and Thought* (Philadelphia: Fortress, 1980), 23-93쪽을 보라.
8) O. Larry Yarbrough, *Not like the Gentiles*, SBLDS 80 (Atlanta: Scholars, 1985)을 보라.
9) 근본적인 이슈로서 오만(hubris)에 대하여는 Peter Marashall, *Enmity in Corinth: Social Conventions in Paul's Relations with the Corinthians*, WUNT 2.23 (Tübingen: J. C. B. Mohr, 1987), 194-96쪽을 보라.
10) 1:12절에 있는 언급 ("나는 바울에게, 나는 아볼로에게, 나는 게바에게, 나는 그리스도에게 속한 자라")은 네 개의 분파들을 지적하는 것으로 다뤄질 수 없다. 3:1-5에서 바울은 오직 그 자신과 아볼로에 대해서만 언급하고 있다.
11) Ben Witherington, *Conflict and Community in Corinth* (Grand Rapids: Eerdmans, 1995)를 보라. 또한 Stephen M. Pogoloff, *Logos and Sophia: The Rhetorical Situation of 1 Corinthians*, SBLDS 134 (Atlanta: Scholars Press, 1992), 100-103쪽을 보라.
12) Duane Litfin, *Paul's Theology of Proclamation*, SNTSMS 79 (Cambridge: Cambridge Univ. Press, 1994); cf. Witherington, *Conflict and Community in Corinth*, 100.
13) 주석서들 안에서 이와는 다른 주장을 자주 언급함에도 불구하고, 고린도전서는 고린도 사람들이 부활을 부인하는 것이 실현된 종말론(realized eschatology)에 근거하고 있다는 어떤 증거도 없다.
14) Jürgen Becker, *Paul: Apostle to the Gentiles* (Louisville, Kr.: Westminster/John Knox, 1993), 199.
15) Becker, *Paul*, 201.
16) Victor Furnish, "Theology in 1 Corinthians," in *Pauline Theology*, ed. David M. Hay (Minneapolis: Fortress, 1993), 2.66쪽을 보라.

17) 로마서 3:21-26절 있는 풍성한 이미지에 주목하라. 거기서 바울은 속죄 (ἱλαστήριον), 구속(ἀπολύτρωσις), 의(δικαιοσύνη)와 같은 단어들을 배치시키고 있다. 여기서 바울은 십자가의 이미지를 설명하기 위해서 제의적이고 사법적인 이미지를 배치시키고 있다. Furnish, "Theology in 1 Corinthians," 68쪽을 보라.
18) Furnish, "Theology in 1Corinthians," 65.
19) 찰스 코우사(Charles Cousar)는 상상력이 변화되지 않으면, 비전의 천사들(angels of vision)이 새로워지지 않으면, 결국에는 오로지 외관상으로만 행동이 변화될 수 있을 것이다. 그러므로 비록 급진적 것이기는 하지만, 하나님과 공동체 안에서 그들의 삶을 이해하는 그들의 방식에 관한 대안적 관점을 제시함으로서 독자로 하여금 본문을 직면할 수 있게 만들어야 한다. ("The Theological Task of 1Corinthians: A Conversation with Gordon D. Fee and Victor Paul Furnish," in David M. Hay, ed., *Pauline Theology*, 2. 97).
20) Marshall, *Enmity in Corinth*, 285-87쪽을 보라. 마샬은 "모든 것이 가하나"라는 구절 (고전 6:12; 10:23)은 헬레니즘적인 자료들 안에서 개인적인 자유에 대한 언어를 반향하고 있다고 보았다. 그것에 따르면, 자유는 어느 사람이 좋아하는 것을 행하도록 방종의 권한을 부여해 주는 것이다. 스토아학파의 철학자에게 자유는 교양 있는 도덕적 자율성과 동의어이다. "Only the wise man was truly free" (Marshall, 287). Cf. Dio Chrysostom, *Disc*. 14.13-14.
21) 그레코-로만 저술들에 나오는 다른 이를 살피는 인물로서의 아첨꾼과 고린도 후서의 많은 유사점을 위해서는 Marshall, *Enmity in Corinth*, 70-90쪽을 보라.
22) 바울 자신이 육체를 따라 (κατὰ σάρκα) 행동한다는 대적자들의 비난은 그들이 바울의 성령을 소유한 것을 의문시한다는 것을 암시하는 것이다.
23) 고린도후서에 대한 학자들의 연구의 주요한 이슈들 가운데 하나는 몇몇 학자들이 지지하는 견해로서, 서신의 문학적 진정성에 대하여 우려하는 것이다. 그러나 대다수의 학자들과 같이 내가 생각하기에는 전체 고린도후서를 통하여 선포된 이슈들은 근본적으로 동일한 것이다. 비록 고린도후서 10-13장에 있는 논증의 강도가 1-9장에 있는 것보다 강렬하지만, 서신서 전체에 걸쳐 있는 중요한 주제는 동일하다. 그것은 바울의 사역에 대한 변호이다.
24) 철학자의 임무를 묘사하는 군사적 메타포를 위해서는, Epictetus, *Diss*. 4.16.14: "The philosopher's thoughts are his protection."를 보라. 필로 (Philo)는 "강력한 진"을 "논증으로 인한 설득을 통하여" 세워진 구조로서 언급하고 있다(Probe. 15). Cf. Conf. 128-31. 군사적 충돌로서의 철학적 논의에 대한 광범위한 토의에 대하여는 A. J. Malherbe, "Antisthenes and Odysseus, and Paul at War," *HTR* 76 (1983):143-73쪽을 보라.
25) Steven J. Kraftchik, "Death in Us, Life in You," in *Pauline Theology*, 2. 167.
26) 교회가 신학적 용어를 상실하게 된 것에 대하여, Bellah et al., *The Good Society*, 193쪽을 보라.
27) Marva Dawn, *Reaching Out without Dumbing Down* (Grand Rapids: Eerdmans, 1995), 238
28) William Hendricks, *Exit Interviews: Reaching Stories of Why People Are Leaving the Church* (Chicago: Moody, 1993), 284; cited in Dawn, Reaching Out without Dumbing Down, 238.

29) Witherington, *Conflict and Community in Corinth*, 394.
30) 5:16, 17절에서 ὥστε를 연속적 사용하는 것은 바울이 5:14절에 있는 신앙 고백적인 진술이 가지고 있는 함의를 발전시키고 있다는 것을 알게 하는 것이다.
31) Clyde Fant, *Preaching for Today* (New York:Harper & Row, 1987), 6.
32) Fred Craddock, *Preaching* (Nashville: Abingdon Press, 1985), 49.
33) Craddock, *Preaching*, 49. Cf. Richard Lischer, *A Theology of Preaching* (Nashville: Abingdon, 1981), 19: 신학은 설교자에게 보다 광범위한 복음의 모든 목록들-창조, 타락, 섭리, 성화, 교회, 종말-과 기독교의 신앙의 핵심을 형성하도록 모든 성경의 본문들과 관계 맺을 것을 요구하고 있다.
34) Rudolf Bohren, *Predigtlehre* (Munich: Kaiser, 1986), 453.
35) Ibid.
36) Walter Brueggemann, "Preaching as Reimagination," *Theology Today* 52 (1995): 324.
37) Edward Farley, "Preaching the Bible and Preaching the Gospel," *Theology Today* 51(1994): 93.
38) Lischer, *A Theology of Preaching*, 19.

제 6장 기억케 하는 사역으로의 설교

1) 이 문제에 대하여 키르케고르(Kierkegaard)의 씨름에 대하여는 Fred Craddock, *Overhearing the Gospel* (Nashville: Abingdon, 1978), 24쪽을 보라.
2) Ibid.
3) Reinhold Niebuhr, *Leaves from the Notebook of a Tamed Cynic* (reprint, Hamden, Conn.: Shoe String Press, 1956), 4.
4) William Willimon, "Turning an Audience into a Church," *Leadership* 15 (1994): 30.
5) Ulrich Wilckens, *Der Brief an die Römer*, EKK VI/3 (Neukirchen: Neukirchener Verlag, 1982), 3.117. Cf. ἐπαναμιμνήσκω, EDNT 2. 18.
6) Ernst Kasemann, *Commentary on Romans* (Grand Rapids: Eerdmans, 1980), 392쪽을 보라.
7) James Dunn, *Romans 9-16*, WBC (Dallas: Word, 1988), 859.
8) Otto Michael, *Der Brief an die Römer*, KEKNT (Göttingen: Vandenhoeck & Ruprecht, 1966), 364.
9) Walter Brueggemann, "The Social Nature of the Biblical Text for Preaching," *in Preaching as a Social Act*, ed. Arthur Van Seters (Nashville: Abingdon, 1988), 135.
10) K. H. Bartels, "Remember," DNTT 3.243.
11) Nils Dahl, "Form-Critical Observations on Early Christian Preaching," in *Jesus in the Memory of the Early Church* (Minneapolis: Augsburg, 1976), 17.
12) James Dunn, *Unity and Diversity in the New Testament* (Philadelphia: Westminster, 1977), 66-69. 대략적으로 보면, 학문적인 연구는 서신을 케리그마적 전통, 교리문답

적 전통, 예전적 전통의 아이디어와 형식을 나타내는 표시를 지니고 있다는 것을 증
명하는데 성공을 거두게 되었다.
13) Dals, "Form-Critical Observations on Early Christian Preaching," 15.
14) Dunn, *Unity and Diversity in the New Testament*, 69.
15) Cf. Oscar Cullmann, *The Early Church: Studies in Early Christian History and Theology*, ed. A. J. B. Higgins (Philadelphia: Westminster, 19560, 63. "우리는 전체 유대적 paradosis의 용어를 찾을 수 있고, 더욱이 우리는 그것이 명확히 긍정적으로 사용되었던 것을 찾을 수 있다.
16) Dahl, "Form-Critical Observations on Early Christian Preaching," 15.
17) Ibid.
18) Dunn, *Unity and Diversity in the New Testament*, 68.
19) James I. H. McDonald, *Kerygma and Didache: The Articulation and Structure of the Earliest Christian Message*, SNTSMS 37 (Cambridge: Cambridge Univ. Press, 1980), 124. 또한 M. B. Thompson, "Tradition" in *Dictionary of Paul and His Letters* (Downers Grove, Ill.: InterVarsity, 1993), 944쪽을 보라.
20) Günther Bornkamm, *Paul* (New York:Harper & Row, 1969), 88-96.
21) Karl Donfried, *The Romans Debate* (Minneapolis: Augsburg, 1991)에 있는 토의를 보라.
22) Neil Elliott, *The Rhetoric of Romans* (Sheffield: JSOT, 1990), 84.
23) Ibid.
24) Leander Keck, "What Makes Romans Tick?" *Pauline Theology*, ed, David M. Hay and E. Elizabeth Johnson (Minneapolis: Fortress, 1995), 3.29.
25) Dahl, "Form-Critical Observations on Early Christian Preaching," 31.
26) Fred Craddock, "Preaching to Corinthians," *Interpretation* 44 (1990): 163: "익숙한 것의 사용은 청중들을 지식과 박식한 참여자들로 이끌어가는 것뿐만 아니라, 청중들이 그들 자신의 사고와 결단에 대하여 책임을 다할 수 있도록 인식의 능력을 불러일으킨다. 새로운 자료는 화자에게 속하고, 후에 청중들에 의해서 소유케 될 것이다. 그러나 익숙한 자료는 전체 청중에게 속하게 된다. 인식에 대한 동의(nod)가 먼저 있기 전에는 인식으로 인한 충격이 일어날 수 없다."

결론: 바울과 설교 사역에 대한 성찰들

1) Y. Brilioth, A Brief History of Preaching (Philadelphia: Fortress, 1965), 2.
2) Thomas Olbricht, "An Aristotelian Rhetorical Analysis of 1Thessalonians," in *Greeks, Romans, and Christians*, Fs. Abraham J. Malherbe, ed., David L. Balch, Everett Ferguson, and Wayne A. Meeks (Philadelphia: Fortress, 1990), 225.
3) K. Runia, "What is Preaching According to the New Testament?" *Tyndale Bulletin* 29 (1978): 23.
4) EDNT 2.249.

5) André Resner, *Preacher and Cross* (Grand Rapids: Eerdmans, 1999).
6) Elizabeth Achtemeier, *Preaching as Theology and as Art* (Nashville: Abingdon, 1984), 28.

역자의 후기

교회 안팎의 상황으로 인하여 오늘날 전통적인 선포식 설교는 점차로 설자리를 잃어가고 있다. 감히 전통적인 방식의 설교가 위기에 직면하게 되었다고까지 말할 수 있을 것이다. 설교학적으로 전통적인 설교에 대한 문제제기는 1970년대에 크래독의 "권위 없는 자처럼"(As One without Authority)이라는 책이 출판되면서부터 라고 말할 수 있다. 천재적인 설교학자의 손끝에서 나온 이 책은 그동안의 설교학의 진로에 제동을 걸고 설교학의 뱃머리를 전혀 다른 방향으로 이동시켜 놓았다. 책 제목이 암시하고 있는 것처럼, 이 책에서 크래독은 전통적인 설교에 대하여 반기를 들면서 설교자들에게 권위 없는 자처럼 설교해야 할 것을 주창하고 있다. 그에 따르면 설교에 있어서 유일한 권위는 하나님의 말씀에만 존재하는 것이지 설교자에게 있는 것은 아니다. 설교자는 오직 산파(midwife)로서 하나님의 말씀을 청중들에게 연결시켜 주는 사람일 뿐이다. 이 면에서 설교자는 청중 위에 군림할 수 있는 어떤 억압적인 선포나 일방적인 명제적 진리를 당위로서 강요할 수 없다. 크래독의 눈에 비친 전통적인 설교자들의 문제가 여기에 있는 것이다. 전통적인 입장을 견지하고 있는 설교자들은 권력적인 구조 가운데서 일방적인 선포를 우리 시대의 청중들이 듣든지 듣지 아니하던지 전하고 있다. 이러한 전통적인 설교는 모더니즘 청중들에게 어느 정도 어필이 될 수 있었다. 그러나 포스트모더니즘의 시대정신 가운데 살아가고 있는 우리 시대의 청중들에게는 이야기가 달라진다. 새 술은 새 부대에 담겨져야만 한다. 포스트모더니즘 시대를 살아가는 청중에게 전통적인 연역적이고 설교자의 답을 강요하는 방식의 설교는 시대에 뒤떨어진 구습을 답습하는 것에 지나지 않는다. 보다 더 우리 시대의 청중들의 귀에 호소할 수 있는 설교가 필요하다. 이러한 크래독의 주장은 일파만파로 번지게 되었고, 그의 견해를 추종하는 일단의 무리들이 형성되기에 이르게 된다. 크래독과 그들의 문하생들의 견해를 학자들은 "신설교학"(new homiletic)이라고 명명한다. 전통적인 설교학이 보수적인 경향을 대변한다면, 신설교학은 진보적인 경향을 대변하고 있다고 말할 수 있을 것이다.

제임스 톰슨의 책, "바울처럼 설교하라"(Preaching like Paul)는 바로 이러한 진보적 경향의 신설교학적인 입장을 바울의 시각으로 재조명하고 있는 역작이다. 이 책에서 고백하고 있는 것처럼, 톰슨은 한 때 신설교학을 우리 시대를 향한 설교적 대안이라고 믿고 추종했던 사람이었다. 그러나 바울의 설교 정신을 심도 있게 연구하게 되면서, 그의 견해가 바뀌게 되었다고 술회하고 있다. 톰슨에게 있어서 신설교학의 주장은 설교를 새롭게 만들 수 있는 신선한 자극제 인 것이 분명하지만, 우리 시대를 위한 대안이 될 수는 없다. 톰슨은 우리 시대의 청중들이 모더니즘 시대가 아니라 포스트모더니즘 시대를 살아가고 있기에 이미 알고 있는 복음을 새로운 느낌으로 받아들일 수 있도록 전달해야 한다는 신설교학이 내리고 있는 진단과 처방이 잘못되었다고 주장한다. 오히려 그에 따르면, 우리가 살고 있는 후기독교 시대(post-Christian era)는 어떤 의미에서 전 기독교 시대(pre-Christian era)와 흡사하다. 전기독교 시대에 청중들이 복음에 대한 지식에 있어서 무지 했던 것처럼, 후기독교 시대에 청중들 역시 하나님 말씀에 대한 지식이 전혀 없는 상태이다. 그의 주장이 사실이라면, 우리 시대에 필요한 설교적 지혜는 후기독교 시대의 대안으로 급부상하고 있는 신설교학적인 정신이 아니라, 전기독교 시대의 청중들을 멋지게 하나님 앞에 세운 바울이라는 위대한 설교자의 설교 정신이다. 톰슨은 우리 시대 설교학의 진로를 위해서 다소 진부하고 지극히 원론적인 토론의 대상으로 머물 수 있는 있는 "설교자 바울"의 이미지와 설교 정신을 현대적이고 적실성 있는 오늘을 위한 메시지로 만드는데 성공하였다. 독자들은 저자가 보여주고 있는 신설교학에 비판하는 그의 치밀한 논증과 과거와 오늘을 넘나들면서 전기독교 시대와 후기독교 시대를 멋지게 연결하는 적용성에 놀라게 될 것이다. 이 책은 설교자 바울을 통해 현대 설교학이 나아갈 길을 소상히 밝힌 뛰어난 역작이라고 감히 말하고 싶다. 비록 현대 설교학에 대한 톰슨의 견해에 대하여 우리 모두가 전적으로 동의하는 것은 아니겠지만, 우리에게 새로운 문제의식과 다음 세대를 향한 설교적 진로를 진지하게 고민하게 만든다는 점에서 모든 설교자들과 신학도들에게 반드시 정독할 것을 권하고 싶은 책이다.

마지막으로 언제나 밝은 미소로 나의 교수 사역을 도와주는 나의 최고의 친구인 사랑하는 아내 조혜정 교수와 책 편집과 교정을 위해 노고를 아끼지 않은 신실한 하나님의 사람 양성연 전도사님께 감사의 마음을 전하고 싶다. 또한 열악한 출판업계의 현실에도 불구하고, 한국 교회의 신학적 중흥을 위해 귀한 양서를 사명감을 가지고 출판하고 계시는 크리스챤 출판사 대표 류근상 교수님께도 심심한 감사를 전하고 싶다.

2008년 2월 15일

암사동 서재에서
역자 이 우제 교수

바울처럼 설교하라

2008년 3월 25일 1판 1쇄 발행

지은이: 제임스 W. 톰슨
옮긴이: 이 우 제
발행인: 류 근 상
발행처: 크리스챤출판사
주 소: 경기도 고양시 덕양구 토당동 364
        현대 107-1701호
전 화: 031) 978-9789
핸드폰: 011) 9782-9789, 011) 9960-9789
팩 스: 031) 978-9779

등 록: 2000년 3월 15일
등록번호: 제79호
판 권: 크리스챤출판사 2008

ISBN: 978-89-89249-46-7